DEUXIÈME É

Notions Scolaires
DE MUSIQUE

PAR

A. LAVIGNAC

Professeur d'Harmonie au Conservatoire National de Musique

Inscrit sur la liste des Ouvrages fournis gratuitement par la Ville de Paris à ses Écoles Communales

---

LIVRE DE L'ÉLÈVE

PRINCIPES THÉORIQUES — SOLFÈGE & CHANTS AVEC PAROLES
DEVOIRS A ÉCRIRE — QUESTIONNAIRE

Cartonné, Prix net : **3 fr. »**

LIVRE DU PROFESSEUR

SOLUTIONS DES DEVOIRS
RÉPONSES AU QUESTIONNAIRE — DICTÉES

Broché, Prix net : **1 fr. 25**

DEUXIÈME ANNÉE

HENRY LEMOINE & Cie

17, Rue Pigalle, PARIS — BRUXELLES, Rue de l'Hôpital, 44

DEUXIÈME ÉDITION

Notions Scolaires

DE MUSIQUE

PAR

A. LAVIGNAC

Professeur d'Harmonie au Conservatoire National de Musique

DEUXIÈME ANNÉE

LIVRE DE L'ÉLÈVE

PRINCIPES THÉORIQUES — SOLFÈGE & CHANTS AVEC PAROLES

DEVOIRS A ÉCRIRE — QUESTIONNAIRE

Cartonné, Prix net : 3 francs

LIVRE DU PROFESSEUR

SOLUTIONS DES DEVOIRS

RÉPONSES AU QUESTIONNAIRE — DICTÉES

Broché, Prix net : 1 fr. 25

HENRY LEMOINE & Cie

17, Rue Pigalle, PARIS — BRUXELLES, Rue de l'Hôpital, 44

NOTES DE L'AUTEUR

Ce *deuxième volume* ne peut être étudié avec profit que par les élèves qui ont déjà une connaissance complète du 1er *volume* des **Notions scolaires de Musique.**

Il contient la somme de travail que l'on peut normalement exiger d'enfants fréquentant les établissements scolaires, et déjà parvenus à ce degré d'instruction musicale, dans une deuxième année d'études; et ceux qui sont bien doués y trouveront tous les éléments nécessaires pour entreprendre dès lors les études élémentaires d'harmonie.

Le plan de cet ouvrage est en quelque sorte calqué sur celui du 1er volume, dont il n'est que le complément et le développement. On trouvera pourtant vers la fin, des notions concernant la *Transposition*, dont il n'avait pu être parlé dans le livre de première année.

En dehors de cela, la disposition des Leçons reste la même :

1° *Exposition des principes théoriques.*
2° *Questionnaire et devoirs à écrire* en dehors du Cours.
3° *Chants avec paroles*, mais maintenant plus seulement à une voix, le plus souvent à deux ou trois voix, même une fois à quatre.

Au sujet du *Questionnaire*, je rappelle qu'il contient toujours, à la suite des questions ayant trait au sujet théorique qui fait l'objet du chapitre, d'autres questions concernant d'autres sujets antérieurement traités; le but de ces questions est de maintenir l'ensemble de la théorie dans la mémoire de l'élève.

A ces divers exercices s'ajoutent, comme dans le 1er volume, des exercices de *Dictée musicale*, plus mélodiques maintenant, et qui, bien entendu, ne peuvent figurer que dans le livre du Professeur.

(Dans ce livre du Professeur, qui est un *Corrigé*, on trouvera disposé systématiquement, comme dans le volume de Première année :

1° Les réponses aux Questionnaires.
2° La solution du Devoir.
3° La Dictée.

C'est-à-dire tout ce qui est utile au Professeur, pour pouvoir effectuer les corrections sûrement et sans perte de temps.

Les *Leçons* à plusieurs voix devront toujours être étudiées d'abord par chaque partie séparée, avant de les réunir.

Il en est de même des *Chants avec paroles* qu'on devra premièrement faire solfier par chaque partie prise à part, puis par l'ensemble, avant d'y adjoindre les paroles.

(Il est *nécessaire* de toujours procéder ainsi, même si le professeur jugeait ses élèves capables de déchiffrer d'emblée leurs diverses parties avec l'adjonction du texte.)

La plupart des leçons de Solfège sont empruntées au *Solfège des Solfèges* ou à des *Recueils de Chants populaires*.

Un certain nombre d'autres ont été écrites spécialement par mon élève et ami Robert Moreau (R. M.), qui m'a également aidé dans le classement général de l'ouvrage et la correction des épreuves.

Enfin, toutes les fois qu'il a été nécessaire, en raison des exigences scolaires, que les paroles soient remaniées ou entièrement renouvelées, j'ai confié ce travail délicat à M. Paul Géraldy, qu'indiquent les initiales P. G.

A l'un comme à l'autre, je me fais un plaisir d'adresser ici mes remerciements.

A. L.

P. S. — Ce volume ne sera pas suivi d'un troisième.
Parvenus à ce degré, les élèves n'auront plus, selon leurs tendances ou leur aptitudes, qu'à poursuivre l'intéressante étude du Chant d'ensemble, par le moyen des Sociétés chorales, Orphéons, où ils se présenteront brillamment préparés ; ou à entreprendre, s'ils se sentent portés vers la composition, les études d'harmonie, puis de contrepoint.....

A. L.

PREMIÈRE LEÇON.

Théorie.

§ 1. La musique est l'art de combiner les sons d'une manière agréable à l'oreille, ou la science des sons considérés sous le rapport de la **mélodie**, du **rythme** et de l' **harmonie** . [a]

§ 2. Le **son** musical se compose de vibrations continues, rapides et isochrones, c'est-à-dire de mouvements qui s'exécutent sans interruption et en des temps égaux. Le **son**, ainsi défini, diffère essentiellement du bruit, en ce qu'il produit sur l'organe de l'ouïe une sensation continue, et en ce qu'il est comparable à d'autres sons, tandis que le bruit est généralement confus et a une durée trop courte pour être appréciée.

L'oreille distingue dans le **son** trois qualités particulières: la **hauteur** ou **intonation**, l' **intensité** et le **timbre** .

La **hauteur** du **son** provient du nombre de vibrations produites dans un temps donné. Le **son** produit par un petit nombre de vibrations prend le nom de **son grave**; le **son** qui résulte d'un grand nombre de vibrations prend le nom de **son aigu**. Dans le premier cas, les vibrations sont lentes; dans le second, elles sont rapides.

L' **intensité** du **son** est le degré de force de ce **son**.

Le **timbre** est la qualité sonore d'une voix ou d'un instrument. [b]

La **mélodie** est une succession de **sons** musicaux qui, émis un à un et successivement, forment un chant agréable et régulier.

Le **rythme**, c'est un mouvement réglé ou mesuré, c'est la symétrie dans un mouvement mesuré. Le **rythme** présente une grande analogie avec la mesure; mais il n'est pas la mesure. Il est facile à apprécier dans les morceaux qu'on appelle **marches**; dans les danses aussi.

(a) Autres définitions classiques:
« La musique est l'art de produire et de combiner les sons. » (MARMONTEL.)

« La musique est l'art d'exprimer des sentiments et d'éveiller des sensations par « le moyen des sons. » (EMILE DURAND.)

« La musique est l'art de combiner les sons. Cet art est destiné à plaire, à émouvoir « ou à intéresser par des combinaisons de sons. Elle est en même temps une science qui « a pour objet l'étude de ces combinaisons. » (MARIE SIMON.)

De la musique considérée comme art – « La musique peut être définie l'art qui a pour « but d'émouvoir l'âme au moyen de la combinaison des sons. La musique est le plus « spiritualiste de tous les arts.

« En effet, elle ne représente à notre esprit aucune forme matérielle, comme le font l'ar- « chitecture, la peinture, la sculpture. »

(Dictionnaire de DUPINEY DE VOREPIERRE.)

(b) Au point de vue de l'Acoustique, l'intonation dépend du **nombre** de vibrations, l'intensité de leur **amplitude**, de leur grandeur, et le timbre dépend de la **forme** des vibrations, forme qui est déterminée par l'agent sonore qui les produit (voix, instrument à cordes, instrument à vent, à percussion, etc...)

L' **harmonie** est l'accord des **sons** émis ensemble. Un accord est donc l'union de plusieurs **sons**, qui, émis ensemble, produisent un effet harmonieux.

§ **3.** Avant de désigner les notes par les noms: *Ut* ou *Do*, *Ré*, *Mi*, *Fa*, *Sol*, *La*, *Si*, on les appelait par les lettres suivantes de l'alphabet:

A, B, C, D, E, F, G.
La, Si, Do, Ré, Mi, Fa, Sol.

Aujourd'hui encore, les Anglais et les Allemands désignent les notes par des lettres.

Dans la méthode Allemande le *B* désigne Si bémol:

§ **4.** On n'a pas toujours écrit les notes sur cinq lignes, autrefois on les écrivait sur quatre lignes. (c)

§ **5.** La portée a commencé a être employée au XIe siècle. Elle fut longtemps de quatre lignes. Aujourd'hui encore, le plain-chant est écrit sur quatre lignes et les notes de forme carrée et de forme losange y sont toujours employées.

Ex. 

§ **6.** De même que sur la portée de cinq lignes, les lignes et les interlignes de la portée de quatre lignes se comptaient de bas en haut.

(c) Pendant une grande partie du Moyen-âge, les sons musicaux étaient représentés par des signes appelés **neumes**.

Les **neumes** n'indiquaient pas de son précis, d'un degré déterminé, mais des groupements de sons, un peu comme les signes du grupetto et du tremblé (∽ et ⁓) dans la notation moderne; leur forme et leur position déterminaient, conventionnellement, le rythme et l'intonation.

De tous les systèmes de notation connus, c'était certainement le plus incomplet jusqu'au jour où l'on eut l'idée de l'enrichir d'une ligne horizontale représentant un son fixe, au-dessus et au-dessous de laquelle on plaçait les neumes à des distances grandes ou petites figurant approximativement les intervalles.

Cette idée donna tout naturellement à penser que la commodité deviendrait beaucoup plus grande si, au lieu d'une ligne, il y en avait deux.

Cette voie une fois ouverte, il n'y avait aucune raison de ne pas augmenter la portée d'une troisième ligne, puis d'une quatrième (nombre auquel on s'est fixé pour l'usage du plain chant) et suffisant pour écrire l'étendue d'**une** voix, et c'est vers la fin du **treizième siècle** que par l'adjonction d'une cinquième ligne fût constituée la portée actuelle.

Questionnaire.

801. Citez quelques définitions de la musique, en désignant leurs auteurs? — *802.* *a* Quelles sont les trois principales qualités du son musical? *b* D'ou provient la hauteur du son? *c* Qu'est-ce que l'intensité? *d* Qu'est-ce que le timbre? *e* De quoi est formée la mélodie? *f* Qu'est-ce que le rythme? *g* Qu'est-ce que l'harmonie? — *803.* Comment désignait-on les notes avant l'adoption des syllabes: ut, ré, mi,..... etc...? — *804.* La portée a-t-elle toujours été formée de cinq lignes? — *805.* Les notes ont-elles toujours eu la forme qu'elles ont aujourd'hui? — *806.* Formez un demi-ton diatonique sur la note Ré? — *807.* Quelle est la Seconde Majeure de Fa bémol? — *808.* Quelle est la gamme qui a pour notes modales: Do dièse et Fa dièse? — *809.* Mi est la médiante d'une gamme Majeure; quelle sera la sous-dominante de cette gamme? — *810.* Quelle est la tierce majeure de Sol bémol? — *811.* Quelle est la quinte juste de Mi bémol? — *812.* A quel ton appartient la succession de notes suivantes: La, Sol dièse, Fa, Mi, Ré?

Exercices. (à solfier)

Cre - scen - do.

LES CHANTS DE LA NATURE.

Lentement.
Dolce.
1. Les chansons les plus pu - res Et les chants les plus
2. El - le n'a pour nous plai - re Ni flû - tes, ni haut -
3. El - le a, dans le vent tris - te, Un or - chestre in - fi -
4. Le vent dans les char - mil - les Cou - vre d'accords char -

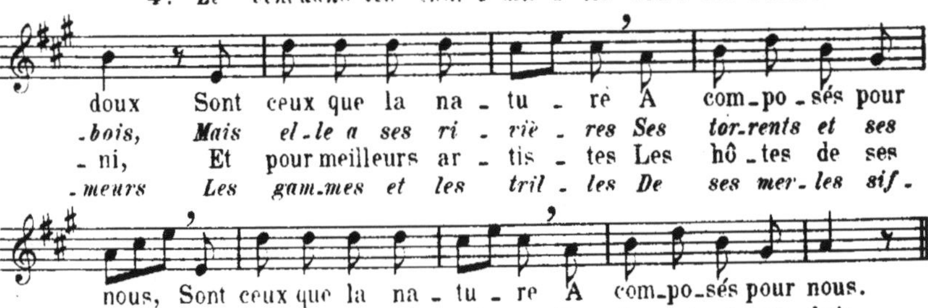
doux Sont ceux que la na - tu - re A com - po - sés pour
- bois, Mais el - le a ses ri - viè - res Ses tor - rents et ses
- ni, Et pour meilleurs ar - tis - tes Les hô - tes de ses
- meurs Les gam - mes et les tril - les De ses mer - les sif -
nous, Sont ceux que la na - tu - re A com - po - sés pour nous.
bois, Mais el - le a ses ri - viè - res Ses torrents et ses bois.
nids, Et pour meilleurs ar - tis - tes Les hô - tes de ses nids.
- fleurs, Les gammes et les tril - les De ses mer - les sif - fleurs.

P.G.

Devoir.

Indiquez dans cet exercice les intervalles suivants: **Quartes justes**, **Quintes justes**, **Sixtes majeures** et **mineures**.

DEUXIÈME LEÇON.

§ **1.** La **clef** se place au commencement de la portée mais on peut aussi en rencontrer dans le courant d'un morceau, s'il y a changement de clef.

§ **2.** La clef de **sol** 𝄞, la clef de **fa** 𝄢 et la clef d'**ut** 𝄡 (a) font connaître le nom des notes et leur place exacte dans l'échelle musicale. (b)

§ **3.** Les **clefs** se placent sur différentes lignes de la portée: la clef de **sol** sur la deuxième ligne, (c) la clef de **fa** sur la troisième et sur la quatrième ligne, la clef d'**ut** sur les première, deuxième, troisième et quatrième lignes.

§ **4.** Une note restant dans la même position peut, au moyen des clefs prendre sept noms différents.

(a) La syllabe **ut** a été conservée pour désigner la clef: on dit clef d'**ut** et non pas clef de **do**.

(b) On appelle **échelle musicale** l'ensemble de tous les sons musicaux. Cette échelle est divisée en trois parties ou registres: le **grave**, le **médium** et l'**aigu**.

(c) Il existait aussi une clef de **sol** première ligne

mais, comme elle faisait double emploi avec la clef de **fa** quatrième ligne

elle n'est plus guère employée.

Au temps de Lully (XVIIe siècle), elle servait pour les violons, les instruments et les voix les plus aigus.

Au contraire, une note placée dans sept positions différentes, peut, également au moyen des clefs prendre le même nom.

Ex. 

Questionnaire.

813. La clef ne se place-t-elle jamais qu'au commencement de la portée? — *814.* Les clefs indiquent-elles autre chose que le nom des notes? — *815.* Sur quelles lignes se placent les diverses clefs? — *816.* Comment s'appelle, dans chaque clef, la note placée sur la troisième ligne de la portée? — *817.* Ecrivez la note Do sur toutes les clefs. — *818.* Quelle est la sus-tonique en Mi bémol Majeur? — *819.* Quelle est la sous-dominante en Sol Mineur? — *820.* Quelles sont les notes tonales d'une gamme Majeure qui a trois bémols à l'armature? — *821.* Quelles sont les deux gammes qui ont trois dièses à l'armature? — *822.* Quelle est la mesure composée de la mesure à $\frac{4}{4}$? — *823.* Quelle est la note sensible en Mi bémol Majeur? — *824.* A quelle valeur de note correspond le huitième de soupir?

Exercice. (à solfier)

sf p sf p
LA FÊTE DU PAYS.
Allº modtº
WEBER.
1. E - glan - ti - nes Des che - mins,
2. Châ - te - tai - nes, Pa - y - sans,
3. Ro - ses fi - nes Des jar - dins,
Ro - ses fi - nes Des jar - dins, Or - nez les murs
A mains plei - nes, Pi - quez-en Sur vos res - tes
E - glan - ti - nes Des che-mins Or - nez châ - teaux
des chau - mi - nes Et tous les châ - teaux voi-sins.
de fu - tai - nes, Sur vos ro - bes en ar-gent.
et chau - mi - nes: On vous jet - te - ra de-main.
P.G.

Devoir.

Ecrivez la gamme de **Sol majeur** ascendante et descendante (en tout quinze notes) dans les cinq clefs suivantes: Clefs **d'ut 1re, 2e, 3e, 4e ligne** et clef de **fa 3e ligne**.

TROISIÈME LEÇON.

§ 1. La clef la plus usitée après la clef de Sol est la **clef de fa** quatrième ligne.

Elle sert à écrire les sons graves de l'échelle musicale.

§ 2. Au moyen des clefs, on peut écrire la plus grande partie des sons appartenant à chaque voix, et cela, sur une portée de cinq lignes, sans le secours de lignes supplémentaires.

Il y a deux genres de voix: les voix de **femmes** ou d'**enfants** et les voix d'**hommes**.

Les voix de femmes ou d'enfants se divisent en trois espèces: **soprano** et **mezzo-soprano** (voix aiguës), **contralto** (voix grave).

Les voix d'hommes se divisent en quatre espèces: **1er ténor** et **ténor** (voix aiguës), **baryton** et **basse** (voix graves).

Il faut remarquer que la voix de **contralto** est grave relativement aux voix de femmes ou d'enfants, de même, les voix de **1er ténor** et de **ténor** sont aigues par rapport aux voix d'hommes.

Théoriquement, les clefs propres à chaque voix sont:

𝄡 1e...... Soprano.

𝄡 2e...... Mezzo-Soprano.

𝄡 3e...... { Contralto.
1er Ténor.

𝄡 4e...... Ténor.

𝄢 3e...... Baryton.

𝄢 4e...... Basse.

Chaque voix a une étendue moyenne de treize degrés.

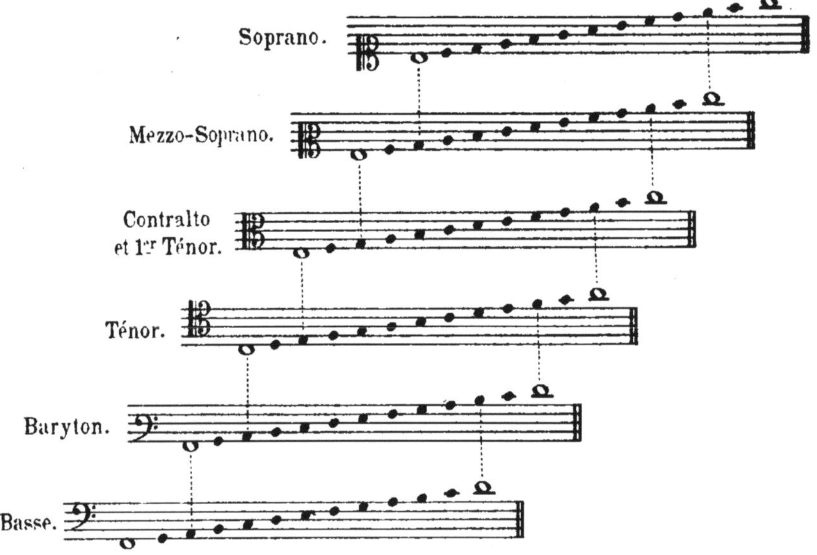

En connaissant cette classification, il est facile de se rappeler l'étendue exacte de chaque voix en employant la clef qui lui convient et en remarquant que la note la plus grave de chaque voix est placée immédiatement au-dessous de la première ligne de la portée, tandis que la note la plus aiguë se trouve au-dessus de la première ligne supplémentaire, au-dessus de la portée.

La clef d'**ut** deuxième ligne et la clef de **fa** troisième ligne n'étant plus du tout usitées, les clefs employées actuellement pour les voix par les Compositeurs sont :

Clef d'ut 1re	ou	Clef de sol 2e ...	Soprano. Mezzo-Soprano.
Clef d'ut 3e	ou	Clef de sol 2e ...	Contralto.
Clef d'ut 4e	ou	Clef de sol 2e ...	1er Ténor. Ténor.
Clef de fa 4e			Baryton. Basse. (a)

Aujourd'hui, dans l'édition musicale, pour simplifier la lecture, on n'emploie que la clef de **sol** deuxième ligne et la clef de **fa** quatrième ligne.

§ **3.** On peut augmenter l'étendue de la portée, non seulement avec des lignes supplémentaires, mais aussi au moyen de la ligne d'octave.

La ligne d'octave est representée par le signe *8a*..... Ce signe qui peut se placer au-dessus ou au-dessous des notes, indique leur élévation ou leur abaissement à une octave.

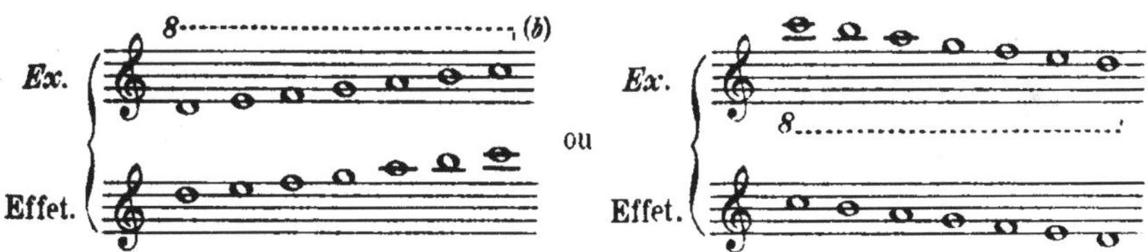

La ligne d'octave sert seulement pour la musique instrumentale. Elle y est très utile parce qu'elle dispense d'écrire un grand

---

(a) Voici les clefs généralement employées pour les instruments :

Clef de sol 2e **piano**, **orgue**, **harpe** (sons aigus), **violoncelle** (notes aiguës) **violon**, **flûte**, **petite flûte**, **hautbois**, **cor anglais**, **clarinette**, **cor**, **trompette**, **cornet à pistons**, **saxophone**, **saxhorn** et les instruments à percussion appartenant aux régions aiguës: **triangle**, **jeu de cloches**, **cymbales antiques**, **harmonica à clavier**, **glockenspiel** (sons aigus), etc...

Clef d'ut 3e **alto**, **trombone-alto**.

Clef d'ut 4e **basson** (notes aiguës), **violoncelle** (notes élevées), **trombone-ténor**.

Clef de fa 4e **piano**, **orgue**, **harpe** (sons graves), **violoncelle**, **contrebasse**, **basson**, **cor** (sons graves), **trombone-basse**, **serpent**, **ophicléide**. **tuba** (et tous les instruments graves) **timbales**, **cymbales**, **grosse-caisse**, **caisse roulante**, **tamtam**, **glockenspiel** (sons graves).

(b) Cette ligne s'interrompt lorsque son effet doit cesser; on ajoute aussi parfois le mot **loco** à la suite de cette ligne

pour indiquer le retour à la note écrite.

nombre de lignes supplémentaires.

§ **4.** La série des sons de la voix humaine étant de vingt-trois degrés environ, il aurait fallu pour les noter, sans le secours des clefs une portée de onze lignes.

Ex.

On a vu au § 2 qu'une portée de cinq lignes suffisait pour écrire l'étendue de chaque voix. De là, l'origine et l'utilité des clefs.

Questionnaire.

825. Quelles sont les voix d'hommes? Quelles sont les voix de femmes (ou d'enfants)? — *826.* Quelle est la plus grave des voix d'hommes? Quelle est la plus aiguë des voix d'hommes? — *827.* Quelle est la plus aiguë des voix de femmes? Quelle est la plus grave des voix de femmes? — *828.* Quelle est, théoriquement, la clef qui convient le mieux au Soprano? au Ténor? au Contralto? à la Basse? — *829.* Quelle est l'étendue moyenne de chaque voix? — *830.* Quelles sont les voix qu'on écrit actuellement en clef de sol? En clef d'ut 1ère? En clef d'ut 3e? En clef d'ut 4e? En clef de fa? — *831.* Qu'est-ce que la ligne d'octave ou «octava»? — *832.* Quelles sont les deux gammes qui ont trois bémols à l'armature? — *833.* Quelle est la mesure simple de la mesure à 9/8? — *834.* Formez un demi-ton chromatique sur la note Fa? — *835.* Quelle est la voix la plus aiguë des femmes, et la voix la plus grave des hommes? — *836.* Quelle est la voix la plus grave des femmes, et la voix la plus aiguë des hommes?

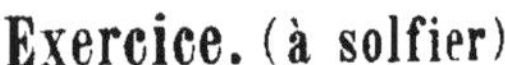

Exercice. (à solfier)

(1) **Leborne** (Aimé-Ambroise-Simon) né à Bruxelles en 1797. Mort à Paris en 1866.

p
Poco
riten.
a Tempo.
p
LA VAGUE.
Allto quasi Andno To giusto.
BEETHOVEN.
1. Monte et descends, pe - ti - te va - gue, Rou - le les ga -
2. Par les beaux temps, sou - mise et sa - ge, Tu te tais et
3. Mais quand la mer d'a - zur est hau - te, Rem-plis les bas -
4. Pars et re - pars pour des voy - a - ges, Aux pa - ys bleus
-lets de grès, Verte, é - cumeuse et plei-ne d'al - gues
tu t'endors. Res - te bien calme, et sur la pla - ge,
-sins du port, Porte en chantant le long des cô - tes,
du hasard, Vers d'autres bords, vers d'autres pla - ges,
Monte et descends les de-grés Des rochers de pierre à ton gré.
Par-mi le beau sa-ble d'or, Ron-ronne et dors, et dors en-cor.
Les grands vaisseaux de hauts bords, Char-gés de di - a - mants et d'or.
In-con-nus à nos regards, Monte et descends, viens et re-pars.
P.G.

Devoir.

Sur du papier à musique, écrivez **en rondes**, les notes suivantes :

En clef d'Ut 1ère ligne : La, do **aigu**, si, la, sol **dièse**, si, mi **grave**, si **aigu**, la, do, mi **grave**, do **aigu**, si, ré, mi **grave**, ré **aigu**, do, la, si, sol **dièse**, la.

Dites en quel ton se trouve cet exercice, et solfiez sans chanter.

QUATRIÈME LEÇON.

§ **1.** Les signes qui ont rapport à la **durée** sont: les figures de notes, les silences, la liaison, le point d'augmentation,les chiffres indiquant le triolet, le quartolet, le quintolet, le sextolet, le double triolet et les groupes de valeurs irrégulières. Il y a aussi les indications de mouvement, les barres de mesure, les chiffres indicateurs, le point d'orgue et le point d'arrêt.

§ **2.** Aux sept figures de notes en usage depuis le XVIIe siècle, il faut ajouter la note carrée 𝅜. Cette valeur est cependant peu usitée. [a]

La 𝅜 vaut 2 𝅝, ou 4 𝅗𝅥, ou 8 𝅘𝅥, ou 16 𝅘𝅥𝅮, ou 32 𝅘𝅥𝅯, ou 64 𝅘𝅥𝅰, ou 128 𝅘𝅥𝅱. Il est à remarquer que chacune de ces figures de notes tire son nom de sa forme particulière.

§ **3.** Les anciennes figures de notes (de la fin du XIVe siècle à la fin du XVIe siècle) étaient:

La **maxime** , la **longue** , la **brève** *ou* **note carrée**,

la **semi-brève** , la **minime** , la **demi-minime** , la **fusa**

Ces signes de valeur tiraient leur nom de la durée plus ou moins longue qu'ils représentaient.

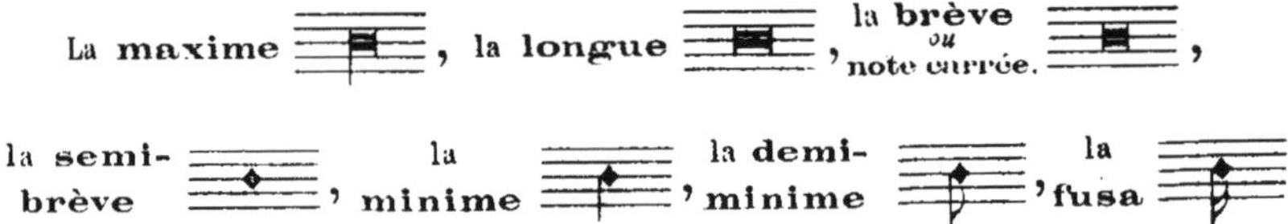

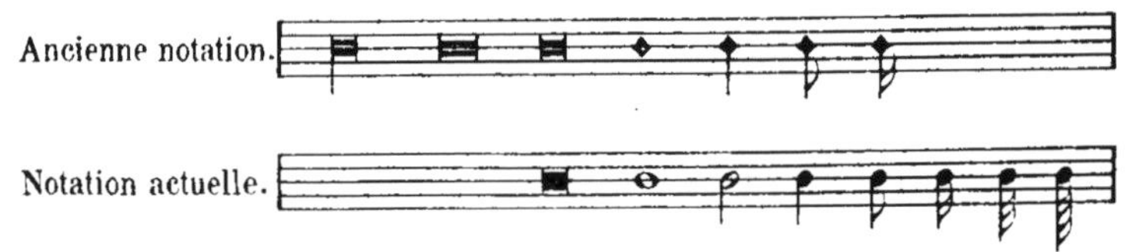

§ **4.** On voit par l'exemple ci-dessus que cinq figures de notes de l'ancienne notation ont été conservées avec toutefois un changement de nom et une légère modification de forme. La 𝅜, la 𝅝 et la 𝅗𝅥 qui représentent maintenant les plus longues durées correspondent à la **brève, semi-brève** et **minime** qui représentaient dans l'ancienne notation des durées relativement courtes.

---

[a] La note carrée est toujours en usage dans le plain-chant, mais n'est employée que très exceptionnellement dans la musique moderne, par exemple pour représenter la valeur de deux rondes dans la mesure à $\frac{4}{2}$.

Ne pas oublier que l'**unité de valeur** est actuellement la **ronde**; tout le système du chiffrage des mesures est basé sur ce fait. (voir 1er volume. leçons 6, 43 et suivantes.)

§ 5. Dans la musique vocale avec paroles, quand on a plusieurs croches, doubles croches, triples croches ou quadruples croches, et qu'une syllabe est affectée à chaque note, au lieu de relier ces notes par une, deux, trois ou quatre grosses barres, on emploie les crochets comme indication syllabique.

§ 6. Au contraire, quand une même syllabe est affectée à plusieurs croches, doubles croches, triples croches ou quadruples croches, on relie ces notes par une, deux, trois ou quatre grosses barres, et la lecture se trouve facilitée.

§ 7. Lorsque, toujours dans la musique vocale, il est fait usage de valeurs telles que la ronde, la blanche, la noire, c'est-à-dire ne comportant ni crochets ni grosses barres, on réunit sous une

(*) Ce qui s'appelle vocaliser.

(1) **Bizet** (Alexandre-César-Léopold-B) Grand compositeur né à Paris le 25 Octobre 1838, mort à Bougival près Paris le 3 Juin 1875.

(2) **Gounod** (Charles-François) Grand compositeur né à Paris le 17 Juin 1818, mort dans la même ville le 17 Octobre 1893.

(3) **Saint-Saëns** (Charles-Camille) Grand compositeur né à Paris le 9 Octobre 1835.

même liaison les notes qui doivent être émises sur une seule syllabe.

GOUNOD.
Ex.
Chan_tons voici le temps des ro - - ses

Questionnaire.

837. Citez les principaux signes ayant rapport à la **durée**. — *838.* Nommez les signes de valeur qui étaient en usage au XVe siècle. — *839.* Parmi les valeurs ci-dessus, n'en est-il pas une qui est parfois employée, exceptionnellement, dans l'écriture de nos jours? Laquelle? — *840.* Quel est le cas, dans la musique vocale (avec paroles), où l'on relie les croches, doubles croches, etc.... au moyen des grosses barres? — *841.* Quel est le cas, au contraire, où l'on fait usage des crochets? — *842.* Quand, toujours dans le même cas, il est fait usage de valeurs qui ne comportent ni crochets ni grosses barres, comment indique-t-on que plusieurs notes doivent être émises sur une seule syllabe? — *843.* De quoi se compose la Sixte majeure? — *844.* Quelle est la tierce majeure de Fa? — *845.* Quelle est la Quarte diminuée d'Ut? — *846.* Mi dièse est la note sensible d'une gamme mineure; quelle est la dominante de cette gamme? — *847.* Quelle est la Sixte mineure de Si? — *848.* Comment appelle-t-on une série de sons se succédant par mouvement conjoint?

Exercices. (à solfier)

Pas vite. 96=♩
Schumann.
p

(1) Andantino.
Ch. Miry.
LE BAL.
Tempo di minuetto.
MOZART.
1. Ma - da - me la Mar - qui - se A sur ses mu - les
2. Ces Da - mes très hau - tai - nes Ont pris des airs de
3. Tout le parc est en fê - te, Dé - jà chacune est
Cresc.
gri - ses A sur ses mules gri - ses Des nœuds d'azur ex - quis...
rei - ne Ont pris des airs de rei - ne Sous leurs ver - tu - ga - dins.
prê - te Dé - jà chacune est prê - te A danser, à dan - ser...
mf
Et là-bas Do - ra - li - se Sous les feux qui la gri - sent,
Et l'on distingue à pei - ne Le ve - lours de mi - tai - nes
Quand les danses s'ar - rê - tent, Tous les danseurs s'ap - prê - tent
Sous les feux qui la gri - sent Danse a - vec le Mar - quis.
Le ve - lours de mi - tai - nes Par - mi les gants cris - pins.
Tous les danseurs s'ap - prê - tent A les re - com - men - cer.
P.G.

(1) **Miry** (Charles) Compositeur flamand né à Gand le 14 Août 1823, mort dans la même ville le 5 Octobre 1889.

Devoir.

Sur du papier à musique, écrivez, en noires:

1º En clef d'**ut 1ère ligne** et **2e ligne**, la gamme de **ré mineur**, en tout huit notes par gamme.

2º En clef d'**ut 3e ligne** et **4e ligne**, la gamme ascendante et descendante de **ré majeur**, en tout quinze notes par gamme.

CINQUIÈME LEÇON.

§1. Toutes les mesures d'un morceau de musique ont la même durée en principe. Cependant il peut arriver que la mesure change pendant le courant du morceau.

§2. La **barre de mesure** qui sépare chaque mesure peut s'étendre sur une ou plusieurs portées, selon les différents cas.

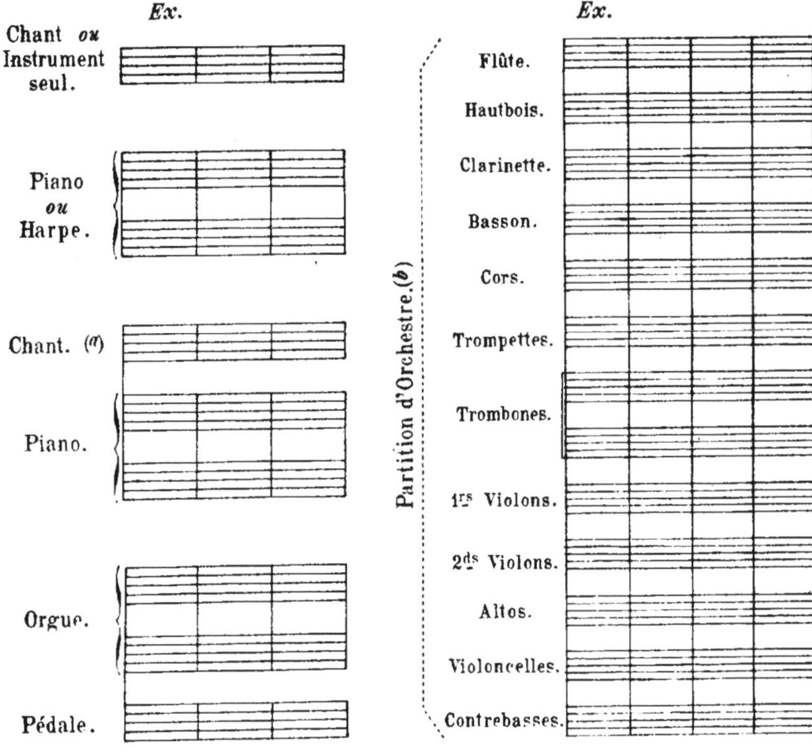

(a) Dans la partition "Chant et Piano" on réunit les trois portées au commencement de chaque ligne.

(b) On appelle aussi la partition d'orchestre **grande partition**.

§3. En plus des mesures à deux, trois et quatre temps, il y a aussi des mesures à **cinq temps**, à **sept temps** et à **neuf temps.**(c)

§4. Les deux chiffres qui indiquent ces différentes mesures doivent se placer seulement au commencement de la première portée, et on ne doit pas les répéter aux portées suivantes; mais lorsqu'il y a changement de mesure dans le courant du morceau, on place les nouveaux chiffres indicateurs, en les faisant précéder d'une double-barre, à l'endroit ou le changement a lieu.

Ex.

§5. La **maxime** autrefois était prise pour unité de valeur, et alors la mesure qu'elle remplissait était chiffrée CC. C'était comme la réunion de deux mesures à quatre temps (C).

Questionnaire.

849. La mesure est-elle toujours la même du commencement à la fin d'un morceau? — *850.* La barre de mesure peut-elle traverser plusieurs portées? — *851.* Existe-t-il d'autres mesures que celles à deux, trois et quatre temps? — *852.* Que signifie le chiffrage CC, qu'on rencontre parfois dans la musique ancienne? — *853.* Quelle est la médiante en La majeur? — *854.* Quelle est la dominante en Ré majeur? — *855.* En quel ton peut-on trouver la succession de notes suivantes: Mi bémol, Sol, Si bémol, La bémol, Do, Ré? — *856.* Quel nom donne-t-on à un groupe de trois notes ayant la valeur de deux de même espèce? — *857.* Quelle est la note sensible en Si bémol majeur? — *858.* Quel est le relatif mineur du ton qui a deux dièses à l'armature? — *859.* Quelle est la gamme majeure qui a La bémol comme sous-dominante? — *860.* Quel nom donne-t-on à un groupe de six notes ayant la valeur de quatre de même espèce?

Exercice. (à solfier)

(c) Ces mesures sont très peu usitées; la dernière presque inconnue.

mf
p
p
Morendo e rallent.
LES FAUCHEURS.
Moderato.
François DEVIENNE. (1)
f
1. Fauchez, fau_cheurs, la ger_be est drue. Faucheurs, fau_
2. Faucheurs, ne lais_sez sur la pla_ce Pas un é_
3. Pro_me_nez vo_tre faulx fi_dè_le Dans l'or mas_
_chez: ce soir il faut Que la fau_chée ait dis_pa_ru_e. Lancez dans
_pis do_ré de_bout. Que dans le cercle où la faulx pas_se Tombent les
_sif des é_pis lourds. Et que les é_pis s'a_mon_cel_lent. Au haut des
l'air l'éclat clair de vos faulx. Que rien ne res_te! Soyez donc prestes! Faites tom_
blés Faucheurs, fauchez par_tout. Que rien ne res_te! Soyez donc prestes! Faites tom_
chars a_me_nés d'a_len_tour. Que rien ne res_te! Soyez donc prestes! Faites tom_
_ber les ger_bes d'or! Que rien ne res_te! Soyez donc pres_tes! Faites tom_
_ber les ger_bes d'or! Que rien ne res_te! Soyez donc prestes! Faites tom_
_ber les é_pis d'or! Que rien ne res_te! Soyez donc pres_tes! Faites tom_
_ber les ger_bes d'or! Fauchez, fau_cheurs, fauchez en_cor.
_ber les ger_bes d'or! Fauchez, fau_cheurs, fauchez en_cor.
_ber les é_pis d'or! Fauchez, fau_cheurs, fauchez en_cor.
P.G.

(1) **Devienne** (François) né à Joinville (Haute-marne) le 31 Janvier 1759, mort à Charenton le 5 Septembre 1803.

Devoir.

Transcrivez cet exercice, mettez les barres de mesures et les chiffres indicateurs. En tout huit mesures.

Dites en quel ton se trouve cet exercice, et solfiez sans chanter.

SIXIÈME LEÇON.

§ 1. Les mesures simples, peuvent être chiffrées de douze manières différentes :

Mesures à 2 temps.

Mesures à 3 temps.

Mesures à 4 temps.

§ 2. Les mesures les plus usitées, après celles à $\frac{2}{4}$, $\frac{3}{4}$, $\frac{4}{4}$, sont celles à $\frac{2}{2}$, $\frac{3}{2}$, $\frac{4}{2}$ et $\frac{3}{8}$.

§ 3. La mesure à $\frac{2}{2}$ est généralement désignée par le signe 𝄵 ; cette mesure se bat à deux temps.

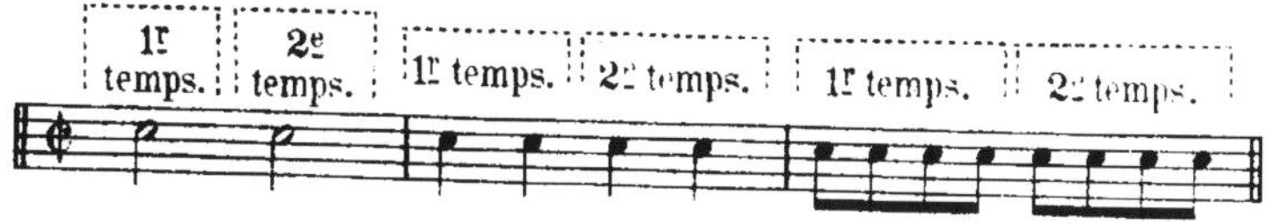

Questionnaire.

861. De combien de manières peut-on chiffrer les mesures simples usitées à deux, trois et quatre temps? — *862.* Quelles sont, pour les mesures simples, les chiffrages que l'on rencontre le moins souvent, à deux temps? à trois temps? à quatre temps? — *863*. Par quel signe abréviatif représente-t-on la mesure à $\frac{2}{2}$? — *864*. De quoi se compose la Quarte juste? — *865*. De quoi se compose la Tierce majeure? — *866*. A quelle valeur de note correspond le quart de soupir? — *867*. Fa dièse est note sensible d'une gamme majeure; quelle est la médiante de cette gamme? — *868*. Quelle est la gamme majeure qui a Mi bémol comme sous-dominante? — *869*. Quelle distance y a-t-il de la voix de Soprano à la voix de Ténor? — *870*. Quelle est la Tierce majeure de Si? — *871*. Quelle est la Quarte augmentée de Fa? — *872*. De quoi se compose la Sixte mineure?

Exercice. (à solfier)

Allº moderato. 88 =
H. L.
p
p
sf
ré ut
p
MARCHE D'ENFANTS.
METHFESSEL. (1)
Moderato.
mf
1. Mar - chons tous en - sem - ble A - mis, il ne faut
2. Le long de la rou - te Chan - tons et mar-chons
3. Mais le son des clo - ches Nous mon - tre main-te -
pas, Que vo - tre pied trem - ble, Al - lon - gez bien le
droit, L'é - cho nous é - cou - te, Et ré - pond à nos
- nant, Que le but est pro - che, At - tei-gnons-le gaî -

(1) **Methfessel** (Albert-Gottlieb) Compositeur de lieder estimé né à Stadtilm (Thuringe) le 6 Octobre 1785, mort à Heckenberk près Gandersheim le 23 Mars 1869.

pas. Mar - chez, mar - chant, Et tou - jours en chan -
voix. Mar - chez, mar - chant, Et tou - jours en chan -
- ment. Mar - chez, mar - chant, Et tou - jours en chan -
- tant Ain - si le che - min sem - ble Moins long, en - fants!
- tant Ain - si le che - min sem - ble Moins long, en - fants!
- tant Ain - si le che - min sem - ble Moins long, en - fants!
P.G.

Devoir.

Transcrivez cet exercice en clef **d'ut 4e ligne** et en clef de **fa 3e ligne**, et solfiez sans chanter.

SEPTIÈME LEÇON.

§ 1. Le tableau suivant montre, pour chaque chiffrage, **l'unité de mesure** et **l'unité de temps**.

Chiffres indicateurs	Unité de mesure	Unité de temps	Chiffres indicatrs	Unité de mesure	Unité de temps	Chiffres indicateurs	Unité de mesure	Unité de temps
$\frac{2}{1}$	𝅜	𝅝	$\frac{3}{1}$	𝅜.	𝅝	$\frac{4}{1}$	𝅜 ⁀ 𝅜	𝅝
$\frac{2}{2}$ *ou* 𝄵	𝅝	𝅗𝅥	$\frac{3}{2}$	𝅝.	𝅗𝅥	$\frac{4}{2}$	𝅜	𝅗𝅥
$\frac{2}{4}$	𝅗𝅥	𝅘𝅥	$\frac{3}{4}$	𝅗𝅥.	𝅘𝅥	$\frac{4}{4}$ *ou* 𝄴	𝅝	𝅘𝅥
$\frac{2}{8}$	𝅘𝅥	𝅘𝅥𝅮	$\frac{3}{8}$	𝅘𝅥.	𝅘𝅥𝅮	$\frac{4}{8}$	𝅗𝅥	𝅘𝅥𝅮

Questionnaire.

873. Quelle est l'unité de mesure avec le chiffrage 2/1
Quelle est l'unité de mesure avec le chiffrage 2/2
Quelle est l'unité de mesure avec le chiffrage 2/4
Quelle est l'unité de mesure avec le chiffrage 2/8 ?

874. Quelle est l'unité de mesure avec le chiffrage 3/1
Quelle est l'unité de mesure avec le chiffrage 3/2
Quelle est l'unité de mesure avec le chiffrage 3/4
Quelle est l'unité de mesure avec le chiffrage 3/8 ?

875. Quelle est l'unité de mesure avec le chiffrage 4/1
Quelle est l'unité de mesure avec le chiffrage 4/2
Quelle est l'unité de mesure avec le chiffrage 4/4
Quelle est l'unité de mesure avec le chiffrage 4/8 ?

876. Quelle est l'unité de temps avec le chiffrage 2/1
Quelle est l'unité de temps avec le chiffrage 2/2
Quelle est l'unité de temps avec le chiffrage 2/4
Quelle est l'unité de temps avec le chiffrage 2/8 ?

877. Quelle est l'unité de temps avec le chiffrage 3/1
Quelle est l'unité de temps avec le chiffrage 3/2
Quelle est l'unité de temps avec le chiffrage 3/4
Quelle est l'unité de temps avec le chiffrage 3/8 ?

878. Quelle est l'unité de temps avec le chiffrage 4/1
Quelle est l'unité de temps avec le chiffrage 4/2
Quelle est l'unité de temps avec le chiffrage 4/4
Quelle est l'unité de temps avec le chiffrage 4/8 ?

879. Quelle est la quinte juste de Mi ? — *880.* Quelle est la Seconde mineure d'Ut dièse ? — *881.* Quel est le relatif mineur du ton qui a trois dièses à l'armature ? — *882.* Citez une mesure pouvant contenir vingt-quatre doubles-croches ? — *883.* Par quels silences compléteriez-vous une mesure à $\frac{6}{8}$ contenant déjà une noire pointée ? — *884.* Quelles sont les mesures qui peuvent avoir quatre doubles croches par temps?

Exercice. (à solfier)

LES OISEAUX.

Paroles de J. RUELLE. MARTINI. (1)

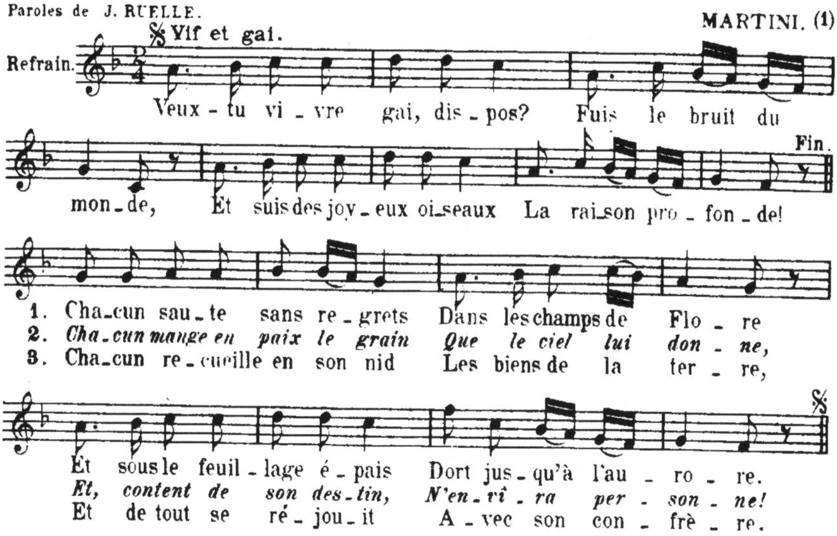

Vif et gai.

Refrain. Veux-tu vi-vre gai, dis-pos? Fuis le bruit du mon-de, Et suis des joy-eux oi-seaux La rai-son pro-fon-de! Fin.

1. Cha-cun sau-te sans re-grets Dans les champs de Flo-re Et sous le feuil-lage é-pais Dort jus-qu'à l'au-ro-re.
2. *Cha-cun mange en paix le grain Que le ciel lui don-ne, Et, content de son des-tin, N'en-vi-ra per-son-ne!*
3. Cha-cun re-cueille en son nid Les biens de la ter-re, Et de tout se ré-jou-it A-vec son con-frè-re.

Devoir.

Indiquez dans cet exercice les intervalles suivants: **Tierces majeures** et **mineures**, **Quintes diminuées**.

(1) **Martini** (Jean-Paul-Egide) né à Freistadt (Palatinat) le 1er Septembre 1741, mort à Paris le 10 Février 1816.

HUITIÈME LEÇON.

§ **1.** Dans l'ancienne notation, de même que pour les valeurs de notes, il y avait aussi des silences **différant** de ceux de la notation actuelle.

Ces silences étaient:

On voit par l'exemple ci-dessus que deux figures de silence de l'ancienne notation ont été conservées, et que cinq nouvelles ont été créées depuis.

§ **2.** Les **figures de silences** dans l'ordre suivant:

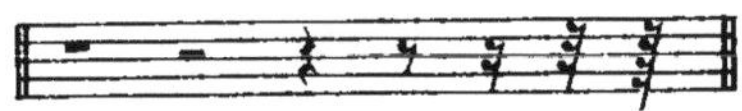

ont entre-elles le **même rapport** que les **figures de notes**; en ce sens, que chaque silence est toujours moitié plus long que le silence suivant. (c)

§ **3.** La pause, qui indique un silence égal à la durée d'une ronde, peut aussi indiquer le silence d'une mesure quelconque simple ou composée, pourvu que cette mesure n'excède pas la valeur d'une ronde.

Ex. 

(a) Le baton de deux pauses (très peu usité) indique, dans la mesure à $\frac{4}{2}$, le silence d'une mesure entière.

(b) La pause et la demi-pause, qui dans l'ancienne notation étaient les plus courts silences, sont conservés dans la notation actuelle ou ils deviennent les plus longs.

(c) Voir au tableau de la 4e leçon, 44. (1er livre).

§4. Quand on écrit successivement plusieurs mesures de silences, en plaçant une pause dans chacune d'elles, on doit les numéroter.

Ex. 1 2 3 4 5

§5. Quand ces mesures en silences sont en grand nombre, on emploie, pour simplifier, une double barre oblique, que l'on place au milieu de la portée.

Un chiffre placé au dessus de cette double barre, indique le nombre de mesures à compter.

Ex. 14

§6. Dans la musique instrumentale, où il est fait un emploi fréquent de sons simultanés, les silences peuvent aussi se placer en dehors de la portée.

§7. Quand la première mesure d'un morceau débute par des

silences, on peut éviter de les écrire.

Questionnaire.

885. Quels sont, parmi les silences appartenant à l'ancienne notation, ceux qui ont été abandonnés? Quels sont ceux qui ont été conservés? — *886.* Par quel signe abréviatif indique-t-on le silence d'une mesure entière? — *887.* Comment indique-t-on le silence de plusieurs mesures consécutives? — *888.* Comment indique-t-on le silence d'un grand nombre de mesures? — *889.* Quelle est la médiante en Si bémol majeur? — *890.* Quelle est la dominante en Mi bémol majeur? — *891.* Quelle est la note sensible en Fa dièse mineur? — *892.* Combien la ronde pointée vaut-elle de croches? — *893.* Combien la blanche pointée vaut-elle de doubles croches? — *894.* De quoi se compose la Quinte juste? — *895.* Quelle est la mesure simple de la mesure à $\frac{12}{8}$? — *896.* Quelle est la mesure composée de la mesure à $\frac{3}{4}$?

Exercice. (à solfier)

Paroles de J. RUELLE.

LA CABANE.

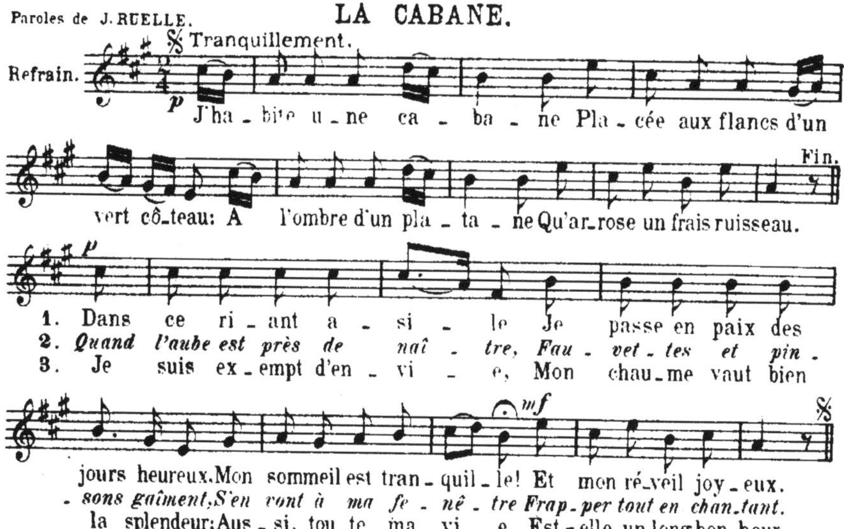

Tranquillement.
Refrain.
p
J'ha - bite u - ne ca - ba - ne Pla - cée aux flancs d'un vert cô-teau: A l'ombre d'un pla - ta - ne Qu'ar-rose un frais ruisseau.
Fin.
p
1. Dans ce ri - ant a - si - le Je passe en paix des jours heureux. Mon sommeil est tran - quil - le! Et mon ré-veil joy - eux.
2. *Quand l'aube est près de naî - tre, Fau - vet - tes et pin - sons gaîment, S'en vont à ma fe - nê - tre Frap - per tout en chan-tant.*
3. Je suis ex - empt d'en - vi - e, Mon chau-me vaut bien la splendeur; Aus - si, tou-te ma vi - e Est - elle un long bon-heur.
mf

Devoir.

Ecrivez sur une portée, les silences correspondant aux valeurs de notes ci-dessous:

Ecrivez dans le troisième interligne les valeurs de notes correspondant aux silences ci-dessous:

NEUVIÈME LEÇON.

§ 1. Dans les mesures à $\frac{2}{4}$, $\frac{3}{4}$ et $\frac{4}{4}$, chaque temps peut contenir trois croches **en triolet** au lieu de deux.

Ex.

§ 2. La mesure à $\frac{2}{2}$ ou ₵, peut également contenir trois noires **en triolet** par temps au lieu de deux.

Questionnaire.

897. Quelle est la plus grande quantité de croches que puisse contenir un temps dans les mesures à $\frac{2}{4}$, $\frac{3}{4}$ et $\frac{4}{4}$? — *898.* Quelle est la plus grande quantité de noires que puisse contenir un temps de la mesure à ₵ ou $\frac{2}{2}$? — *899.* Comment appelle-t-on une gamme contenant cinq tons et deux demi-tons diatoniques ? — *900.* Comment appelle-t-on une gamme contenant quatre tons et quatre demi-tons dont un chromatique ? — *901.* Chiffrez de trois manières une mesure contenant six croches ? — *902.* Chiffrez de deux manières une mesure contenant douze croches ? — *903.* De quoi se compose la Seconde majeure ? — *904.* Quelle est la Seconde majeure de Ré dièse ? — *905.* En quel ton est-on quand le dernier bémol est La ? — *906.* Quel est le relatif du ton mineur qui a trois bémols à l'armature ? — *907.* Quel est le ton majeur qui a Do comme dominante ? — *908.* Quel est le relatif mineur de Si bémol majeur?

Exercice. (à solfier)

(a) Il serait incorrect d'employer un triolet semblable si cet exemple était chiffré C ou $\frac{4}{4}$, car le triolet ne peut appartenir à deux temps; il deviendrait impossible de battre la mesure.

Quelques auteurs modernes se sont permis cette licence, qu'il faut plutôt considérer comme une négligence d'écriture.

mf *p*

mf

p Cre - scen - - - - do. *f*

VISITES.

Andantino. *p* MENDELSSOHN.

1. Dans les prés nou_veaux d'a_vril La pe_tite a - beil - le
2. «*Bon_jour, dit - elle à la fleur Et quelles nou - vel - les?*
3. –A - lors, dit-elle en par_tant, Je suis bien tran - quil - le:
4. *Et la fleur qui peut la voir S'en al_ler bien vi - te,*

S'en va frap_per aux pis_tils Des ro_ses ver - meil - les.
Souf - frez-vous de vos dou_leurs? –Non, ma_de - moi - sel - le.
Nous au_rons donc du beau temps.» Et l'a_beil - le fi - le.
Se pré_pare à re - ce - voir Une au_tre vi - si - te...

P.G.

Devoir.

Copiez cet exercice et indiquez les temps dans chaque mesure.

Nommez la note la plus aiguë et la note la plus grave de ce devoir, et dites l'intervalle séparant ces deux notes.

DIXIÈME LEÇON.

§ **1.** La mesure à cinq temps (peu usitée) est une mesure simple ou composée formée: *1º* d'une mesure à trois temps, *2º* d'une mesure à deux temps.

§ **2.** Les temps forts de cette mesure sont les premier et quatrième.

§ **3.** Les chiffres indicateurs de la mesure à cinq temps sont:

Mesures simples: $\frac{5}{1}$ $\frac{5}{2}$ $\frac{5}{4}$ $\frac{5}{8}$

Mesures composées: $\frac{15}{2}$ $\frac{15}{4}$ $\frac{15}{8}$ $\frac{15}{16}$ (b)

Questionnaire.

909. Qu'est-ce que la mesure à cinq temps? — *910.* Quels sont ses temps forts? — *911.* Quels sont les chiffrages les plus usités de cette mesure? — *912.* Quelles sont les notes tonales en La bémol majeur? — *913.* Quelles sont les notes tonales en Fa mineur? — *914.* Quel est

---

(a) Dans ces diverses mesures, on indique la place des temps forts par des lignes en pointillé séparant les subdivisions de la mesure; ou bien encore on chiffre chacune de ces subdivisions:

Ce système s'applique également aux mesures à sept et neuf temps dont on parle aux deux leçons suivantes.

(b) La plus usitée de ces mesures est celle à $\frac{5}{4}$:

(La Dame Blanche) BOÏELDIEU.

ainsi que la mesure composée correspondante ($\frac{15}{8}$), qui n'est qu'un mélange alternatif des mesures à $\frac{9}{8}$ et $\frac{6}{8}$:

(Mireille) GOUNOD.

le ton enharmonique de Si bémol mineur? — *915.* Quelle est la tierce augmentée de Fa bémol? — *916.* Quelle est la quarte diminuée de Ré? — *917.* Quelle est la septième diminuée de Mi? — *918.* Quelles sont les mesures dont l'unité de temps est la noire pointée? — *919.* Quel est le tiers de temps dans la mesure à $\frac{12}{8}$? — *920.* Quelles sont les notes tonales en Sol majeur?

Exercice. (à solfier)

All° vivace.
A. Samuel.
RÉVEIL.
Allegretto.
mf
DEZÈDE. (1)
1. L'air a dor_mi sur les jardins Pleins de muguets et de jasmins, L'air a dor_mi sur les jardins Pleins de muguets et de jasmins. La bri_se par_fu_mé_e Va por_ter aux dor_
2. Mais les rosiers clairs et joyeux, Mal é_veil_lés, cli_gnent des yeux, Mais les rosiers clairs et joyeux, Mal é_veil_lés, cli_gnent des yeux. L'oi_seau se met à ri_re Sur le bord de son
3. Le jar_din rit, la mai_son dort, Mais le coq chante et chante en_cor, Le jar_din rit, la mai_son dort, Mais le coq chante et chante en_cor. Et la maison de pier_re A ces accents flu_
Fin.

(1) **Dezède** né à Lyon vers 1740, mort à Paris en 1792.

_ meurs Son ha_leine em_bau_mé_e Par le sommeil des fleurs. L'air
nid; Les ce_ri_siers é_ti_rent Leurs grands bras en_gour_dis. Mais
_ ets, Ain_si que des pau_piè_res. En_tr'ou_vre ses vo_lets. Le
P.G.

Devoir.

Complétez par des silences ce qu'il manque aux mesures ci-dessous:

Copiez cet exercice et mettez les chiffres indicateurs.

ONZIÈME LEÇON.

§ **1.** La mesure à sept temps (très peu usitée) est une mesure simple ou composée formée: *1º* d'une mesure à quatre temps, *2º* d'une mesure à trois temps.

§ **2.** Les temps forts de cette mesure sont les premier et cinquième, (le troisième étant demi-fort).

Ex. 

§ **3.** Les chiffres indicateurs de la mesure à sept temps sont:

Mesures simples: $\frac{7}{1}$ $\frac{7}{2}$ $\frac{7}{4}$ $\frac{7}{8}$

Mesures composées: $\frac{21}{2}$ $\frac{21}{4}$ $\frac{21}{8}$ $\frac{21}{16}$ (a)

(a) La plus usitée de ces mesures est celle à $\frac{7}{4}$:

ROUGNON.

Ex. 

Questionnaire.

921. Qu'est-ce que la mesure à sept temps? — *922.* Quels sont ses temps forts? — *923.* Quels sont les chiffrages les plus usités de cette mesure? — *924.* Chiffrez de deux manières une mesure contenant les valeurs suivantes: ♪♬𝄾♪♫♪ ? — *925.* Quelle est la tierce mineure de Sol? — *926.* Quelle est la quarte juste de Fa? — *927.* Quelle est la quarte juste de la médiante du ton de Fa dièse mineur? — *928.* Quelle est la quarte augmentée de la sous dominante du ton de Si bémol majeur? — *929.* En quel ton est-on quand on fait Fa dièse avec deux bémols à l'armature? — *930.* Chiffrez de deux manières une mesure contenant seize doubles croches? — *931.* Quelle est la troisième note tonale d'une gamme mineure ayant un dièse à l'armature? — *932.* Quelle est la deuxième note modale d'une gamme mineure qui a Sol dièse comme note sensible?

Exercice. (à solfier)

Allegretto.
R. M.
CHANT DES ALPES.
Paroles de J. RUELLE.
Lent.
1. Har-di chas-seur aux pieds a - ler - tes,
2. Sim-ple ber - ger des Al - pes rer - tes,
3. Dans les splen-deurs tou - jours dé - ser - tes,
Là-bas ca - ché, Dans les sen - tiers des Al - pes
En-fant joy - eux, L'au-be re - naît: les fleurs ou -
O voy - a - geur, Que viens-tu fai - re aux Al - pes

Un peu plus vite.
f
ver _ tes Qu'as-tu cher _ ché? Pas _ sez bien vi _ te,
_ ver _ tes Char_ment tes yeux. Le jour m'é _ veil _ le,
ver _ tes, Le front rê _ veur? L'a _ zur m'en_chan_te;
Rallent.
p
Al _ lez sous bois... J'attends au gî _ te Un fin cha_mois.
Bril_lant et beau... Heu_reux je veil _ le Sur mon trou_peau.
Dans sa clar _ té... Tout fier je chan_te La li _ ber _ té!

Devoir.

Chiffrez chaque subdivision des mesures ci-dessous et dites en quel ton se trouve ce devoir.

3
3

DOUZIÈME LEÇON.

§ **1.** La mesure à neuf temps (inusitée) est une mesure simple ou composée formée: *1º* d'une mesure à quatre temps, *2º* d'une mesure à trois temps, *3º* d'une mesure à deux temps. [a]

§ **2.** Les temps forts de cette mesure sont les premier, cinquième et huitième. [b]

temps fort
temps fort
temps fort
Ex.
9
4

([a]) Le seul exemple de cette mesure se trouve dans une de mes leçons de solfège:

27
8

([b]) Il est à remarquer que dans les mesures à cinq, sept et neuf temps, les temps forts tombent toujours sur le premier temps de chaque subdivision de ces mesures.

§3. Les chiffres indicateurs de la mesure à neuf temps sont:

Mesures simples: $\frac{9}{1}$ $\frac{9}{2}$ $\frac{9}{4}$ $\frac{9}{8}$

Mesures composées: $\frac{27}{2}$ $\frac{27}{4}$ $\frac{27}{8}$ $\frac{27}{16}$ (c)

Questionnaire.

933. Qu'est-ce que la mesure à neuf temps? — *934.* Quels sont ses temps forts? — *935.* Peut-il exister des mesures contenant un plus grand nombre de temps? — *936.* Quelle est la quinte diminuée de Ré dièse? — *937.* Quelle est la sixte mineure de Fa? — *938.* Quelle est la septième majeure de Ré? — *939.* Quelle est l'octave diminuée de Si? — *940.* Quelle est l'octave augmentée de Sol? — *941.* Quelle est la mesure simple de la mesure à $\frac{6}{8}$? — *942.* Quel est le silence qui puisse, à lui seul, représenter un triolet de noires? — *943.* Par quelle valeur peut-on représenter douze ♪ en triolets? — *944.* Quels sont les demi-tons dans la gamme de Sol majeur?

Exercice. (à solfier)

(c) Il existe également un exemple unique de mesure à onze temps:

Le sentiment rythmique de chaque mesure indique qu'elles doivent être composées chacune de: deux mesures à quatre temps et d'une mesure à trois temps: témoin ces deux mesures que l'on rencontre dans le courant du morceau:

(1) **Lack** (Marie-Théodore) né à Quimper (Finistère) le 3 Septembre 1846.

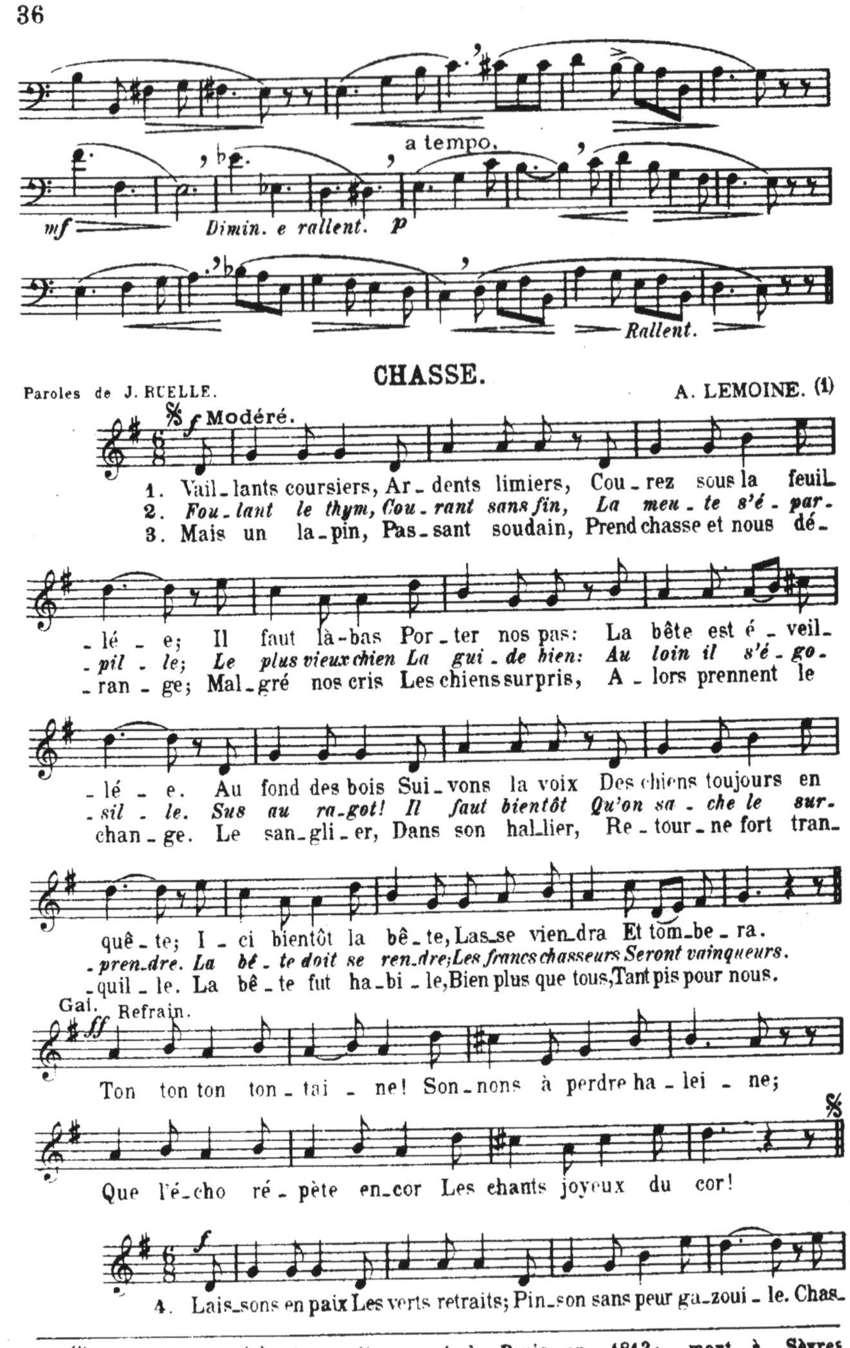
a tempo.
mf
Dimin. e rallent. P
Rallent.
CHASSE.
Paroles de J. RUELLE.
A. LEMOINE. (1)
f Modéré.
1. Vail_lants coursiers, Ar_dents limiers, Cou_rez sous la feuil_
2. Fou_lant le thym, Cou_rant sans fin, La meu_te s'é_par_
3. Mais un la_pin, Pas_sant soudain, Prend chasse et nous dé_
_lé _ e; Il faut là-bas Por_ter nos pas: La bête est é_veil_
_pil _ le; Le plus vieux chien La gui_de bien: Au loin il s'é_go_
_ran _ ge; Mal_gré nos cris Les chiens surpris, A_lors prennent le
_lé _ e. Au fond des bois Sui_vons la voix Des chiens toujours en
_sil _ le. Sus au ra_got! Il faut bientôt Qu'on sa_che le sur_
chan_ge. Le san_gli_er, Dans son hal_lier, Re_tour_ne fort tran_
quê_te; I_ci bientôt la bê_te, Las_se vien_dra Et tom_be_ra.
_pren_dre. La bê_te doit se ren_dre; Les francs chasseurs Seront vainqueurs.
_quil_le. La bê_te fut ha_bi_le, Bien plus que tous, Tant pis pour nous.
Gai. Refrain.
ff
Ton ton ton ton_tai _ ne! Son_nons à perdre ha_lei _ ne;
Que l'é_cho ré_pète en_cor Les chants joyeux du cor!
f
4. Lais_sons en paix Les verts retraits; Pin_son sans peur ga_zoui_le. Chas_

(1) Lemoine (A) Compositeur, né à Paris en 1813; mort à Sèvres en 1895.

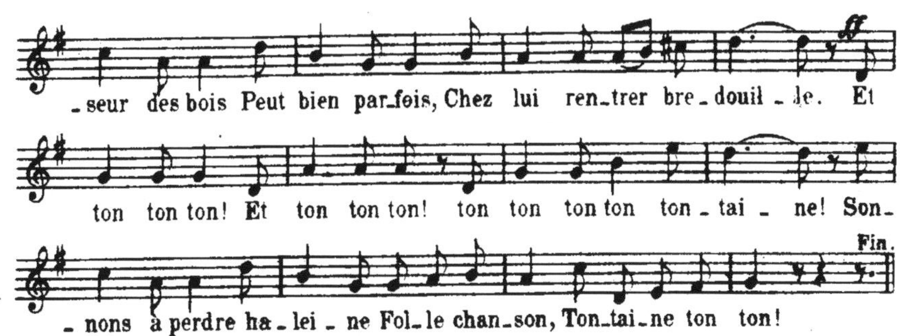

-seur des bois Peut bien par-fois, Chez lui ren-trer bre-douil-le. Et
ton ton ton! Et ton ton ton! ton ton ton ton ton-tai-ne! Son-
Fin.
-nons à perdre ha-lei-ne Fol-le chan-son, Ton-tai-ne ton ton!

Devoir.

Chiffrez chaque subdivision des mesures ci-dessous et dites en quel ton se trouve ce devoir.

TREIZIÈME LEÇON.

§1. Le nom de **gamme** donnée à la série des sons musicaux vient de ce qu'autrefois on représentait la note la plus grave de l'échelle des sons par la lettre de l'alphabet grec appelée «gamma» [a]

§2. Un **tétracorde** [b] est une moitié de gamme prise dans l'étendue d'une octave. La gamme, par conséquent, renferme **deux tétracordes** contenant chacun quatre sons.

Ex. 

§3. Une gamme a autant de fois **deux tétracordes** qu'elle contient d'octaves. Bien entendu, ces tétracordes ne sont que la répétition de ceux de la première octave.

Ex. 

---

[a] On attribue généralement l'usage du **gamma** et le nom de **gamme** à Guy **d'Arezzo** qui les aurait introduits en 1026; mais lui-même, suivant Fétis, en parle comme de chose connue avant lui.

[b] (Du grec: **tétra** quatre, **chordé** corde).

§ **4**. On appelle **tétracorde inférieur** ou **premier tétracorde** celui qui est formé des quatre premières notes de la gamme; le **tétracorde supérieur** ou **deuxième tétracorde** est celui qui est formé des quatre dernières notes de la gamme. (y compris la répétition de la tonique.)

§ **5**. Il est à remarquer que la composition des deux **tétracordes** est absolument la même (deux tons suivis d'un demi-ton diatonique). Les deux notes extrêmes de chaque tétracorde sont à une quarte juste l'une de l'autre — Une seconde majeure sépare les deux Tétracordes. (c)

Le premier Tétracorde commence par la tonique et finit sur la sous-dominante, le deuxième Tétracorde commence par la dominante et finit sur la tonique.

Les deux tétracordes ont pour première et pour dernière note une **note tonale**, la dernière note du tétracorde supérieur étant la même que la première note du tétracorde inférieur.

La seule différence qui existe dans la composition des deux tétracordes est que le premier tétracorde ne renferme qu'une note **modale** tandis que le deuxième en renferme deux.

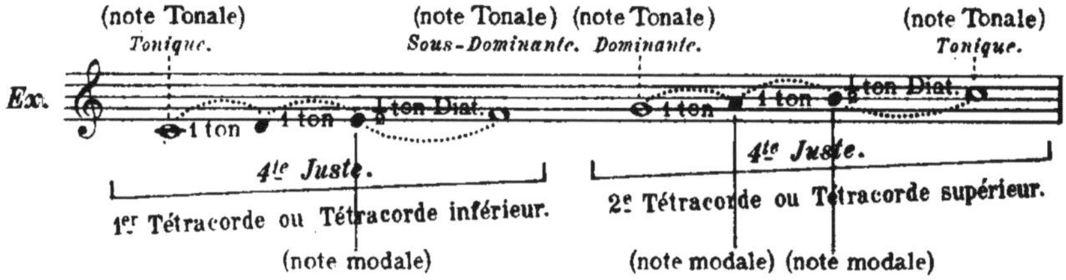

Questionnaire.

945. Quelle est l'étymologie du mot gamme? — *946.* Qu'est-ce qu'un tétracorde? Que signifie ce mot? — *947.* De quels degrés de la gamme est formé le tétracorde inférieur? De quels degrés de la gamme est formé le tétracorde supérieur? — *948.* Quel est le degré qui appartient aux deux tétracordes? — *949.* *a* Dans quel tétracorde se trouve la tonique? *b* Dans quel tétracorde se trouve la sus-tonique? *c* Dans quel tétracorde se trouve la médiante? *d* Dans quel tétracorde se trouve la sous-dominante? *e* Dans quel tétracorde se trouve la dominante? *f* Dans quel tétracorde se trouve la sus-dominante? *g* Dans quel tétracorde se trouve la note sensible?

(c) L'enchaînement des tétracordes appelle une remarque: entre le premier et le deuxième tétracorde, il y a un intervalle d'un ton (fa-sol), tandis qu'entre le deuxième tétracorde et un nouveau premier tétracorde auquel il s'enchaîne, il y a unisson, le **do** final du deuxième tétracorde devenant la note initiale du premier (voir l'exemple du § 3).

—*950.* Quel intervalle y a-t-il entre la dernière note du premier tétracorde et la première du second ? Quel intervalle y a-t-il entre la dernière note du tétracorde supérieur et la première d'un nouveau tétracorde inférieur ? — *951.* Quel intervalle y a-t-il d'Ut à Fa dièse ? — *952.* Quel intervalle y a-t-il de Ré dièse à Mi ? — *953.* A quelle distance la médiante est-elle de la tonique en Majeur ? en mineur ? — *954.* Quelle est la note enharmonique de Mi bémol ? — *955.* Par quelle valeur peut-on représenter douze ♪ ? — *956.* Par quelle valeur peut-on représenter vingt-quatre ♪ en triolets ?

Exercice. (à solfier)
Adagio. 108 = ♩
H. L.
p
Rallent.
p
Rallent.
Dimin.
MATIN.
Andante.
p simplement.
SCHUMANN.
1. Tout dort au fond du gai ver_ger Et cha_que fleur mouil_
2. Les ar_bres ont l'air de dormir; L'o_deur des fruits som_
3. Mais quand le so_leil sur les fleurs Et sur les fruits s'ar_

Dim. Rit.
- lé - e, En_cor mal é - veil - lé - e Attend le moment d'embaumer.
- meil - le; La ce - ri - se ver - meil - le At-tend le moment de rougir.
- rê - te, Il trouve à leur toi - let - te Et les parfums et les couleurs.
P. G.

Devoir.

Indiquez dans cet exercice les intervalles suivants: **secondes mineures**, **majeures** et **augmentées**.

QUATORZIÈME LEÇON.

§ **1.** En plus des intervalles justes, majeurs, mineurs, augmentés et diminués, il y a aussi des intervalles **sur-augmentés** et **sous-diminués**.

§ **2.** L'intervalle **sur-augmenté** est plus grand d'un demi-ton chromatique que l'intervalle **augmenté**.

4te augmentée.
Ex.
2 tons
1 ½ ton diat. 1 ½ ton chrom.
ou 3 tons. (a)
4te sur-augmentée.
2 tons
1 ½ ton diat. 2 ½ tons chrom.

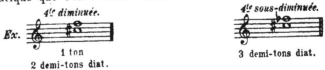

§ **3.** L'intervalle **sous-diminué** est plus petit d'un demi-ton chromatique que l'intervalle **diminué**.

4te diminuée.
Ex.
1 ton
2 demi-tons diat.
4te sous-diminuée.
3 demi-tons diat.

§ **4.** Les qualifications de sur-augmenté et sous-diminué ne peuvent être appliquées qu'à la quarte et à la quinte. (b)

(a) On donne aussi à cet intervalle le nom de **triton** qui veut dire trois tons. (voir 1er vol. page 165).

(b) Voir 69e leçon (Tableau de la composition des intervalles).

Questionnaire.

957. Comment nomme-t-on les intervalles plus grands que ceux qui sont qualifiés d'augmentés, ou plus petits que ceux qui sont déjà diminués? — *958.* Quelle est la quantité de cette nouvelle augmentation ou diminution? — *959.* A quels intervalles s'appliquent les qualifications de sur-augmenté ou sous-diminué? — *960.* Quel intervalle y a-t-il de La à Fa? — *961.* Quel intervalle y a-t-il de Sol à Fa dièse? — *962.* Quelle est l'armature d'un ton majeur qui a Do comme sus-tonique? — *963.* Quelle est l'armature d'un ton qui a Si bécarre comme note sensible? — *964.* Quelle est l'armature d'un ton qui a Si naturel comme note sensible? — *965.* A quelle gamme peuvent appartenir les deux notes: Sol, La dièse? — *966.* Si est la sus-tonique d'une gamme majeure; quelle est la médiante de cette gamme? — *967.* Si bémol est la médiante d'une gamme mineure; quelle est la note sensible de cette gamme? — *968.* Si bémol est la deuxième note modale d'une gamme mineure; quel est le relatif majeur de cette gamme?

Exercice. (à solfier)

p
Cresc.
f
p
f
p
L'ÉTÉ.
Paroles de J. RUELLE.
p Modéré.
1. J'ai vu pas - ser dans nos prai - ri - es, Les pas -
2. J'ai vu pas - ser dans la col - li - ne, Les en -
3. J'ai vu pas - ser dans l'au - be blan - che, La jeu -
4. J'ai vu l'a - beille et la mé - san - ge Vol - ti -
-teurs et les trou-peaux; J'ai vu les bran - ches re-ver - di - es Ombra -
-fants, les pa-pil - lons; J'ai vu des touf - fes d'au-bé - pi - ne, Des pha -
-nesse et la gaî - té; J'ai vu l'a - zur de la per - ven-che, Ra-yon -
-ger dans nos jar - dins. Ouvrons la ruche, ouvrons la gran-ge, Pro-fi -
-ger de clairs ruis - seaux. C'est le temps des chœurs chan -
-lè - nes, des gril - lons. C'est le temps des chœurs chan -
-ner au ciel d'é - té. C'est le temps des chœurs chan -
-tons des beaux ma - tins. C'est le temps des chœurs chan -
-tant les fleurs; C'est le temps des voix nou - vel - les; Les ra -
-tant les fleurs; C'est le temps des voix nou - vel - les; Les ra -
-tant les fleurs; C'est le temps des voix nou - vel - les; Les ra -
-tant les fleurs; C'est le temps des voix nou - vel - les; Les ra -
-miers ouvrant leurs ai - les Vont du so - leil Fêter le gai ré - veil.
-miers ouvrant leurs ai - les Vont du so - leil Fêter le gai ré - veil.
-miers ouvrant leurs ai - les Vont du so - leil Fêter le gai ré - veil.
-miers ouvrant leurs ai - les Vont du so - leil Fêter le gai ré - veil.

Devoir.

Copiez l'exercice suivant et faites les intervalles demandés.

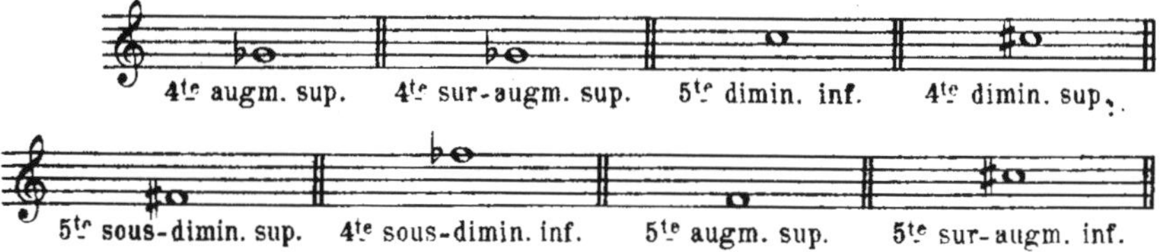
4te augm. sup.
4te sur-augm. sup.
5te dimin. inf.
4te dimin. sup.
5te sous-dimin. sup.
4te sous-dimin. inf.
5te augm. sup.
5te sur-augm. inf.

QUINZIÈME LEÇON.

§1. Il y a deux espèces d'intervalles: **les intervalles simples**, et **les intervalles composés**.

§2. **Les intervalles simples** sont ceux dont les deux notes extrêmes sont contenues dans une octave: c'est-à-dire tous les intervalles jusqu'à **l'octave juste** (inclus).[a]

Les intervalles simples peuvent se renverser. [b]

§3. **Les intervalles composés** sont ceux qui excèdent plus ou moins l'octave: c'est-à-dire tous les intervalles à partir de **l'octave augmentée** (inclus).[c]

Les intervalles composés ne sont pas susceptibles de renversement.

Questionnaire.

969. Quelle différence y a-t-il entre les intervalles simples et les intervalles composés? — *970.* Quels sont les intervalles qui peuvent être renversés? — *971.* Quel est le plus grand intervalle simple? Quel est le plus petit intervalle composé? — *972.* Quel est l'intervalle qui se compose de douze demi-tons? — *973.* Quel intervalle y a-t-il entre la tonique d'une gamme majeure et la tonique du relatif mineur de cette gamme? — *974.* Quel intervalle y a-t-il entre la tonique d'une gamme majeure et la sus-tonique du relatif mineur de cette gamme? — *975.* Quel intervalle y a-t-il entre la tonique d'une gamme

---

[a] Ce sont ceux que nous avons étudiés jusqu'ici.

[b] Voir 17e Leçon (renversement des intervalles).

[c] Les intervalles composés ne sont que le redoublement, à une ou plusieurs octaves, des intervalles simples.

Ex.

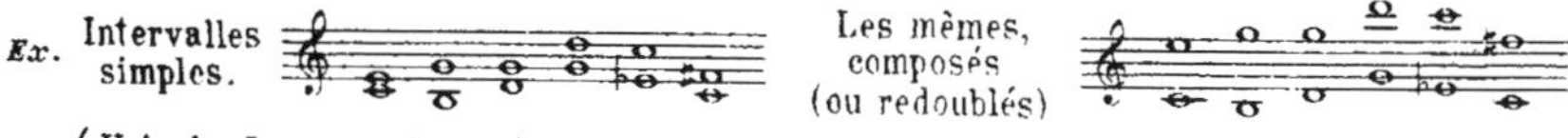
Intervalles simples.
Les mêmes, composés (ou redoublés)

(Voir la Leçon suivante).

majeure et la médiante du relatif mineur de cette gamme? — *976.* Quel intervalle y a-t-il entre la tonique d'une gamme majeure et la sous-dominante du relatif mineur de cette gamme? — *977.* Quelles sont les mesures dont l'unité de temps est la noire? — *978.* Quelle est la mesure dont la noire forme le tiers? — *979.* Quelle est la valeur pouvant représenter un sixième de temps dans la mesure à $\frac{6}{8}$? — *980.* Chiffrez de deux manières une mesure contenant les valeurs suivantes: ?

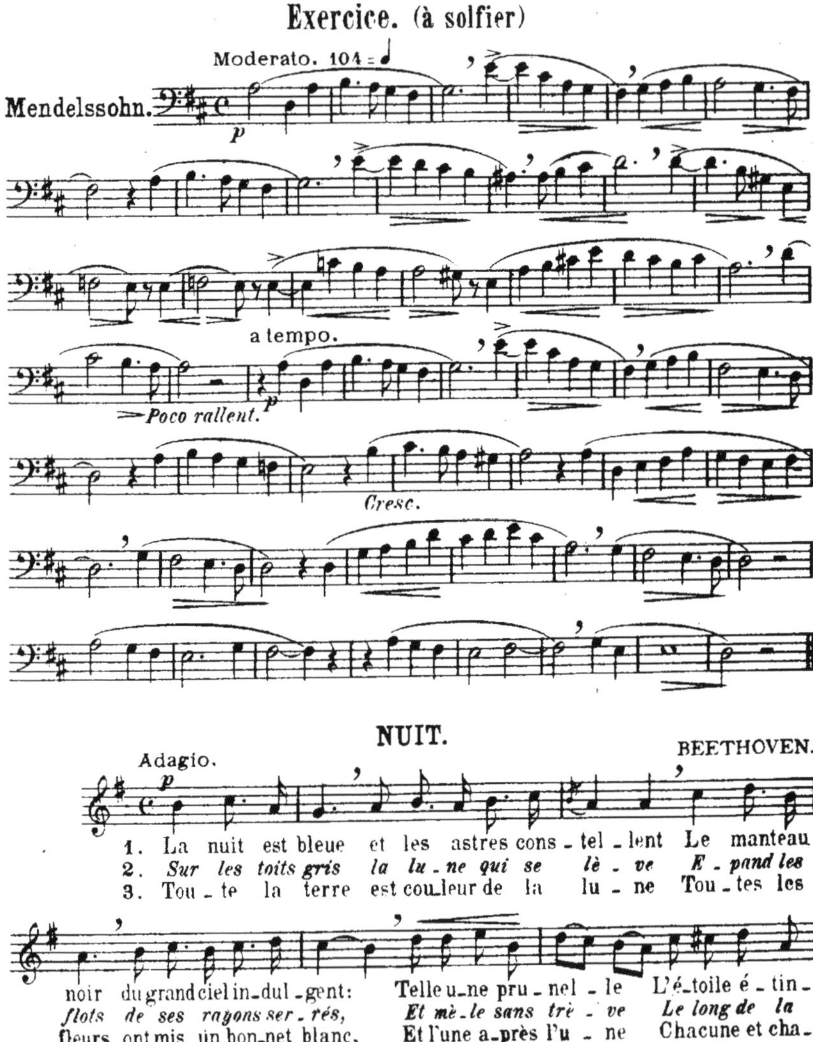

-cel - le De ses feux changeants D'or et d'ar - gent.
grè - ve Ses flots mordo - rés Au flot na - cré.
-cu - ne S'endort en trem-blant Ou fait sem - blant.

P. G.

Devoir.

Indiquez les **intervalles** compris entre les notes consécutives ainsi que leur **qualification** et leur **composition**.

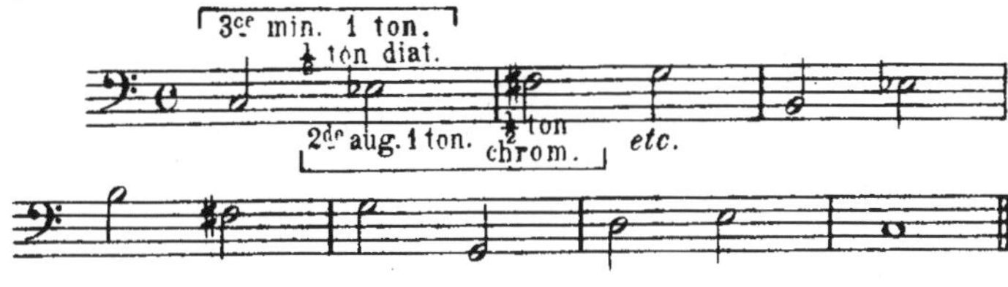
3ce min. 1 ton. ½ ton diat.
2de aug. 1 ton. ½ ton chrom.
etc.

SEIZIÈME LEÇON.

§1. Les intervalles composés se divisent en intervalles redoublés, triplés, quadruplés etc; c'est-à-dire ceux qui contiennent leurs notes extrêmes, deux, trois, quatre fois etc.

§2. On **redouble** un intervalle en transportant la note aiguë d'un intervalle simple à l'octave supérieure.

Intervalle simple.
Intervalle redoublé ou composé.
Ex.
tierce.
dixième.

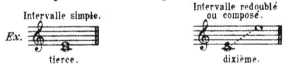

§3. On **triple** ou **quadruple** un intervalle en transportant la note aiguë d un intervalle simple à deux ou trois octaves, selon que l'intervalle doit être triplé ou quadruplé.

Intervalle simple.
Intervalle redoublé.
Intervalle triplé.
Interv. quadruplé.
8
Ex.
tierce.
10me
17me
24me

[a] Il va de soi qu'on peut aussi bien opérer le redoublement des intervalles en laissant en place la note aiguë, et en transportant la note grave à une, deux ou plusieurs octaves inférieures.

Interv. simple.
Interv. redoublé.
tierce.
dixième.

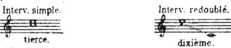

Le résultat est identique.

§4. Pour connaître l'intervalle composé d'un intervalle simple, il faut ajouter le chiffre 7 au nombre représentant l'intervalle simple, autant de fois que l'on veut de redoublements.

Ex.

Le redoublement de la quarte à une octave est la 11me:
(4 + 7 = 11)

§5. Pour connaître l'intervalle simple d'un intervalle composé, il faut retrancher le chiffre 7 au nombre représentant l'intervalle composé, jusqu'à ce que le reste soit inférieur à 8 (chiffre représentant l'octave).

Ex.

L'intervalle simple de la 17me est la 3ce:
(17 − 7 = 10 − 7 = 3)

Questionnaire.

981. Comment opère-t-on le redoublement d'un intervalle? — *982.* Comment peut-on tripler ou quadrupler un intervalle? — *983.* Comment peut-on connaître, étant donné un intervalle simple, le chiffre correspondant à ses divers redoublements? — *984.* Comment peut-on ramener au simple un intervalle composé? — *985.* Quel est le redoublement à une octave de la tierce? — *986.* Quelles sont les qualifications de la sixte? — *987.* Quel est l'intervalle simple de la dixième? — *988.* Quel est le redoublement à une octave de la sixte? — *989.* Quelles sont les notes tonales en Sol majeur? — *990.* Quel est l'intervalle simple de la treizième? — *991.* Quel est la tonique d'un ton majeur qui a un bémol à l'armature? — *992.* Quelle est la sous-dominante d'un ton mineur qui a La bémol comme deuxième note modale?

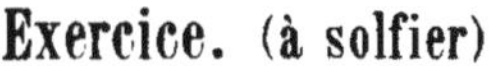

---

(1) **Bach** (Jean-Sébastien) illustre compositeur né à Eisenach en 1685. Mort en 1750. Il a existé vers la même époque en Allemagne une grande quantité de compositeurs et organistes du même nom et de la même famille, dont plusieurs étaient les propres fils de Jean-Sébastien Bach.

1. 2.
MARCHE.
Risoluto.
1. Le so - leil De ses ra-yons ver - meils Qui
2. *Le che - min S'al - longe au loin sans fin, Jus -*
3. Les hé - ros Ont é - té sac au dos A -
sur nos fronts ruis - sel - lent Nous brûle et nous har - cè - le.
-qu'au bout de la plai - ne, Et l'é - tape est loin - tai - ne...
-veu-glés de lu - miè - re Et brû - lés de pous - siè - re...
Ce - pen - dant Mar - chons tous en a - vant!
Ce - pen - dant Mar - chons tous en a - vant!
U - ne! Deux! Nous fe - rons tous comme eux!

P. G

Devoir.

Indiquez par une **ronde** la note formant le redoublement des intervalles ci-dessous et dites le nom de l'intervalle ainsi obtenu.

10me
11me
etc.

DIX-SEPTIÈME LEÇON.

§ **1.** Tout intervalle simple peut être renversé.

§ **2.** On renverse un intervalle en transportant à l'octave supérieure, la note grave de cet intervalle; ou en transportant à l'octave inférieure la note aiguë de ce même intervalle.

Ex.

Intervalle à renverser.
tierce.

1º **En transportant** la note **sol** à l'octave **supérieure, on ob-tient une sixte:**

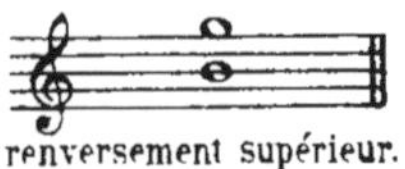
renversement supérieur.

2º **En transportant** la note **si** de ce **même intervalle à l'octave inférieure, on** obtient également une **sixte:**

renversement inférieur.

On voit par l'exemple ci-dessus, que **l'intervalle** obtenu **à l'aide** des deux **procédés est le** même.

§**3**. Par le renversement:

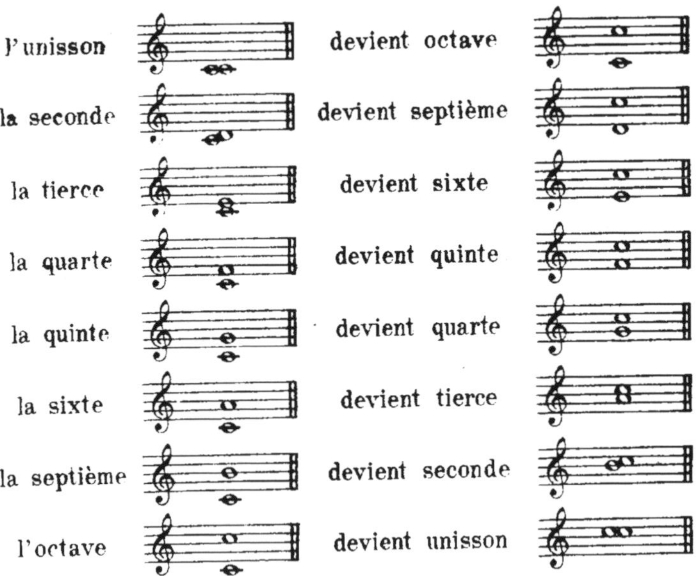
l'unisson
devient octave
la seconde
devient septième
la tierce
devient sixte
la quarte
devient quinte
la quinte
devient quarte
la sixte
devient tierce
la septième
devient seconde
l'octave
devient unisson

On voit par l'exemple ci-dessus que, plus un intervalle est grand, plus son renversement est petit, et vice-versa.

§**4**. Le même fait se produit en ce qui concerne les qua-lifications.

Donc par le renversement:

1º Un intervalle **majeur** devient **mineur**:

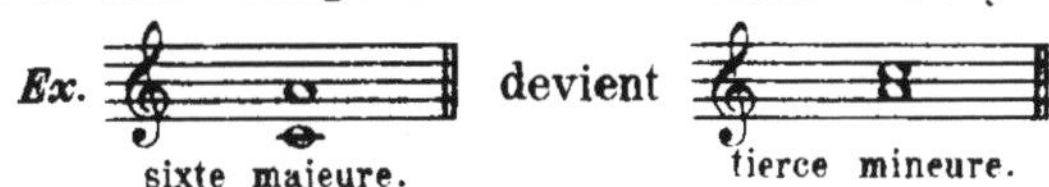
Ex.
devient
sixte majeure.
tierce mineure.

2º Un intervalle **mineur** devient **majeur**:

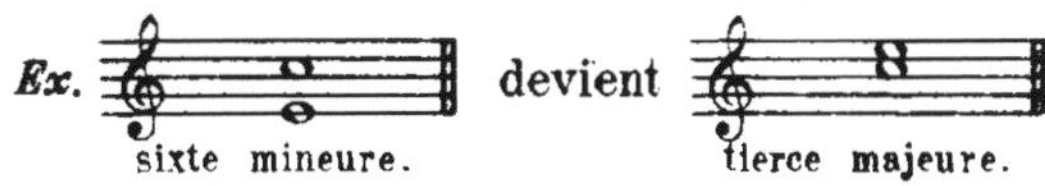
Ex.
devient
sixte mineure.
tierce majeure.

3º Un intervalle **juste** reste **juste**:

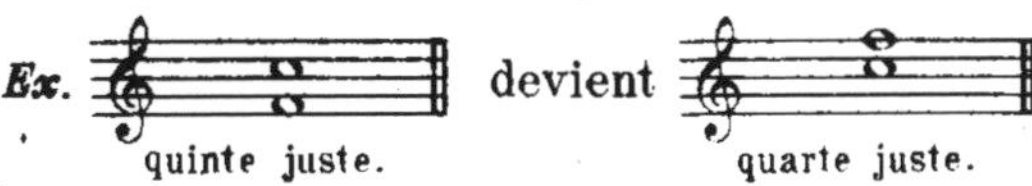
Ex.
devient
quinte juste.
quarte juste.

4º Un intervalle **augmenté** devient **diminué**:

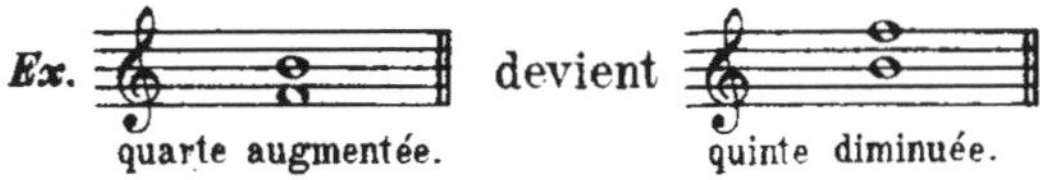
Ex.
devient
quarte augmentée.
quinte diminuée.

5º Un intervalle **diminué** devient **augmenté**:

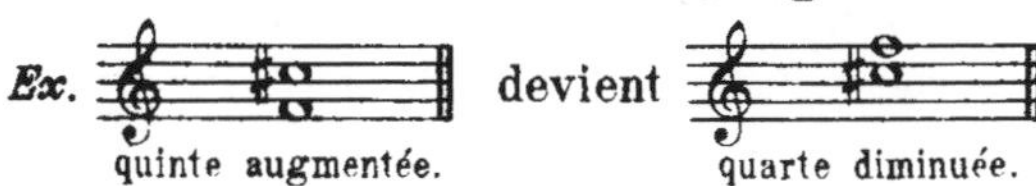
Ex.
devient
quinte augmentée.
quarte diminuée.

§5. Il en est de même pour les intervalles sur-augmentés et sous-diminués: un intervalle sur-augmenté devient sous-diminué et vice-versa.

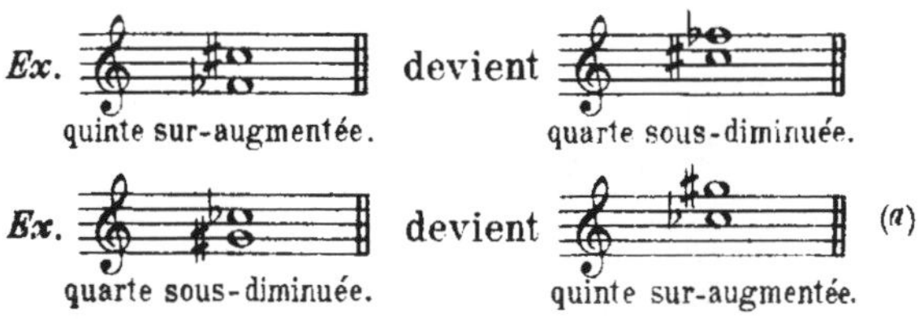
Ex.
devient
quinte sur-augmentée.
quarte sous-diminuée.
Ex.
devient
quarte sous-diminuée.
quinte sur-augmentée.
(a)

(a) Il est très important de ne pas confondre le renversement avec le redoublement (Leçon 16).

Dans le redoublement, l'intervalle est simplement agrandi d'une ou plusieurs octaves, mais les deux notes qui le compose se présentent dans le même ordre.

Dans le renversement, l'intervalle change de nom et de qualificatif, il peut devenir soit plus grand, soit plus petit; mais ce qui est surtout caractéristique, les deux notes se présentent dans l'ordre inverse.

Ex.

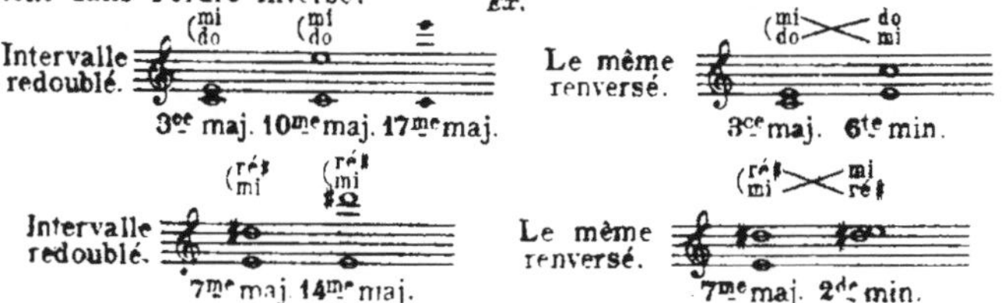
Intervalle redoublé.
mi do
mi do
3ce maj. 10me maj. 17me maj.
Le même renversé.
mi do
do mi
3ce maj. 6te min.
Intervalle redoublé.
ré# mi
ré# mi
7me maj. 14me maj.
Le même renversé.
ré# mi
mi ré#
7me maj. 2de min.

Questionnaire.

993. Quels sont les intervalles qui peuvent être renversés? — *994.* Indiquez les deux manières de renverser un intervalle? — *995.* Quel est le renversement de la seconde? Quel est le renversement de la tierce? Quel est le renversement de la quarte? Quel est le renversement de la quinte? Quel est le renversement de la sixte? Quel est le renversement de la septième? Quel est le renversement de l'octave? Quel est le renversement de l'unisson? — *996.* Quel est le renversement d'un intervalle juste? Quel est le renversement d'un intervalle majeur? Quel est le renversement d'un intervalle mineur? Quel est le renversement d'un intervalle augmenté? Quel est le renversement d'un intervalle diminué? — *997.* Que devient, par le renversement, la tierce majeure? Que devient, par le renversement, la quarte juste? Que devient, par le renversement, la sixte majeure? Que devient, par le renversement, la septième diminuée? Que devient, par le renversement, la seconde mineure? Que devient, par le renversement, la quinte augmentée? Que devient, par le renversement, l'octave juste? — *998.* Quel intervalle y a-t-il de La à Fa? — *999.* Quel intervalle y a-t-il de Sol à Fa dièse? — *1000.* Une mesure à $\frac{3}{4}$ contient sept croches; comment sont disposées ces sept croches? — *1001.* Une mesure à $\frac{4}{4}$ contient neuf croches; comment sont disposées ces neuf croches? — *1002.* Quel intervalle y a-t-il entre la tonique d'une gamme majeure et la dominante du relatif mineur de cette gamme? — *1003.* Quel est le renversement de la quarte augmentée? — *1004.* Quel est le renversement de la sixte mineure?

Exercice. (à solfier)

mf *f* *p* *f* *p* *Cre - scen - do.* *f* *Poco rallent.* *p*

LES PÂTRES D'ÉCOSSE.

Mod^to quasi and^no — MENDELSSOHN.

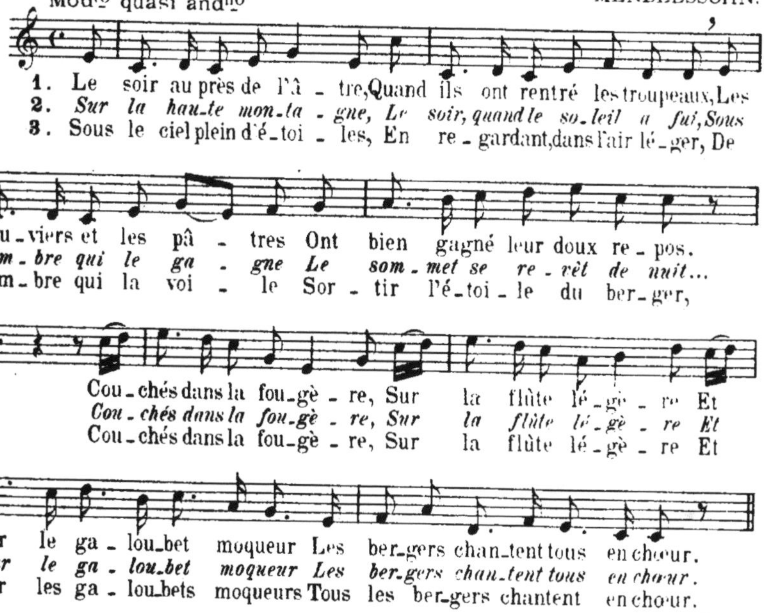

1. Le soir au près de l'â - tre, Quand ils ont rentré les troupeaux, Les
2. *Sur la hau-te mon-ta - gne, Le soir, quand le so-leil a fui, Sous*
3. Sous le ciel plein d'é-toi - les, En re - gardant, dans l'air lé - ger, De

bou - viers et les pâ - tres Ont bien gagné leur doux re - pos.
l'om - bre qui le ga - gne Le som - met se re - vêt de nuit...
l'om - bre qui la voi - le Sor - tir l'é-toi - le du ber - ger,

Cou - chés dans la fou - gè - re, Sur la flûte lé - gè - re Et
Cou - chés dans la fou - gè - re, Sur la flûte lé - gè - re Et
Cou - chés dans la fou - gè - re, Sur la flûte lé - gè - re Et

sur le ga - lou - bet moqueur Les ber - gers chan - tent tous en chœur.
sur le ga - lou - bet moqueur Les ber - gers chan - tent tous en chœur.
sur les ga - lou - bets moqueurs Tous les ber - gers chantent en chœur.

P. G.

Devoir.

Indiquez par une **ronde**, la note formant le renversement des intervalles ci-dessous, et dites le nom et la qualification du nouvel intervalle ainsi obtenu.

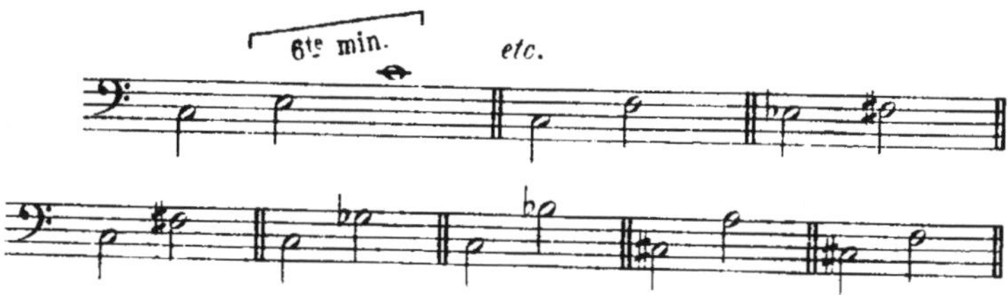

DIX-HUITIÈME LEÇON.

§ 1. Dans le courant d'un morceau le mouvement peut être changé d'une façon subite, ce qui s'écrit à l'aide des **indications de mouvement**; il peut aussi être modifié graduellement, à l'aide des **modifications de mouvement**.

§ 2. Le tableau suivant résume les principaux termes de **mouvement** et **modifications de mouvement**.

Mouvements.

Expressions Italiennes:	*Abréviations:*	*Significations:*
Grave		Grave.
Largo		Large, avec ampleur.
Larghetto		Diminutif de Largo.
Lento		Lent.
Adagio	**Ad^{o}**	A l'aise.
Andante	**And^{te}**	Mouvement de la marche paisible.
Andantino	**And^{no}**	Diminutif d'Andante.
Moderato	**Mod^{to}**	Modéré.
Allegretto	**All^{tto}**	Diminutif d'Allegro.
Allegro	**All^{o}**	Gai et vite.
Vivace		Vif, rapide.
Presto		Vite.
Prestissimo		Très vite.
Presto Prestissimo		Excessivement rapide.
A capriccio		Au caprice, à la volonté de l'exécutant.
Affettuoso		Affectueux, doux, expressif.
Agitato		Agité, animé.
Allegro agitato		Vif, animé.
Allegro animato		Vif, animé.
Allegro appassionato		Vif, animé, passioné.
Allegro assai		Très vif.
Allegro brillante		Vif, brillant.
Allegro furioso		Vif, furieux.
Allegro maestoso		Vif, majestueux.
Allegro moderato		Vif, modéré.
Allegro vivace		Vif, animé, alerte.
Andante cantabile		Chantant, expressif.
Andante maestoso		Lent, majestueux.
Andante moderato		Lent, modéré.
Andante molto		Très lent.
Andantino espressivo		Assez lent et expressif.

Animato*.	Animé, alerte.
Appassionato.	Passioné.
Brillante*.	Brillant, plein de sonorité, de mouvement et de virtuosité.
Cantabile.	Chantant, expressif.
Capriccioso	Capricieux.
Con anima.	Avec âme, sentiment.
Con fuoco	Avec feu, chaleur.
Con moto	Avec mouvement.
Energico*.	Energique.
Furioso*.	Furieux, violent.
Impetuoso	Impétueux, furieux, énergique.
Largo assai	Très large, très lent.
Lento assai.	Très lent.
Maestoso.	Majestueux, noble.
Malinconico.	Mélancolique, triste.
Molto allegro	Très vif.
Molto espressivo	Très expressif.
Molto lento.	Très lent.
Molto vivace	Très vif.
Poco allegro.	Un peu vite.
Poco lento	Un peu lentement.
Risoluto *.	Résolu, décidé, énergique.
Tranquillo*.	Tranquille, calme.
Vivo	Vif, alerte, animé.

Modifications des Mouvements.[a]

Rallentando.	**Rall**	En ralentissant.
Ritardando	**Ritard**	En retardant.
Ritenuto	**Rit**	En retenant.
Accelerando	**Accel**	En pressant.
Stringendo	**String**	En serrant.
A piacere	. . . .	A plaisir.
Ad libitum	**Ad lib**	A volonté.
Poco a poco	. . . .	Peu à peu.
Meno presto	. . . .	Moins vite.
Più mosso	. . . .	Plus vite.
Più allegro.	. . . .	Plus vif.
Più agitato.	. . . .	Plus agité, plus animé.

* * * * * * Ces six termes peuvent être appliqués dans le courant d'un morceau comme **modifications de mouvements**.

(a) Voir à la 21e Leçon (tableau des nuances).

Tempo primo	**Tempo 1º**	Reprendre le premier mouvement, après un changement de mesure ou de mouvement.
A tempo		Reprendre le mouvement qu'on a dû ralentir ou presser.
Tempo di marcia		Mouvement de marche.
Tempo agitato		Mouvement agité, animé.
Tempo animato		Mouvement vif, animé.
Poco agitato		Un peu agité.
Calmato		Calme, tranquille.
Comodo		Commode, aisé. (b)

Questionnaire.

1005. Citez plusieurs termes italiens indiquant des mouvements, avec leur traduction. — *1006.* Citez plusieurs termes italiens indiquant des modifications de mouvement, avec leur traduction. — *1007.* Une mesure à $\frac{4}{4}$ contient onze croches, de quelle manière sont disposées ces onze croches? — *1008.* En Ré majeur, à quel tétracorde appartiennent les notes: La, Si, Do dièse? — *1009.* Quelle est la gamme qui a pour deuxième tétracorde les notes suivantes: Ré, Mi bémol, Fa dièse, Sol? — *1010.* Quel nom donne-t-on aux deux parties qui divisent la gamme? — *1011.* Quel est le tétracorde supérieur en Si mineur? — *1012.* Comment définissez-vous le passage de Do dièse à Ré bémol? — *1013.* Quelle est la dernière note du premier tétracorde de la gamme majeure qui a deux dièses à l'armature? — *1014.* Quelle est la première note du second tétracorde de la gamme majeure qui a deux bémols à l'armature? — *1015.* En quelles gammes rencontre-t-on Fa dièse comme note sensible? — *1016.* En quelles gammes rencontre-t-on Fa comme sous-dominante?

Exercices. (à solfier)

(b) En dehors de ces termes italiens, dont nous ne pouvons citer que les plus fréquents, il n'est pas rare, surtout chez les compositeurs modernes, de voir les mouvements et les changements de mouvements indiqués dans la langue même de l'auteur, en français, en allemand, etc...

Dolce.
p
f
Dimin.
Dolce.
Andantino.
R. M.
Rall.
a tempo.
CHANSON DU PÂTRE. (2)
Paroles françaises de Ch. NUITTER.
(Tannhäuser) WAGNER. (1)
p
De son mont sor_tait da_me Hol_da Pour
voir les champs, la prai_ri_e; Ah! quels doux sons j'en_
_ten_dais_là: Mon âme en é_tait at_ten_dri_e! Pen_
p

(1) **Wagner** (Wilhelm-Richard) grand compositeur dramatique né à Leipzig le 22 Mai 1813. Mort à Venise le 13 Février 1883.

(2) Publié avec l'autorisation de MM. DURAND & FILS, Editeurs-Propriétaires.

-dant que mon cœur rê - vait Dé - jà le gai prin -
-temps nai - sait, Le so-leil brillait sur ma tê - te, C'est
Mai c'est Mai tout en fê - te! Chante à pré -
Rall.
-sent mon chalumeau: Il est ve-nu ce mois si beau!

Devoir.

Indiquez par une **noire**, la note formant le renversement des intervalles ci-dessous, et **dites le nom** et la qualification de l'intervalle ainsi obtenu.

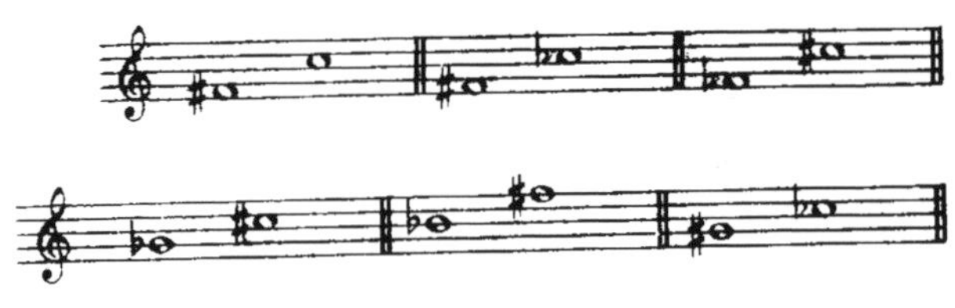

DIX-NEUVIÈME LEÇON.

§ **1**. Le signe **–** qu'on appelle parfois "**louré**" placé au dessus ou au dessous d'une note, indique qu'il faut marquer cette note plus fortement et plus pesamment que les autres.[a]

Ex. 

§ **2**. Les signes −̣ et ^̣ indiquent que la note au dessus ou au dessous de laquelle ils sont placés doit être attaquée fortement et

---

(a) Les signes: ∧ et – ont à peu près la même signification; le premier est un peu plus sec, plus dur, le deuxième plus gras, plus lourd.

détachée. (b)

Questionnaire.

1017. Quelle est la signification de ce signe — ? — *1018.* Quelle est la signification de ce signe ⚋ ? — *1019.* Quelle est la signification de ce signe ^ ? — *1020.* Quels sont les demi-tons dans la gamme de La majeur? — *1021.* Quels sont les demi-tons dans la gamme de Si bémol majeur? — *1022.* Quelle est la note enharmonique d'Ut dièse? — *1023.* Quel est le renversement de la quarte diminuée? — *1024.* Quel est l'intervalle simple de la dix-septième? — *1025.* De quoi se compose la quinte diminuée? — *1026.* Quelle est la sus-tonique en La majeur? — *1027.* Quelle est la sous-dominante en Mi bémol majeur? — *1028.* Combien faut-il de ♬ pour une ronde pointée?

Exercice. (à solfier)

(b) Certains signes enlèvent à la note sur laquelle ils sont placés, une certaine partie de sa valeur,

Ex.

laquelle est supposée remplacée par le silence équivalent, que l'on n'écrit pas.

Cresc.
f
Cre - scen - do.
f
RONDE.
Gaîment.
MOZART.
mf
1. Cou-rez tous, cou - rez, courons par i - ci! Courons par i -
2. Tour-nez tous, tour - nons et tournez par là! Et tour-nez par
-ci! La ron - de Est blon - de Au beau so-leil de mi -
là! La dan - se S'é - lan - ce, Re - vient, tourne et puis s'en
-di. Par là! Par i - ci! La ron-de enfle et se ré-tré - cit; Fait
ra. Par i - ci, par là. A - mis, é - tendons bien les bras, Le
un grand cercle, un pe - tit. Courez en chantant, en chantant ain - si.
grand cer-cle que voi - là! Tournons, tournez ci, tournons, tournez là!
P. G.

Devoir.

Ecrivez sur plusieurs portées l'exercice suivant:

Mesure $\frac{4}{4}$ ou C avec quatre noires par mesure; pour la dernière mesure une ronde.

Trouvez les notes qui forment les intervalles demandés en prenant chaque fois pour première note de l'intervalle, la dernière de l'intervalle précédent.

Point de départ [clé de fa] 3ce maj. sup., 4te juste sup., 3ce min. inf. | 2de min. sup., 4te juste sup., 6te min. inf., 3ce min. sup. | 2de maj. inf., 3ce maj. sup., 5te juste inf., 3ce min. sup. | 2de min. inf., 6te min. sup., 5te dim. inf., 6te min. sup. | 5te juste inf., 3ce maj. sup., 3ce min. sup., 5te juste inf. | 6te maj. sup., 8ve inf., 6te min. sup., 8ve inf. | 6te maj. sup., 3ce min. inf., 3ce min. sup., 3ce min. sup. | 4te juste inf., 3ce min. inf., 2de min. sup., 3ce min. inf. | 2de maj. inf. |

VINGTIÈME LEÇON.

§1. On remplace souvent la liaison par le terme italien **legato** qui veut dire: lié, soutenu. (a)

§2. D'autres termes italiens sont parfois employés à la place de certains signes d'accentuation:

Termes Italiens:	*Abréviations:*	*Significations:*
Leggiero	**Legg**	Léger, gracieux.
Marcato	**Marc**	Marqué, accentué.
Sforzando. . . .	*sfz*	En donnant plus de force.
Ben marcato .	. . . .	Bien marqué, très accentué.
Ben tenuto. . .	. . . .	Bien tenu, bien lié.
Ben legato. . .	. . . .	Bien lié.
Calando.	. . . .	En diminuant, en décroissant.

§3. Dans la musique vocale, la liaison est employée pour indiquer la prolongation d'une même syllabe sous plusieurs notes. Dans ce cas la liaison devient une indication syllabique, au lieu d'être un signe d'accentuation. (b)

GOUNOD.

Ex.

Et la ter_re fleu_ri _ e Nous semble réjou _ i _ e

(a) Abréviation du mot **legato** .... **leg.**
Abréviation du mot **staccato** .... **stacc.**
Ces deux termes sont employés surtout lorsqu'une assez longue suite de notes, un passage, doivent être exécutés soit en **legato**, soit en **staccato**.

(b) La liaison a encore d'autres emplois: dans la musique instrumentale pour instruments à vent, elle indique les notes émises d'une seule respiration; dans la musique pour instruments à archet, elle indique les notes émises d'un seul coup d'archet, etc...

Questionnaire.

1029. Citez quelques termes italiens employés parfois pour remplacer certains signes d'accentuation, en donnant leur traduction.—*1030.* Expliquez l'emploi spécial de la liaison dans la musique vocale.—*1031.* Quelles sont les notes tonales en La mineur? — *1032.* Quelles sont les notes modales d'un ton majeur qui a Fa dièse comme médiante? — *1033.* Dans quelle gamme majeure peut-on trouver la quarte augmentée: Ré, Sol dièse? — *1034.* Mi est la deuxième note du premier tétracorde d'une gamme mineure; quelle est la deuxième note du second tétracorde de cette gamme? — *1035.* Quel est le renversement de l'intervalle qui contient deux tons? — *1036.* A quel ton appartient la quarte augmentée: Fa, Si naturel? — *1037.* A quel ton appartient la quarte augmentée: Fa, Si bécarre? — *1038.* Quel chiffre produit un intervalle quelconque additionné avec son renversement? — *1039.* Dans quel gamme trouve-t-on la septième diminuée: Si bécarre, La bémol? — *1040.* Quelle est la mesure qui peut contenir deux triolets de noires?

Exercice à deux voix. (à solfier)

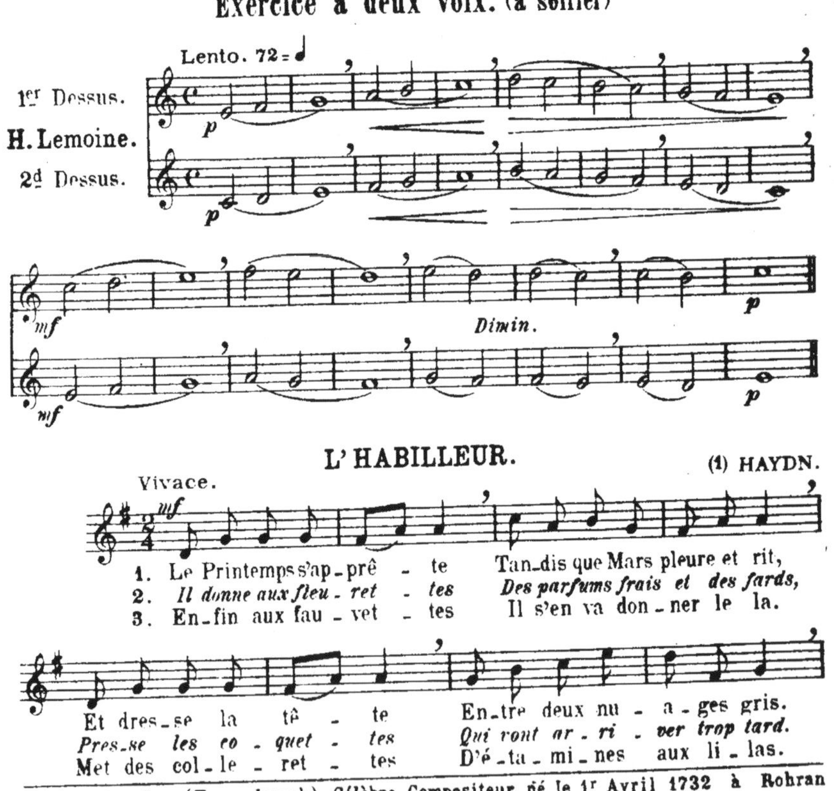
Lento. 72 =
1er Dessus.
H. Lemoine.
2d Dessus.
p
mf
Dimin.
p
L'HABILLEUR.
(1) HAYDN.
Vivace.
mf
1. Le Printemps s'ap-prê - te Tan-dis que Mars pleure et rit,
2. Il donne aux fleu - ret - tes Des parfums frais et des fards,
3. En-fin aux fau - vet - tes Il s'en va don - ner le la.
Et dres-se la tê - te En-tre deux nu - a - ges gris.
Pres-se les co - quet - tes Qui vont ar - ri - ver trop tard.
Met des col-le - ret - tes D'é-ta - mi - nes aux li - las.

(1) **Haydn** (Franz-Joseph) Célèbre Compositeur né le 1er Avril 1732 à Rohran s/ Leitha, mort à Vienne (Autriche) le 31 Mai 1809.

Là, dans la cou - lis - se, Frêle et jo - li mus - ca - din,
Pourqu'ils vi - brent jus - te Il don - ne l'ac - cord aux joncs;
Il va, vient, s'ar - rê - te Or - ne par i - ci, par là,
Il plisse et re - plis - se, Il lisse et re - lis - se,
Par - mi les ar - bus - tes Il passe et ra - jus - te,
Le champ de fleu - ret - tes, Le bois de noi - set - tes,
Cresc.
f
Et met la der - niè - re main Aux toi - let - tes des jas - mins.
Sous leur mince ba - di - geon Le cor - set vert des bourgeons.
Et de to - ses de ga - la Le parc en grand tra - la - la.

P. G.

Devoir.

Ajoutez ce qui manque aux mesures ci-dessous pour qu'elles soient correctement écrites:

VINGT-ET-UNIÈME LEÇON.

§1. Le tableau suivant résume l'ensemble des termes de nuances.

Termes Italiens:	*Abréviations:*	*Significations:*
Piano pianissimo	*ppp*	Le plus faible possible.
Pianissimo	*pp*	Très faible.
Piano	*p*	Faible.
Mezzo piano	*mp*	Moitié faible.
Mezzo forte	*mf*	Moitié fort.
Forte	*f*	Fort.
Fortissimo	*ff*	Très fort.
Forte fortissimo	*fff*	Le plus fort possible.
Dolcissimo	**dolcis**	Très doux.
Dolce	**dol**	Doux.
Mezzo voce	**m.v**	A demi voix.
Sotto voce	**s.v**	A demi voix.

Forte piano.	*fp*	Fort puis faible immédiatement.
Piano forte.	*pf*	Faible puis fort immédiatement.
Un poco piano . . .	**poco** *p*	Un peu faible.
Morendo	**moren**	En mourant.
Crescendo.	**cresc**	En augmentant.
Decrescendo	**decresc**	En diminuant de force.
Diminuendo.	**dimin**	Diminuer le son.
Piano subito. . . .	*p* **subito**	Faible subitement.
Forte subito. . . .	*f* **subito**	Fort subitement.
Con grazia.	. . . .	Avec grâce, élégance.
Espressivo	. . . .	Avec expression, sentiment.
Mezzo staccato. .	. . . .	A demi détaché.
Placido.	. . . .	Paisible, tranquille.
Spiritoso.	. . . .	Chaleureux, pénétrant.
Con spirito.	. . . .	Avec esprit.
Pizzicato	. . . .	En pinçant la corde. *
Col arco.	. . . .	Avec l'archet. *

Questionnaire.

1041. Citez un certain nombre de termes italiens indiquant des nuances, avec les abréviations usitées, et leur traduction en français. — *1042.* Combien y a-t-il de demi-tons dans la gamme chromatique? — *1043.* Quels sont les demi-tons dans la gamme de Fa majeur? — *1044.* Quels sont les demi-tons dans la gamme de Sol majeur? — *1045.* Quelle est la note enharmonique d'Ut bémol? — *1046.* Quelle est la note enharmonique de Sol bémol? — *1047.* Quelle est la quarte augmentée que l'on rencontre en Ut majeur? — *1048.* Quelle est la quarte augmentée que l'on rencontre en Ut mineur? — *1049.* Quel est le relatif du ton majeur qui a Mi bémol comme sous-dominante? — *1050.* Quelle est la note sensible en Ut majeur? — *1051.* Quelle est la note sensible en Ut mineur? — *1052.* Combien la mesure à $\frac{12}{8}$ contient-elle de ♪ ?

Exercice à deux voix. (à solfier)

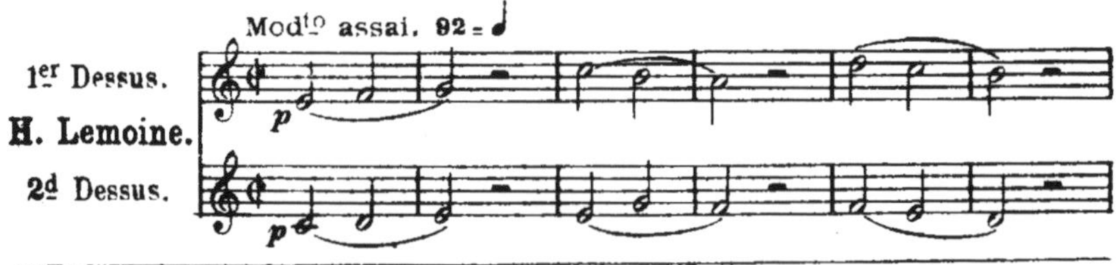

* * Indications spéciales aux instruments à archet.

BONJOUR!

Andantino. *p* F. L. SEIDEL. (1)

1. Comme un diable au fond de sa boî - te, Le bour-geon s'est te - nu ca - ché... Mais dans sa pri-son trop é - troi - te Il baille et vou - drait res-pi - rer.

2. *Il en - tend des chants, des bruits d'ai - les, Il a soif de grand jour et d'air... Il vou - drait sa - voir les nou - vel - les, Et fait cra-quer son cor-set vert.*

3. Puis d'un ges-te brusque il dé - chi - re Son ha - bit é - troit et trop court En - fin! se dit - il, je res - pi - re... Je vis, je suis li - bre...Bon - jour!

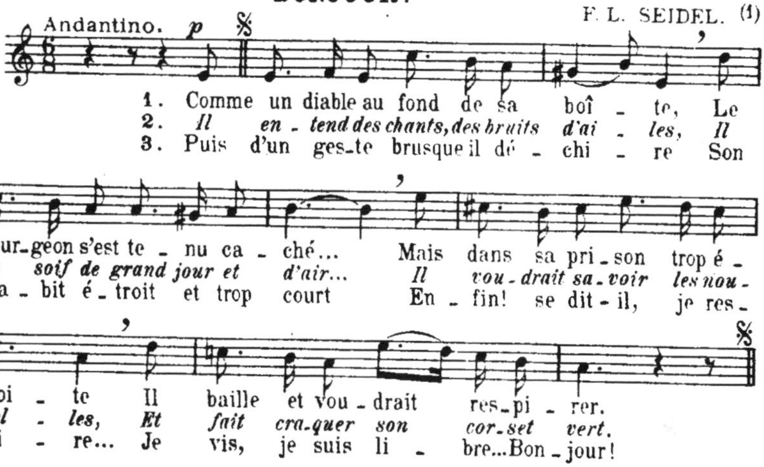

P. G.

Devoir.

Ajoutez ce qui manque aux mesures ci-dessous pour qu'elles soient correctement écrites.

en valeur égales.
en val. ég.
en val. ég.
en val. ég.
en val. ég.

(1) **Seidel** (Friedrich-Ludwig) né à Treuenbrienzen le 1?, Juin 1765, mort à Charlottenbourg le 5 Mai 1831.

VINGT-DEUXIÈME LEÇON.

§ **1.** Le point d'orgue placé au dessus d'une ronde, augmente approximativement cette ronde d'une fois sa valeur réelle, plus un silence facultatif (voir même Leçon, 1er volume).

Ex.
durée
approximative.

Pendant ce temps, la mesure est suspendue.

§ **2.** Le point d'arrêt placé au dessus d'une pause, augmente cette pause d'une fois sa valeur réelle.

Ex.
durée
approximative.

Il en est de même, proportionnellement, de tout point d'orgue ou point d'arrêt appliqué à une valeur quelconque.

§ **3.** On donne aussi le nom de points d'orgue à des traits de fantaisie écrits en petites notes, et devant être exécutés **ad libitum** [a] pendant la suspension du point d'orgue qui, ordinairement, en est le point de départ. [b] [c]

Ex.
VERDI.
ad libitum.
Ah! me pénètre au fond du cœur

§ **4.** Dans la phrase musicale, le point d'orgue peut, ordinairement, se placer:

1º Tout au commencement, sur la première note, ou le pre-

---

[a] Le mot latin **ad libitum** veut dire: à volonté, au gré de l'éxécutant. **a piacere** (italien: à plaisir) a à peu près la même signification.

[b] Dans ce cas, le point d'orgue a une durée indéterminée ainsi que l'indique le mot **ad libitum**.

[c] En général, pendant l'éxécution du point d'orgue par le chanteur, l'accompagnement se tait, ce qui est indiqué par un point d'arrêt.

mier accord.

2º Dans le courant de la phrase, à un point quelconque.

3º A la fin de la phrase, ou sur l'avant dernière note, ou encore sur les deux.

§ 5. Le point d'orgue peut, dans le morceau, occuper les mêmes places que dans la phrase musicale, c'est-à-dire: au commencement, au milieu, et à la fin.

En outre, il peut se placer à la fin d'un motif, entre deux phrases.

§ 6. Le point d'arrêt peut, dans la phrase musicale et dans le morceau, occuper les mêmes endroits que le point d'orgue; excepté, toutefois, au début du morceau ou il ne ferait que retarder le commencement de l'exécution.

Questionnaire.

1053. *a* Quelle est la durée approximative d'un point d'orgue placé sur une blanche? *b* Sur une noire? — *1054.* Quelles places peut occuper le point d'orgue dans la phrase musicale? — *1055.* Quelles places peut occuper le point d'orgue dans le courant d'un morceau? — *1056.* Quelles places peut occuper le point d'arrêt dans le courant d'un morceau? — *1057.* Par quelle valeur peut-on représenter douze ♪ ? — *1058.* Quel est l'intervalle simple de la vingt-quatrième? — *1059.* Quel est le relatif du ton mineur qui a Fa dièse comme sus-tonique? — *1060.* Comment nomme-t-on la distance qui sépare un degré d'un autre degré ? — *1061.* Combien y a-t-il de clefs? Lesquelles? — *1062.* Sur quelles lignes place-t-on la clef de Sol? La clef de Fa? — *1063.* Sur quelles lignes place-t-on la clef d'Ut? — *1064.* Chiffrez cette mesure : ♩ ♩ ♩ (3) ♪♪♪♪ ?

Exercice. (à solfier)

Moderato. 69 = ♩.

Rod.

LA VÉRITÉ.

Allegro. *Résolu et ardent.* BEETHOVEN.

1. Il est grand par-mi les hom-mes L'hom-me
2. *Des sa-vants a-vec vail-lan-ce Sont morts*
3. Et quand la Vé-ri-té fiè-re Res-plen-

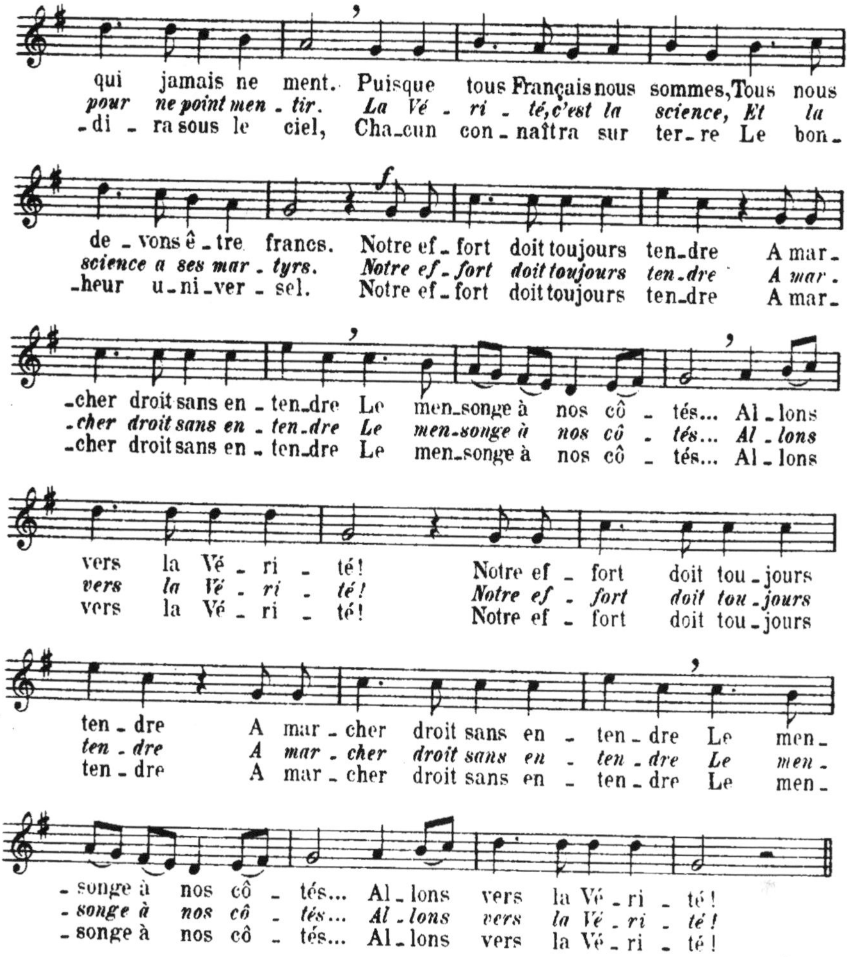

qui jamais ne ment. Puisque tous Français nous sommes, Tous nous
pour ne point men - tir. La Vé - ri - té, c'est la science, Et la
-di - ra sous le ciel, Cha-cun con - naîtra sur ter-re Le bon-

de - vons ê - tre francs. Notre ef - fort doit toujours ten-dre A mar-
science a ses mar - tyrs. Notre ef - fort doit toujours ten-dre A mar-
-heur u-ni-ver - sel. Notre ef - fort doit toujours ten-dre A mar-

-cher droit sans en - ten-dre Le men-songe à nos cô - tés... Al - lons
-cher droit sans en - ten-dre Le men-songe à nos cô - tés... Al - lons
-cher droit sans en - ten-dre Le men-songe à nos cô - tés... Al - lons

vers la Vé - ri - té! Notre ef - fort doit tou - jours
vers la Vé - ri - té! Notre ef - fort doit tou - jours
vers la Vé - ri - té! Notre ef - fort doit tou - jours

ten - dre A mar - cher droit sans en - ten - dre Le men-
ten - dre A mar - cher droit sans en - ten - dre Le men-
ten - dre A mar - cher droit sans en - ten - dre Le men-

-songe à nos cô - tés... Al - lons vers la Vé - ri - té!
-songe à nos cô - tés... Al - lons vers la Vé - ri - té!
-songe à nos cô - tés... Al - lons vers la Vé - ri - té!

P. G.

Devoir.

Transcrivez l'exercice suivant en clefs d'**ut 1ère ligne** et **4e ligne**.

VINGT-TROISIÈME LEÇON.

§ 1. Dans le courant d'un morceau, la double-barre doit se placer:

1° Avant un changement de mesure;

Ex.

2° à un changement de ton, avant l'armature du ton nouveau;

Ex.

3° avant un changement de mouvement.

Ex.

§ 2. La double-barre peut également se rencontrer dans le courant d'une mesure; elle y prend le nom de **double-barre de séparation**. [a]

Ex.

Questionnaire.

1065. Quelles sont les diverses circonstances dans lesquelles on emploie la double-barre de mesure? — *1066.* Comment indique-t-on, dans le courant d'un morceau, un changement de mesure? — *1067.* Comment indique-t-on, dans le courant d'un morceau, un changement

---

(a) Parce qu'elle indique alors la séparation entre les grandes divisions d'une composition musicale (comme, par exemple, la première et la seconde reprises d'une Sonate, d'une Symphonie... etc..).

de ton? — *1068.* Comment indique-t-on, dans le courant d'un morceau, un changement de mouvement? — *1069.* Quel intervalle y a-t-il entre Mi bémol et Ut bémol? — *1070.* Quelle est la médiante en Ut majeur? — *1071.* En quel ton majeur est-on quand le dernier dièse est Fa? — *1072.* Quelles sont les notes tonales en Sol majeur? — *1073.* Quel est le relatif de Sol majeur? — *1074.* Quelles sont les notes tonales en Mi mineur? — *1075.* Quel est le redoublement à une octave de la Sixte? — *1076.* Par quelle valeur peut-on représenter quatre noires pointées?

Andantino. 108 = ♩

1er Dessus.
H. Lemoine.
2d Dessus.

Fin.

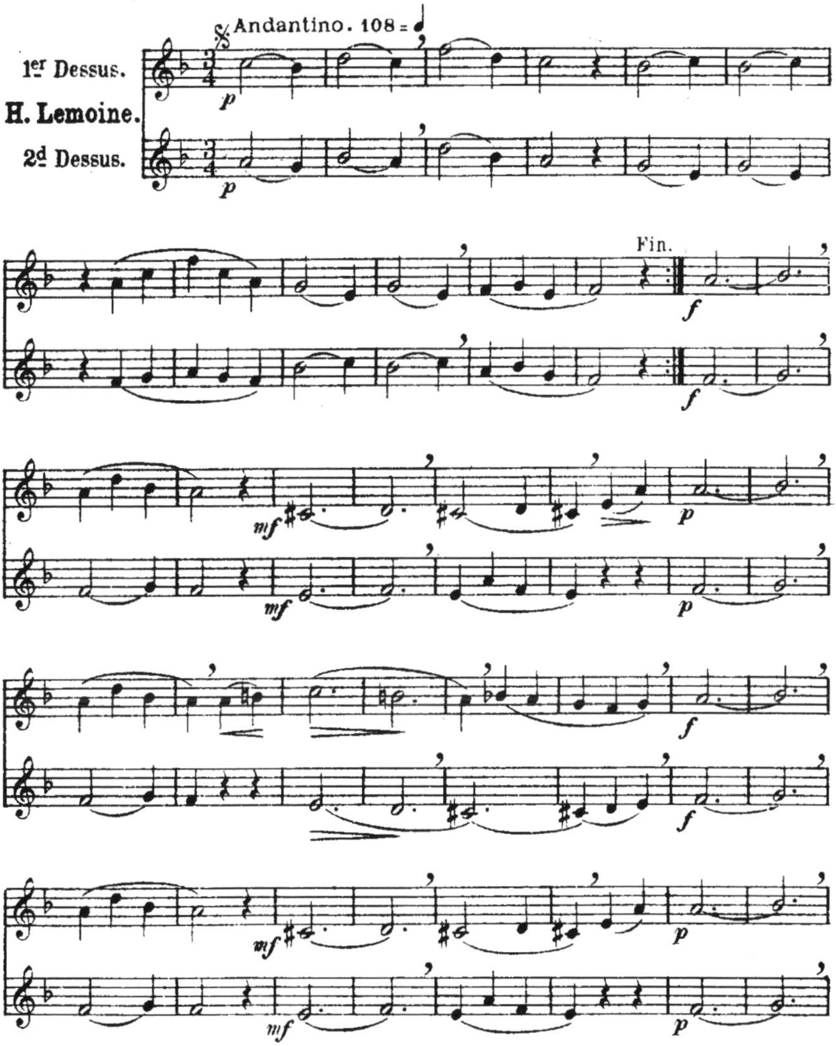

LA BATTEUSE.

P. GAVEAUX. (1)

mf
mf
4
Poco Allegretto.
1. Autour de la bateuse
2. Les femmes côte à côte
3. La machine sonore
Le bourg est rassemblé, Et les femmes joyeuses
Travaillant hardiment, Et les meules moins hautes
Emplit l'air de son bruit, Depuis la prime aurore
Là-bas portent le blé. Couverts de brins d'éteule, Les hommes sans répit Debout au haut des meules Font pleuvoir les épis
S'abaissent lentement. Le maître les surveille Et les fiers travailleurs Dont les fronts s'ensoleillent, Redoublent leur ardeur.
Et bat jusqu'à la nuit. Et nul ne se repose Quand la batteuse bat. Ce soir, à la nuit close, On se reposera.
Crescendo.
Ron-ron, font les batteuses, Ronrons, bruyants ronrons Que les chansons joyeuses Des travailleuses Accompagneront.
P. G.

(1) **Gaveaux** (Pierre) né à Béziers (Hérault) en Août 1761, mort à Paris le 5 Février 1825.

Devoir.

Transcrivez l'exercice suivant en clefs d'**ut 2e ligne** et **3e ligne**, et en clef de **fa 3e ligne**, et solfiez sans chanter.

VINGT-QUATRIÈME LEÇON.

§ **1.** On peut, après les différentes valeurs de notes, placer plusieurs points. (a)

§ **2.** De même que le point placé à la suite d'une note, l'augmente de la moitié de sa valeur; chaque nouveau point augmente le point précédent de la moitié de sa valeur. (b)

Ex.

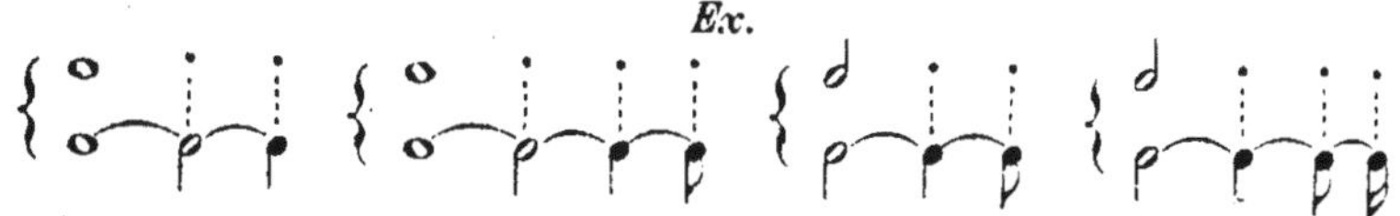

§ **3.** La ronde pointée valant six ♩, doublement pointée elle en vaudra sept.

Ex.

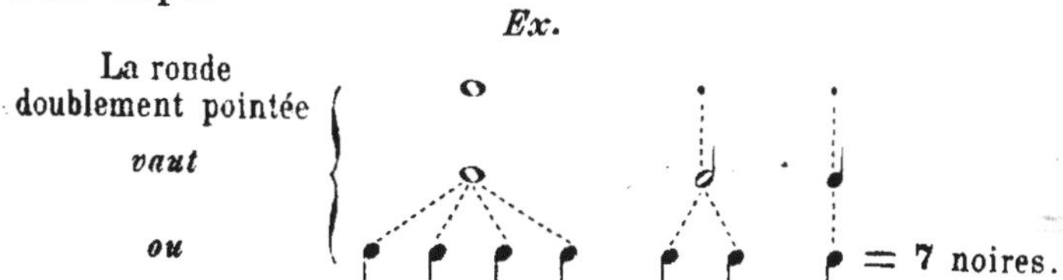

La blanche pointée valant douze ♪, triplement pointée elle en vaudra quinze.

Ex.

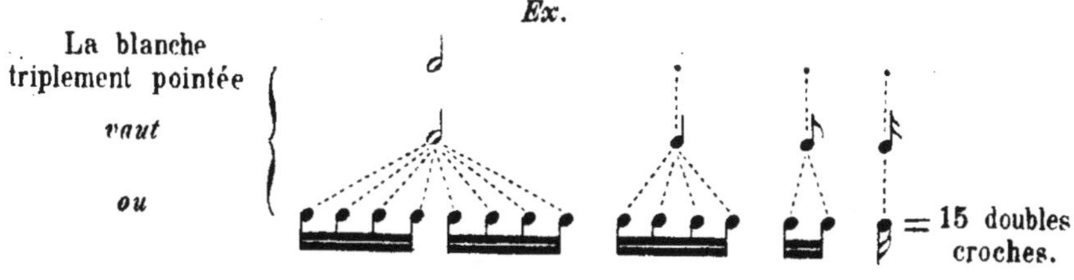

(a) Les points placés après les valeurs de notes, ne doivent pas dépasser le nombre de trois. (règle classique).

(b) On obtient ainsi des valeurs qu'on ne saurait écrire autrement, à moins de multiplier les notes et les liaisons, ce qui compliquerait parfois l'écriture jusqu'à la rendre illisible.

Questionnaire.

1077. Combien peut-on mettre de points après une figure de note? — *1078.* *a* Quelle est la valeur du premier point placé après une note? *b* Quelle est la valeur du deuxième? *c* Quelle est la valeur du troisième? — *1079.* Comment peut-on, au moyen d'une seule figure de note, suivie de point, exprimer une valeur de quinze noires? — *1080.* Comment peut-on, au moyen d'une seule figure de note, suivie de points, exprimer une valeur de sept double-croches? — *1081.* Quelles sont les qualifications de la tierce? — *1082.* Quelles sont les qualifications de la quinte? — *1083.* Quelles sont les qualifications de l'octave? —*1084.* Quel est le tétracorde supérieur en Si bémol majeur? — *1085.* Quel est le tétracorde inférieur en La majeur? — *1086.* La bémol, Si bémol, Do et Ré bémol forment le second tétracorde d'une gamme; dans quelle autre gamme pourrait-il être premier tétracorde?—*1087.* Quel est le redoublement à une octave de la quarte? — *1088.* Dans quelle gamme trouve-t-on comme deuxième note modale la médiante du ton d'Ut mineur?

Exercice à deux voix. (à solfier)

CHANT DU MATELOT. (1)

Paroles de V. WILDER. *(Tristan et Yseult)* WAGNER.

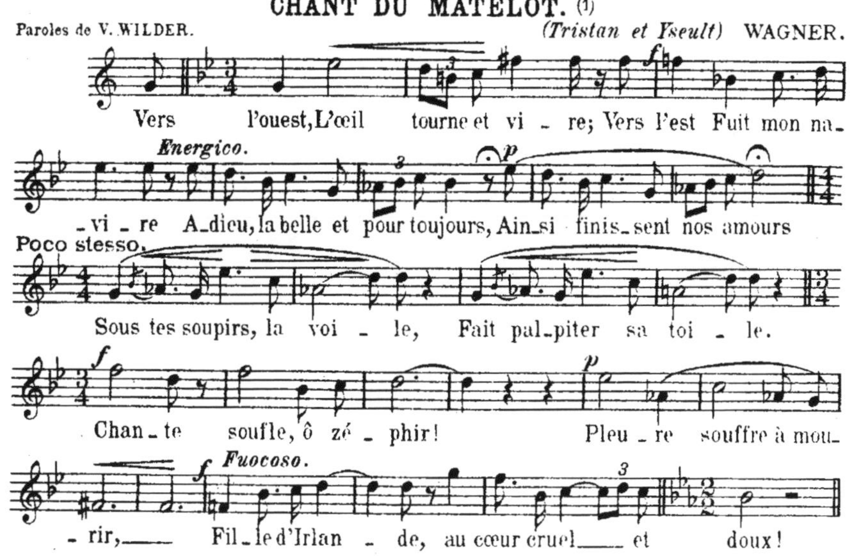
Vers l'ouest, L'œil tourne et vi - re; Vers l'est Fuit mon na - vi - re A-dieu, la belle et pour toujours, Ain-si finis-sent nos amours
Energico.
Poco stesso.
Sous tes soupirs, la voi - le, Fait pal-piter sa toi - le.
Chan - te soufle, ô zé - phir! Pleu - re souffre à mou - rir,
Fil - le d'Irlan - de, au cœur cruel et doux!
Fuocoso.

Devoir.

Ajoutez ce qui manque aux mesures ci-dessous pour qu'elles soient correctement écrites.

VINGT-CINQUIÈME LEÇON.

§ 1. On peut également placer plusieurs points (a) après les différentes valeurs de silences, ou ils conservent la même signification qu'après les figures de notes. (b)

Ex.

(a) Les points placés après les silences, ne doivent pas non plus dépasser le nombre de 3.

(b) Voir à la 24me leçon, § 2.

(1) Publié avec l'autorisation de MM. BREITKOPF & HÄRTEL, Editeurs Propriétaires.

§ 2. Le demi-soupir pointé valant douze seizièmes de soupir, triplement pointé il en vaudra quinze.

Ex.

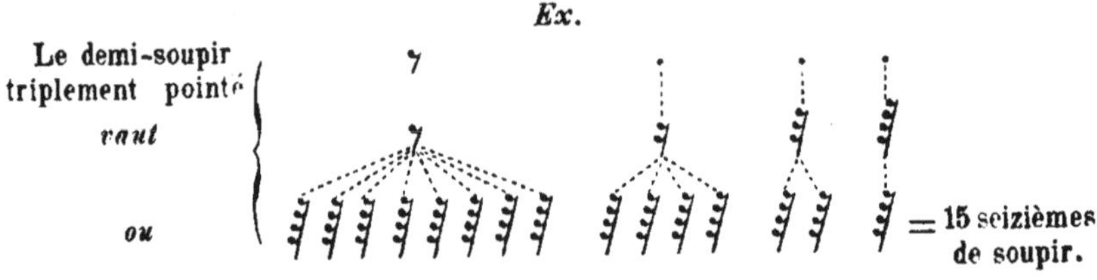
Le demi-soupir
triplement pointé
vaut
ou
= 15 seizièmes
de soupir.

Le quart de soupir pointé valant six seizièmes de soupir, doublement pointé il en vaudra sept.

Ex.

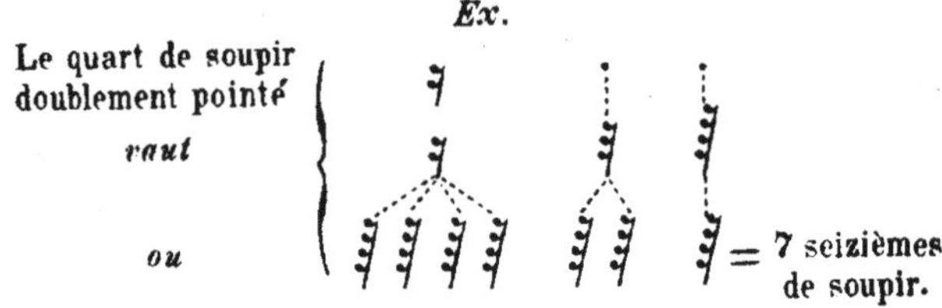
Le quart de soupir
doublement pointé
vaut
ou
= 7 seizièmes
de soupir.

Questionnaire.

1089. Combien peut-on placer de points après les valeurs de silences? Quelle est leur signification? — *1090.* Combien un demi-soupir pointé vaut-il de seizième de soupir? Combien en vaudra-t-il s'il est suivi de trois points? — *1091.* Combien le quart de soupir pointé vaut-il de seizième? Combien en vaudra-t-il s'il est suivi de deux points? — *1092.* Combien la blanche doublement pointée vaut-elle de ♪? — *1093.* Quel intervalle y a-t-il de Mi à Si? — *1094.* Quel intervalle y a-t-il de Ré à Sol dièse? — *1095.* Quel intervalle y a-t-il de La à Ré bémol? — *1096.* Quelle est la médiante en Mi bémol majeur? — *1097.* Quelle est la médiante en Ut mineur? — *1098.* Quelle est la médiante en Ré mineur? — *1099.* Quelle est la note synonyme de Mi? — *1100.* Quelle est la note synonyme de Si?

Exercice. (à solfier)

Andantino. 96 = ♩
(1)
Heller.
p dolce.
pp

(1) **Heller** (Stephen) né à Budapest le 13 Mai 1813, mort à Paris le 13 Janvier 1888.

Espressivo.
mf
p
f
p
mf
p
Riten.
a Tempo.
pp
pp
Paroles de
V. SARDOU & Ch. NUITTER.
COMPLIMENT DU PETIT JOST. (2)
(Piccolino) E. GUIRAUD. (1)
♩ = 72
Tu m'as dit, mon grand pa - pa Sois bien sage et dans mes
poches M'sieu no - ël dé - pose - ra Bonbons, joujoux et bri - o-ches Et me voi-
- là mon grand pa - pa Pe - tit Jost se - ra à l'abri des re-
- pro - ches Il cor - ri - ge - ra Tous les petits dé - fauts qu'il a Dé-
- jà Ah grand pa - pa Ah grand pa-pa grand pa - pa Ah grand pa-pa.

(1) **Guiraud** (Ernest) né à la Nouvelle-Orléans le 23 Juin 1837, mort à Paris le 6 Mai 1892.

(2) Publié avec l'autorisation de MM. DURAND & FILS, Editeurs Propriétaires.

Devoir.

Ecrivez sur une portée, les silences correspondant aux valeurs de notes ci-dessous:

Ecrivez dans le quatrième interligne les valeurs de notes correspondant aux silences ci-dessous:

VINGT-SIXIÈME LEÇON.

§1. **La blanche pointée** qui est l'unité de mesure dans la mesure à $\frac{3}{4}$ est prise comme **unité de temps** dans les mesures à $\frac{6}{4}$, $\frac{9}{4}$ et $\frac{12}{4}$.

Ex.

§2. **L'unité de mesure** dans la mesure à $\frac{6}{4}$ est la **ronde pointée**.

§3. **L'unité de mesure** dans la mesure à $\frac{9}{4}$ est une **ronde pointée liée à une blanche pointée.** [a]

§4. **L'unité de mesure** dans la mesure à $\frac{12}{4}$ est la **note carrée pointée.**

(a) Il n'existe pas de valeur, même pointée, qui soit exactement équivalente à neuf noires.

Questionnaire.

1101. Dans quelles mesures trouve-t-on, comme unité de temps, la noire pointée? La blanche? — *1102.* Quelle est l'unité de mesure dans la mesure à $\frac{6}{8}$? à $\frac{6}{4}$? — *1103.* Quelle est l'unité de mesure dans la mesure à $\frac{9}{8}$? à $\frac{9}{4}$? — *1104.* Quelle est l'unité de mesure dans la mesure à $\frac{12}{8}$? à $\frac{12}{4}$? — *1105.* Dans la mesure à $\frac{9}{4}$ que vaut une ronde pointée ? — *1106.* Dans la mesure à $\frac{12}{4}$ que vaut la note carrée pointée ? — *1107.* Dans la mesure à $\frac{6}{4}$ que vaut une noire ? — *1108.* Dans cette même mesure que vaut une croche ? — *1109.* Combien la mesure à $\frac{9}{4}$ contient-elle de croches ? — *1110.* Quelle est la quinte juste de Ré ? — *1111.* Quelle est la sixte mineure de Fa ? — *1112.* Quelle est l'octave augmentée de Mi bémol ?

Exercice. (à solfier)

Paroles de
H. MEILHAC & L. HALÉVY.
DRAGON D'ALCALA. (1)
(Carmen) G. BIZET.
Allº modtº ♩= 100
Hal - te - là! Qui va là? Dragon d'Al - ca - la!
Où t'en vas - tu par là, Dra - gon d'Al - ca - la? Moi, je m'en vais
fai - re Mordre la pous - siè - re A mon ad - ver - sai - - re
Léger.
S'il - en est ain - si, Passez mon a - mi
Af - fai - re d'hon - neur, Af - fai - re de cœur; Pour nous tout est
là, Dragon d'Al - ca - la! Hal - te - là! Qui va là?
Dragon d'Al - ca - la! Où t'en vas - tu par là, Dra - gon d'Al - ca -
- la? Ex - act et fi - dè - le, Je vais où m'ap - pel - le
L'amour de ma bel - - le! S'il en est ain - si
Passez mon a - mi Af - fai - re d'honneur, Af - fai - re de
cœur, Pour nous tout est là, Dragon d'Al - ca - la!

(1) Publié avec l'autorisation de Mr CHOUDENS, Editeur Propriétaire.

Devoir.

Copiez cet exercice, mettez les barres de mesure et les chiffres indicateurs. En tout huit mesures.

Dites en quel ton se trouve cet exercice.

VINGT-SEPTIÈME LEÇON.

§ 1. Pour avoir, en silence, l'équivalent d'une **blanche doublement pointée,** il faut une demi-pause, un soupir et un demi-soupir.

La demi-pause remplace la blanche, le soupir remplace le premier point (qui équivaut à une noire) et le demi-soupir remplace le second point (qui équivaut à une croche).

(a)

§ 2. Pour avoir, en silence, l'équivalent d'une **noire doublement pointée**, il faut un soupir, un demi-soupir et un quart de soupir.

Le soupir remplace la noire, le demi-soupir remplace le premier point (qui équivaut à une croche) et le quart de soupir remplace le second point (qui équivaut à une double croche).

(b)

(a) Pour avoir, en silence, l'équivalent d'une **blanche triplement pointée**, il faut ajouter un quart de soupir; ce quart de soupir remplace le troisième point (qui équivaut à une double croche).

(b) Pour avoir, en silence, l'équivalent d'une **noire triplement pointée**, il faut ajouter un huitième de soupir: ce huitième de soupir remplace le troisième point (qui équivaut à une triple croche).

Questionnaire.

1113. Quels silences faut-il pour avoir l'équivalent d'une blanche doublement pointée ? — *1114.* Dans ce cas, quels silences remplacent les deux points ? — *1115.* Quels silences faut-il pour avoir l'équivalent d'une noire doublement pointée ? — *1116.* Dans ce cas, quels silences remplacent les deux points ? — *1117.* Quels silences faut-il pour avoir l'équivalent d'une blanche triplement pointée ? — *1118.* Dans ce cas, quels silences remplacent les trois points ? — *1119.* Quels sont les silences correspondants à la double-croche pointée ? — *1120.* Quels sont les silences correspondants à la croche doublement pointée ? — *1121.* Quel intervalle y a-t-il de Mi à Si ? — *1122.* Quel intervalle y a-t-il de Ré à Sol dièse ? — *1123.* Quel intervalle y a-t-il de La à Ré bémol ? — *1124.* Quel intervalle y a-t-il d'Ut à Si ?

Exercice à deux voix. (à solfier)

f
Dimin.
f
f
p poco rit.
Dimin.
f
p
p
p
Smorz.
pp
pp
HEUREUX PETIT BERGER. (1)
Paroles de
MISTRAL & CARRÉ.
(Mireille) GOUNOD.
Heu_reux pe_tit ber_ger! Heu_reux pe_tit ber_ger Ah! que ton
sort me fait en_vi - e! Le cœur li_bre! le cœur lé_ger Les peines de la
vi - e Ne peuvent t'af_fli - ger, Heureux pe_tit ber_ger! Heureux pe_tit ber -
- ger Dans ce désert de feu, Tout seul avec tes chèvres, Tu dors sous le ciel

(1) Publié avec l'autorisation de Mr CHOUDENS, Editeur Propriétaire.

bleu sous le ciel bleu U_ne chanson aux lè _ vres, Et pendant ton som_
_meil Les joyeu _ ses ci _ gales Font tin_ter au so _ leil Leurs bruyan_tes cym_
_ba_les, Et pendant ton som_meil, Les joy_eu _ ses ci _ gales Font tin_ter au so_
_leil Leurs bruyan_tes cym _ ba_les Ah! ________ Heu_reux pe_tit ber_
_ger Heu_reux petit ber_ger! Ah! que ton sort me fait en_vi _ e! Le cœur
li _ bre! le cœur lé _ ger Les pei_nes de la vi _ e Ne peuvent t'af_fli_
_ger, Heureux pe_tit ber_ger! Heureux pe_tit ber _ ger! Ton sort me fait en_
Rit. Tempo.
_vi _ e, Heureux petit ber _ ger! Heu _ reux pe _ tit ber _ ger!

Devoir.

Trouver le silence pouvant représenter, à lui seul, l'ensemble des valeurs de notes contenues dans chacune des mesures ci-dessous :

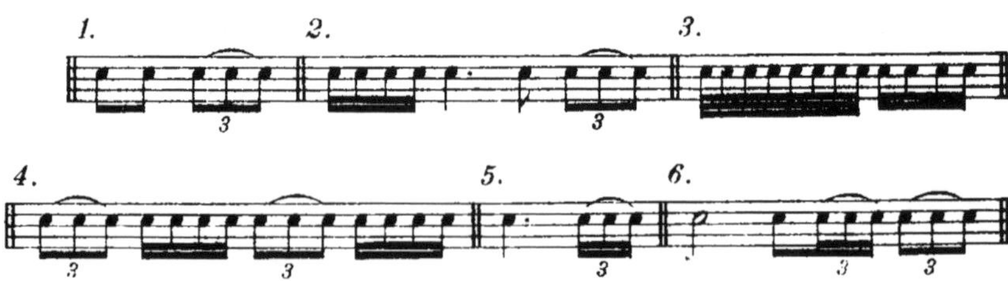

VINGT-HUITIÈME LEÇON.

§1. Dans la mesure à $\frac{3}{2}$, l'unité de temps est la **blanche** comme l'indique le chiffre inférieur 2.

§2. L'unité de mesure est la **ronde pointée**.

§3. Le silence d'un temps est la **demi-pause**.

§4. Les silences devant occuper la mesure entière sont: une **pause** et une **demi-pause**. [(1)]

Questionnaire.

1125. Dans la mesure à $\frac{3}{2}$, que vaut une blanche? Que représente t-elle? — *1126.* Dans cette même mesure, que vaut une croche? — *1127.* Que vaut une ronde pointée? Que représente-t-elle? — *1128.* Que vaut une noire pointée? — *1129.* Que vaut une blanche pointée? — *1130.* Si dans cette mesure on a déjà une blanche au premier temps et une noire au deuxième temps, quels silences faut-il pour compléter la mesure? — *1131.* Si on a déjà une blanche au premier temps, combien faut-il de double-croches pour compléter la mesure? — *1132.* Quelles sont les notes placées dans les interlignes de la clef d'Ut 3e? — *1133.* Quel est le renversement de la septième diminuée? — *1134.* Quelle est la mesure correspondante de la mesure à $\frac{2}{2}$? — *1135.* Quelle est la mesure correspondante de la mesure à $\frac{3}{2}$? — *1136.* Quelle est la mesure à trois temps dont la croche forme le quart d'un temps?

Exercices. (à solfier)

(1) La pause ne pouvant représenter un silence exédant la valeur d'une ronde, sans l'adjonction d'un ou de plusieurs autres silences.

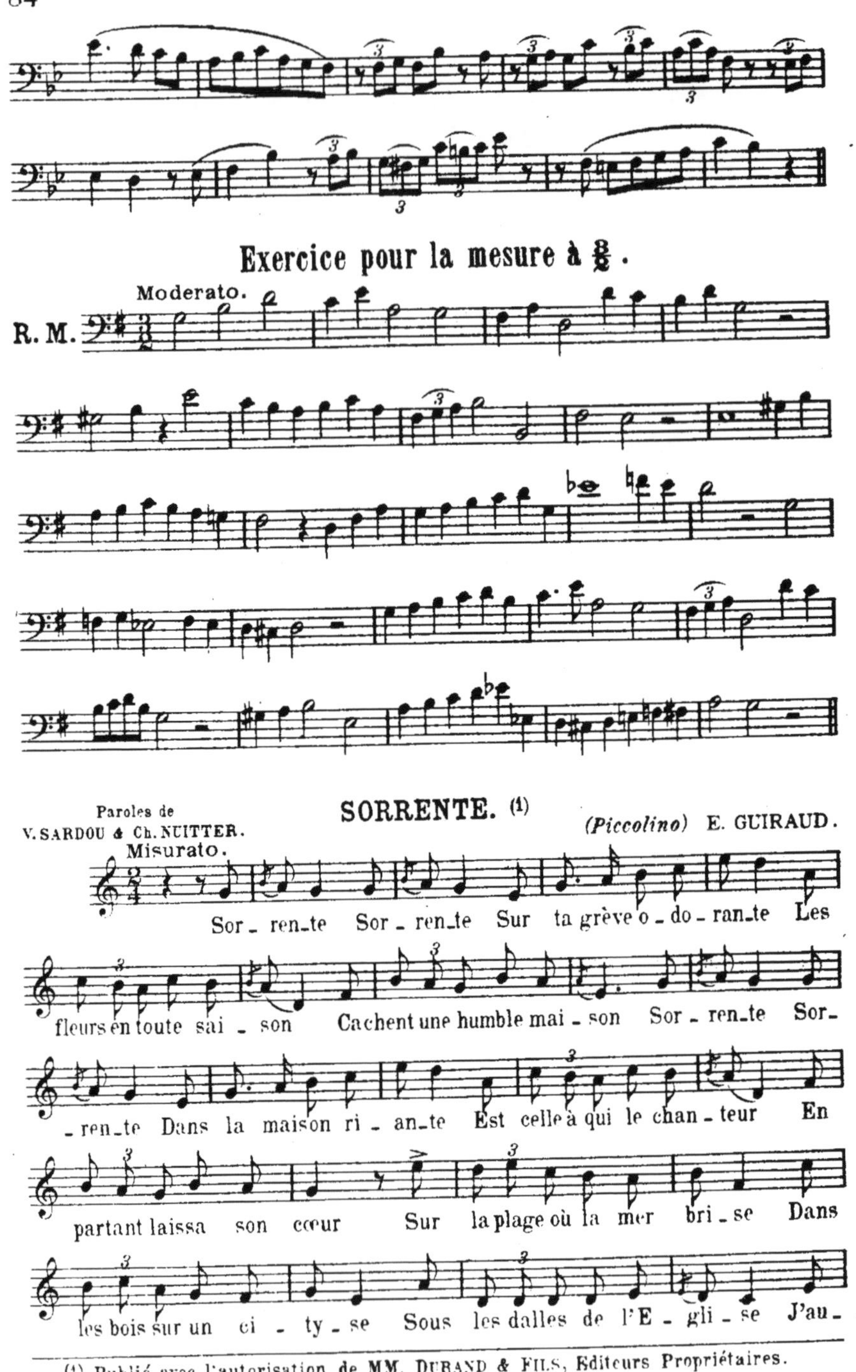
Exercice pour la mesure à $\frac{3}{2}$.
Moderato.
R. M.
Paroles de
V. SARDOU & Ch. NUITTER.
SORRENTE. (1)
(Piccolino) E. GUIRAUD.
Misurato.
Sor - ren-te Sor - ren-te Sur ta grève o - do - ran-te Les
fleurs en toute sai - son Cachent une humble mai - son Sor - ren-te Sor-
- ren-te Dans la maison ri - an-te Est celle à qui le chan - teur En
partant laissa son cœur Sur la plage où la mer bri - se Dans
les bois sur un ci - ty - se Sous les dalles de l'E - gli - se J'au-

(1) Publié avec l'autorisation de MM. DURAND & FILS, Editeurs Propriétaires.

-rais pu cacher mon cœur Il n'est ni sous la col - li - ne Ni dans la maison di-
-vi - ne U - ne brune Sorren - ti - ne L'a cueilli comme u - ne fleur.

Devoir.

Transformez l'exercice ci-dessous en mesure $\frac{3}{2}$.

VINGT-NEUVIÈME LEÇON.

§1. Dans la mesure à $\frac{4}{2}$, l'unité de temps est la **blanche**.

§2. La **note carrée** 𝅜 est prise comme unité de mesure. [7]

§3. Le silence d'un temps est la **demi-pause**.

§4. Le silence représentant la mesure entière est le **baton de deux pauses**.

Questionnaire.

1137. Dans la mesure à $\frac{4}{2}$, que vaut une noire? — *1138.* Dans cette même mesure, que vaut une croche? — *1139.* Que vaut une blanche pointée? — *1140.* Que représente la note carrée? — *1141.* Combien cette mesure contient-elle de noires? — *1142.* De doubles croches? — *1143.* De croches? — *1144.* Si dans cette mesure on a déjà une noire pointée au premier temps, quels silences faudra-t-il pour compléter la mesure? — *1145.* Si on a déjà une croche doublement pointée au premier temps, combien faudra-t-il de triples croches

---

(7) On se rappelle que la note carrée vaut deux rondes.

pour compléter la mesure? — *1146.* Quelle est la quinte augmentée inférieure de Sol? — *1147.* Quelle est la septième majeure de Mi? — *1148.* Quelles sont les notes tonales d'une gamme mineure ayant Do comme sus-dominante?

Exercices pour la mesure à $\frac{4}{2}$.

(1) **Berton** (Henri-Montan) né à Paris le 17 Septembre 1767, mort dans la même ville le 22 Avril 1844.

LA NACELLE.
Allegro. Détaché.
BEETHOVEN.
1. La blan_che na_cel_le La blan_che na_cel_le Vogue au gré du vent. Si fra_gile et si frê_le La blanche na_cel_le Qu'on dirait une ai_le Aux re_flets changeants, Et qui s'en_vole au vent. Au gré des zé_phi_res, Volte et vi_re, vi_re, Volte et vi_re, vi_re, Monte et re_des_cend. La blanche na_cel_le Si mince et si frê_le, Monte et re_des_cend Sur les flots d'ar_gent.
2. Le flot la sou_lè_re Le flot la sou_lè_re, Et la porte ain_si Plus lé_gè_re qu'un rê_re, Qu'un va_po_reux rê_ve, D'u_ne cour_se brè_ve, Par là, par i_ci... El_le s'éloigne ain_si Que la blanche oi_sel_le Qui mouille son ai_le Qui mouille son ai_le Dans les flots a_mers... Le flot la sou_lè_re, Frê_le comme un rê_re, Dans les flots a_mers De la vas_te mer.
P. G.

Devoir.

Transformez l'exercice ci-dessous en mesure $\frac{4}{2}$.

TRENTIÈME LEÇON.

§1. Dans la mesure à $\frac{2}{1}$ (peu usitée) l'unité de temps est **la ronde**.

L'unité de mesure est **la note carrée**.

Le silence d'un temps est **la pause**.

Le silence de la mesure entière est **le baton de deux pauses**.

§2. Dans la mesure à $\frac{3}{1}$ (peu usitée) l'unité de temps est **la ronde**.

L'unité de mesure est **une note carrée liée à une ronde**.

Le silence d'un temps est **la pause**.

Les silences devant occuper la mesure entière sont: **un baton de deux pauses suivi d'une pause**.

§3. Dans la mesure à $\frac{4}{1}$ (très peu usitée) l'unité de temps est **la ronde**.

L'unité de mesure est **une note carrée liée à une autre note carrée**.

Le silence d'un temps est **la pause**.

Le silence représentant la mesure entière sera **un baton de quatre pauses.**

Questionnaire.

1149. Que représente la ronde dans les mesures à $\frac{2}{1}$, $\frac{3}{1}$ et $\frac{4}{1}$? — *1150.* Dans ces mêmes mesures, que représente la pause? — *1151.* Quel est la valeur pointée occupant trois temps dans la mesure à $\frac{4}{1}$? Quels sont les silences correspondant à cette valeur? — *1152.* Quels sont les chiffres indicateurs d'une mesure contenant les valeurs suivantes: une pause, quatre noires, deux blanches, six croches et un soupir? — *1153.* Quelle est la valeur correspondant à douze triolets de quadruples croches? — *1154.* Quel est le seul intervalle diminué de la gamme majeure? — *1155.* Quel est l'intervalle simple de la treizième diminuée? — *1156.* Quelle est la mesure simple correspondante de la mesure à $\frac{12}{4}$? — *1157.* Quelle est la gamme dont la sus-tonique est Fa? — *1158.* Quelle est la gamme dont la médiante est Si bémol? — *1159.* Quelle est la gamme dont la sus-dominante est Mi bémol? — *1160.* Quelle est la gamme dont la sous-dominante est Mi bémol?

Exercice. (à solfier)

(a) La note carrée, le baton de deux pauses et le baton de quatre pauses ne sont guère employés que dans ces sortes de mesures.

Paroles de
H. MEILHAC & L. HALÉVY.
CHŒUR DES GAMINS. (1)
(Carmen) G. BIZET.
Très rythmé presque détaché.
A_vec la gar_de mon_tan_te, Nous ar_ri_vons, nous voi_là!
Son_ne, trompette éclatante! Ta ra ta ta ta ra ta ta Nous marchons la
tê_te haute Comme de pe_tits soldats, Marquant sans fai_re de faute,
(crié)
Une, deux mar_quant le pas Les é_pau_les en ar_rière Et la poi_trine
en dehors Les bras de cet_te manière, Tombant tout le long du corps.
A_vec la gar_de montante, Nous ar_ri_vons, nous voilà Son_ne, trom_
Cre_scen_do molto.
_pette é_clatan_te, Ta ra ta ta ta ra ta ta ta ra ta ta ra ta
ta ta ra ta ta ra ta ta ta ta ra ta ta ra ta ta ra

(1) Publié avec l'autorisation de Mr CHOUDENS, Editeur Propriétaire.

ta ta ra ta ta ra ta ta ra ta ta ta ta ra ta ta ra ta ta ta ra
ta ta ra ta ta ta ta ra ta ta ra ta ta ra ta ta ra ta ta ra
ta ta ra ta ta ta Nous marchons la tê_te haute comme de pe_
(crié)
_tits soldats Marquant sans fai_re de faute Une, deux, mar_quant le pas
Cresc. molto.
Les é_pau_les en arrière Et la poi_tri_ne en dehors Les bras de cet_
_te manière, tombant tout le long du corps Nous arrivons! Nous voilà!
ta ra ta ta ra ta ta ra ta ta ta ta ta ra ta ta.

Devoir.

Copiez l'exercice ci-dessous, et à coté de chaque note, écrivez en blanche une autre note ayant le même son, mais différemment altérée (sa note synonyme).

TRENTE-ET-UNIÈME LEÇON.

§ 1. Il y a deux signes d'altération autres que le **dièse** et le **bémol**, ce sont: le **double dièse** (× ou 𝄪) et le **double bémol** (♭♭).

§ 2. Le **double dièse** hausse de deux demi-tons chromatiques le son de la note devant laquelle il est placé.

Ex.

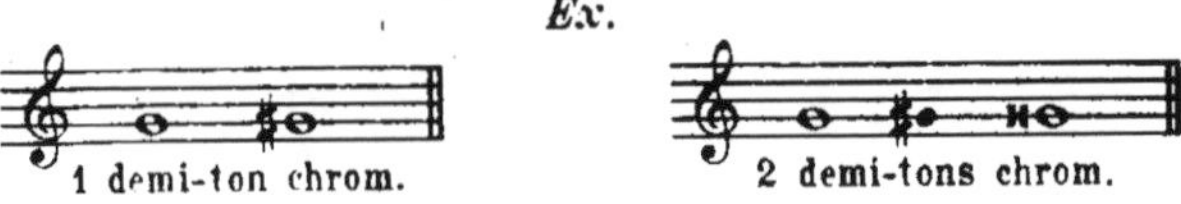

§ 3. Le **double-bémol** abaisse de deux demi-tons chromatiques le son de la note devant laquelle il est placé.

Ex.

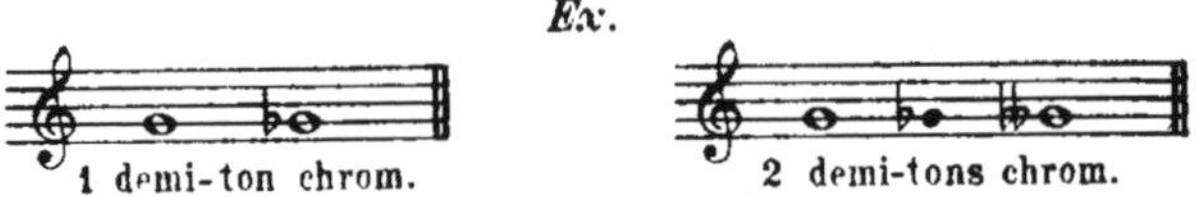

Questionnaire.

1161. Existe-t-il d'autres signes d'altération que le dièse et le bémol ? Lesquels? — *1162.* Quel est l'effet du double dièse? — *1163.* Quel est l'effet du double bémol? — *1164.* Nommez la note synonyme de **ré** double dièse? De **sol** dièse? — *1165.* Nommez la note synonyme de **la** double bémol? De **do** bémol? — *1166.* Quelle est la valeur du deuxième point placé après une noire? — *1167.* Quelle est la valeur du point placé après une croche? — *1168.* Quels sont les temps forts dans la mesure à $\frac{5}{4}$? — *1169.* Quels sont les temps faibles dans la mesure à $\frac{3}{1}$? — *1170.* De quoi se compose la quinte sur-augmentée? — *1171.* Dans quelles gammes les deux notes : **ré, mi bémol** forment-elles le premier demi-ton? — *1172.* Chiffrez cette mesure: 𝅗𝅥 𝅗𝅥 ♩ ♩ ♩ ♩ 𝄽 ♩ 𝅗𝅥 ?

Exercice à deux voix. (à solfier)

CANON.

p
Dimin.
pp
AVRIL.
SÜSSMAYER. (1)
1re Partie.
1. A - vril vient d'é - clo - re Et sur les toits
2. Les per - sien - nes ver - tes, Ain si que des
3. Chas - sant d'un sou - ri - re Les nu - a - ges
2e Partie.
1. A - vril vient d'é - clo - re Et sur les toits
2. Les per - sien - nes ver - tes, Ain si que des
3. Chas - sant d'un sou - ri - re Les nu - a - ges
gris Le prin-temps re - do - re Les pi - gnons fleu -
yeux Se sont entr' ou - ver - tes De - vant le ciel
gris, Le ciel clair re - ti - re Son bon - net de
gris Le prin-temps re - do - re Les pi - gnons fleu -
yeux Se sont entr' ou - ver - tes De - vant le ciel
gris, Le ciel clair re - ti - re Son bon - net de

(1) **Süssmayer** (Franz-Xaver) né à Steyr en 1766, mort à Vienne le 17 Septembre 1803.

-ris. L'eau cou - le plus fraî - che En - tre les ro -
bleu. La bri - se nou - vel - le Puise aux cy - cla -
nuit. La na - ture est las - se De son long som -
-ris. L'eau cou - le plus fraî - che En - tre les ro -
bleu. La bri - se nou - vel - le Puise aux cy - cla -
nuit. La na - ture est las - se De son long som -
-seaux. Vi - te se dé - pê - chent Les jeu - nes ruis - seaux.
-mens Et porte a - vec el - le Des grains de pol - len
-meil, Mais A - vril lui la - ce Son cor - set ver - meil.
-seaux. Vi - te se dé - pê - chent Les jeu - nes ruis - seaux.
-mens Et porte a - vec el - le Des grains de pol - len
-meil, Mais A - vril lui la - ce Son cor - set ver - meil.

P. G.

Devoir.

Indiquez dans cet exercice les intervalles majeurs et mineurs et mettez les barres de mesure:

TRENTE-DEUXIÈME LEÇON.

§ **1. Les altérations accidentelles**, que l'on appelle aussi **accidents**, sont celles que l'on rencontre passagèrement dans le courant d'un morceau, et qui n'affectent que les notes du même nom placées dans la même mesure.

§ **2. Les altérations constitutives** sont celles qui sont placées à l'armature et qui agissent pendant toute la durée du morceau, lorsqu'elles ne sont pas annulées ou modifiées par l'effet du bécarre ou d'un autre accident.

Questionnaire.

1173. Expliquez la différence qui existe entre les altérations accidentelles et les altérations constitutives? — *1174.* Quel est l'effet des altérations accidentelles? — *1175.* Quel est l'effet des altérations constitutives? — *1176.* Quel intervalle y a-t-il entre Ré bémol et Mi? — *1177.* Quel intervalle y a-t-il entre Mi et La bémol? — *1178.* Quel intervalle y a-t-il entre La bémol et Ut dièse? — *1179.* Quelle est la note synonyme de La bémol? — *1180.* Quelle est la note synonyme de Sol bémol? — *1181.* Quelle est la note synonyme de Ré bémol? — *1182.* Quelle est la quarte diminuée de Si? — *1183.* Quelle est la sixte mineure de La bémol? — *1184.* Quelle est la quinte diminuée de Fa?

Exercices. (à solfier)

CANON.

Moderato. 72 = 𝅗𝅥
1er Dessus.
H. M. Berton.
2d Dessus.
f
mf
Cre - scen - do.
f
Dimin.
Riten.
Tempo.
p

CE QU'IL FAUT À L'ÉCOLIER.

1re Partie.
1. Des li-vres, des li-vres! C'est ce qu'il faut à l'é-colier Qui
2. Des feuilles, des feuilles, Des feuilles de bril-lant papier, C'est
2e Partie.
1. Des li-vres, des li-vres! C'est ce qu'il faut à l'é-colier Qui
2. Des feuilles, des feuilles, Des feuilles de bril-lant papier, C'est

veut s'instruire et tra-vailler. Des li-vres et des li-vres! Maître, vous nous
ce qu'il faut à l'é-colier, Des feuilles et des feuil-les! Maître, maître
veut s'instruire et tra-vailler. Des li-vres et des li-vres! Maître, vous nous
ce qu'il faut à l'é-colier, Des feuilles et des feuil-les! Maître, maître

don-ne-rez De grands gros livres bien ser-rés, Des li-vres, des li-vres!
donnez-en Des feuil-les de beau papier blanc, Des feuil-les, des feuil-les!
don-ne-rez De grands gros livres bien ser-rés, Des li-vres, des li-vres!
donnez-en Des feuil-les de beau papier blanc, Des feuil-les, des feuil-les!

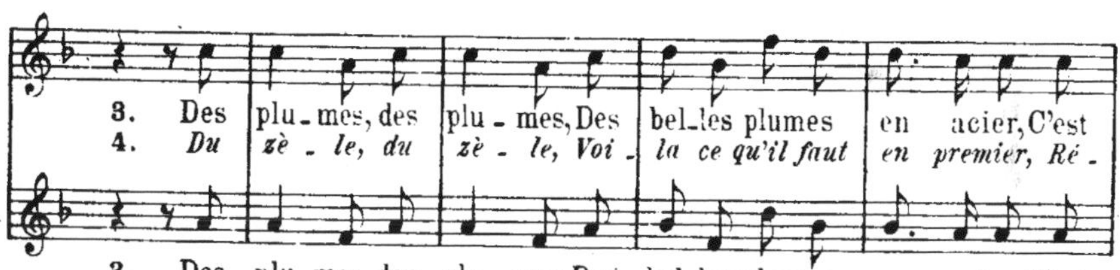
3. Des plu-mes, des plu-mes, Des bel-les plumes en acier, C'est
4. Du zè-le, du zè-le, Voi-là ce qu'il faut en premier, Ré-
3. Des plu-mes, des plu-mes, Des bel-les plumes en acier, C'est
4. Du zè-le, du zè-le, Voi-là ce qu'il faut en premier, Ré-

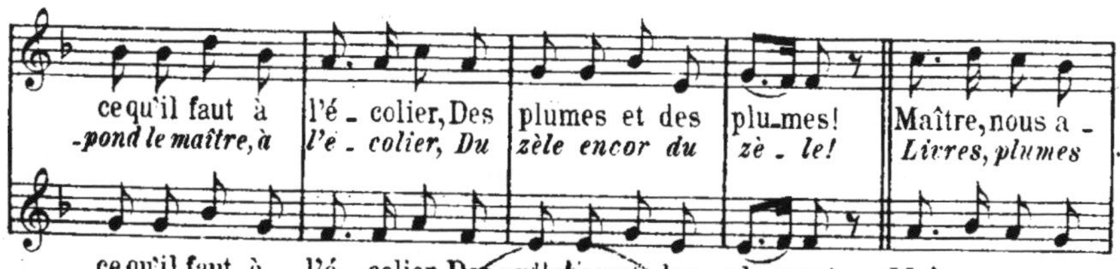
ce qu'il faut à l'é-colier, Des plumes et des plu-mes! Maître, nous a-
-pond le maître, à l'é-colier, Du zèle encor du zè-le! Livres, plumes
ce qu'il faut à l'é-colier, Des plumes et des plu-mes! Maître, nous a-
-pond le maître, à l'é-colier, Du zèle encor du zè-le! Livres, plumes

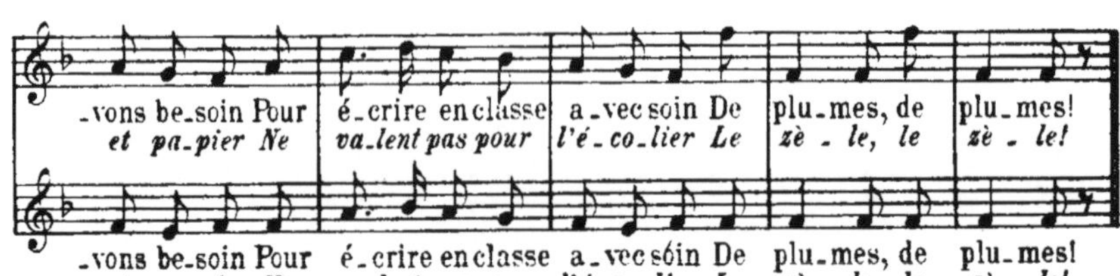

P. G.

Devoir.

Transcrivez cet exercice en clefs d'**ut 3e ligne** et **4e ligne**.

TRENTE-TROISIÈME LEÇON.

§**1.** Le bécarre détruit l'effet de tout signe d'altération aussi bien du double dièse et du double bémol que du dièse et du bémol.

Il n'y a donc pas besoin de double bécarre.

§**2.** Le bécarre ramène une note à son état naturel en la haussant ou en la baissant de un ou deux demi-tons chromatiques selon qu'il agit sur une note dièsée ou doublement dièsée, bémolisée ou doublement bémolisée.

Questionnaire.

1185. Quel est l'effet du bécarre? — *1186.* Quel est son rôle à l'égard des diverses altérations? — *1187.* Quelle est l'unité de mesure dans la mesure à $\frac{6}{4}$? — *1188.* Quelle est l'unité de mesure dans la mesure à $\frac{3}{2}$? — *1189.* Quelle est l'unité de mesure dans la mesure à $\frac{12}{8}$? — *1190.* Quelle est l'unité de temps dans la mesure à $\frac{4}{2}$? — *1191.* Quelle est l'unité de temps dans la mesure à $\frac{2}{1}$? — *1192.* Quelle est l'unité de temps dans la mesure à $\frac{6}{8}$? — *1193.* Quelles sont les notes tonales en Ut majeur? — *1194.* Quelles sont les notes tonales en Fa majeur? — *1195.* Quelle est la gamme dont la deuxième note tonale est La bémol? — *1196.* Quel est l'intervalle simple de la onzième?

Exercices. (à solfier)

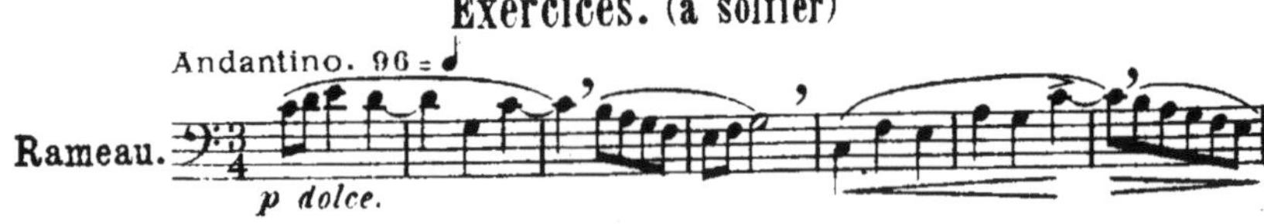

pp

p *Poco cresc.*

Dimin. *p*

Schumann. **Modéré. 80 = ♩**

mf

Cresc. *sf*

Cresc. *mf*

Cresc. *f*

Cresc.

LE PAYS DES HISTOIRES.

MOZART.

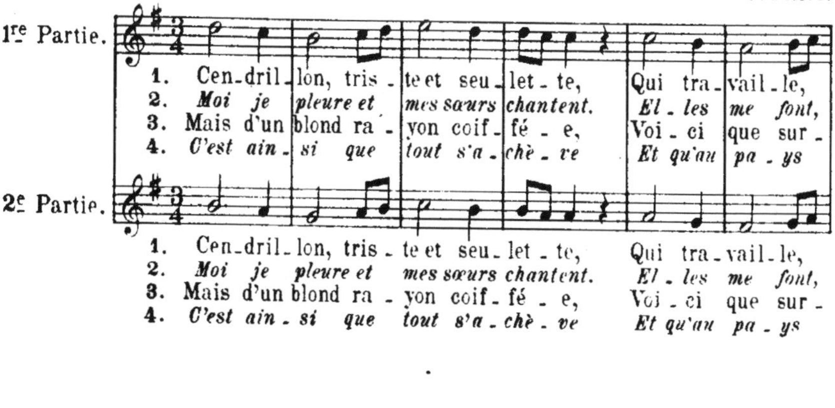

1re Partie.

1.	Cen_dril_	lon, tris_	te et seu_	let_te,	Qui tra_	vail_le,
2.	*Moi je*	*pleure et*	*mes sœurs*	*chantent.*	*El_les*	*me font,*
3.	Mais d'un	blond ra_	yon coif_	fé_e,	Voi_ci	que sur_
4.	*C'est ain_*	*si que*	*tout s'a_*	*chè_ve*	*Et qu'au*	*pa_ys*

2e Partie.

1.	Cen_dril_	lon, tris_	te et seu_	let_te,	Qui tra_	vail_le,
2.	*Moi je*	*pleure et*	*mes sœurs*	*chantent.*	*El_les*	*me font,*
3.	Mais d'un	blond ra_	yon coif_	fé_e,	Voi_ci	que sur_
4.	*C'est ain_*	*si que*	*tout s'a_*	*chè_ve*	*Et qu'au*	*pa_ys*

p
la pau-vret-te, Quand ses sœurs s'en vont au bal, Pleu-re:
les mé-chan-tes Cent tra-cas et mille en-nuis... J'en-tends
-vient la fé-e, Et sou-dain fée à son tour, Cen-dril-
d'or des rê-ves, Les cha-grins sont ter-mi-nés. Quel mal-
«Oh! vilain sort, dit-el-le, Si loin que je me rap-pel-le,
le bal qui com-men-ce; Hé-las, tan-dis que l'on danse,
-lon, la pau-vre fil-le, Court au bal sous sa man-til-le
-heur, pa-ys ma-gi-que, Que ton lieu gé-o-gra-phique
mf
Ja-mais je n'ai fait de mal, Ja-mais je n'ai fait de mal.
Moi je pleu-re dans la nuit, Moi je pleu-re dans la nuit!»
De sa-tin et de ve-lours, De sa-tin et de ve-lours.
Soit si mal dé-ter-mi-né! Soit si mal dé-ter-mi-né!

P. G.

Devoir.

Ecrivez sur plusieurs portées l'exercice suivant:

Mesure $\frac{3}{4}$ avec trois noires par mesure; pour la dernière note une blanche pointée:

Trouvez les notes qui forment les intervalles demandés en prenant chaque fois pour première note de l'intervalle, la dernière de l'intervalle précédent.

Point de départ [clef de fa] 3ce min. sup., 5te juste inf. | 2de min.

inf., 8^{ve} sup., 6te min. inf. | 2de min. sup., 5te dim. inf., 3^{ce} dim. sup. | 2de min. inf., 6te min. sup., 4te dim. inf. | 2de min sup. |

TRENTE-QUATRIÈME LEÇON.

§1. La plus petite différence d'intonation perceptible par une oreille exercée, s'appelle **comma**.

§2. Un ton peut être divisé en neuf commas; le comma est donc la neuvième partie d'un ton.

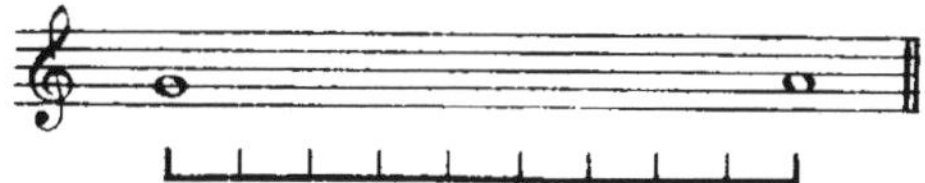

(chacune des divisions de cette ligne représente un comma).

§3. Le demi-ton diatonique et le demi-ton chromatique ne contiennent pas le même nombre de commas; le demi-ton diatonique en contient quatre, et le demi-ton chromatique cinq.

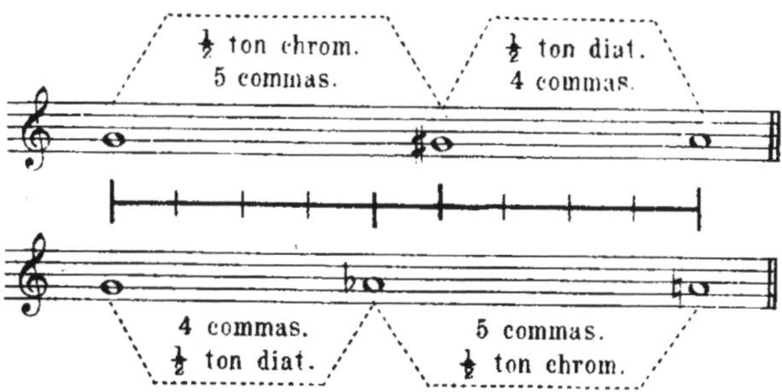

Le son Sol ♯ est donc plus élevé d'un comma que le son La ♭; mais cette légère différence n'existe qu'avec des instruments de justesse absolue et aussi avec les voix.

§4. Les instruments de justesse absolue sont: *1º* les instruments à cordes, *2º* les cuivres naturels et à coulisse.

§5. Les autres instruments: *1º* instruments à clavier, *2º* instruments à clefs (flûte, hautbois, clarinette, basson, saxophone etc.), *3º* instruments à pistons (cor à pistons, cornet à pistons, trompette, trombone à pistons, tuba etc.) sont appelés instruments à **tempérament**.[a] [b]

---

[a] Sur les instruments à clés et à pistons, certaines notes peuvent être faites d'après les système de la justesse absolue.

[b] Voir à la 37e Leçon (définition du mot tempérament).

Questionnaire.

1197. Combien de commas contient la seconde mineure? — *1198.* Combien de commas contient la seconde majeure? — *1199.* Combien de commas contient la tierce diminuée? — *1200.* Combien de commas contient la quarte augmentée? — *1201.* Combien de commas contient la quinte diminuée? — *1202.* Combien de commas contient la quarte juste? — *1203.* Combien de commas contient la tierce augmentée? — *1204.* Combien de commas contient l'octave juste? — *1205.* Que faut-il ajouter à ces valeurs: ♫ ♬ ♪ ♪. pour en faire une mesure à $\frac{3}{4}$? — *1206.* Quel intervalle y a-t-il entre ces deux notes: [notes] ? — *1207.* Quel est le renversement de la quarte sur-augmentée? — *1208.* Quelle est la note synonyme de la sus-dominante du ton de Fa majeur?

Exercice à deux voix. (à solfier)

mf
mf
p
p
p
p
Riten.
p
p
Riten.

LA FERMIÈRE.

Andantino.
1re Partie.
1. La bon_ne fer_ miè _ re Dès le point du jour
2. Sur la blan_che ta _ ble Po _ se les œufs frais;
3. El _ le cueille ou sè _ me Se _ lon les sai _ sons.
2e Partie.
1. La bon_ne fer _ miè _ re Dès le point du jour
2. Sur la blan_che ta _ ble Po _ se les œufs frais;
3. El _ le cueille ou sè _ me Se _ lon les sai _ sons.

De_bout la pre_ miè _ re Court aux basses- cours. Les pigeons rou_coulent
Au fond de l'é_ ta _ ble El _ le trait le lait. Au verger champê _ tre
Le pa_ys qui l'ai _ me Con_naît sa mai_son. La bonne fer_miè_re
De_bout la pre_miè_ re Court aux basses - cours. Les pigeons rou_coulent
Au fond de l'é _ ta _ ble El _ le trait le lait. Au verger champê _ tre
Le pa_ys qui l'ai _ me Con_naît sa mai_son. La bonne fer_miè_re

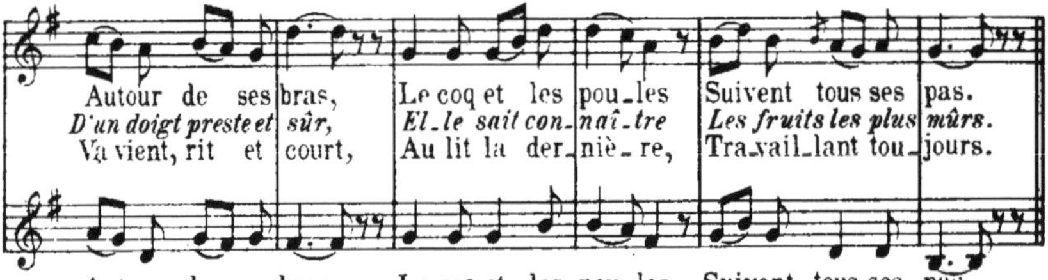
Autour de ses bras, Le coq et les pou_les Suivent tous ses pas.
D'un doigt preste et sûr, El _ le sait con_ naî_tre Les fruits les plus mûrs.
Va vient, rit et court, Au lit la der_ niè _ re, Tra_vail_lant tou_ jours.
Autour de ses bras, Le coq et les pou_les Suivent tous ses pas.
D'un doigt preste et sûr, El _ le sait con_naî _ tre Les fruits les plus mûrs.
Va vient, rit et court, Au lit la der_ niè _ re, Tra_vail_lant tou_jours.

P. G.

Devoir.

Copiez l'exercice suivant, et à coté de chaque note, écrivez en blanche la note formant l'intervalle demandé.

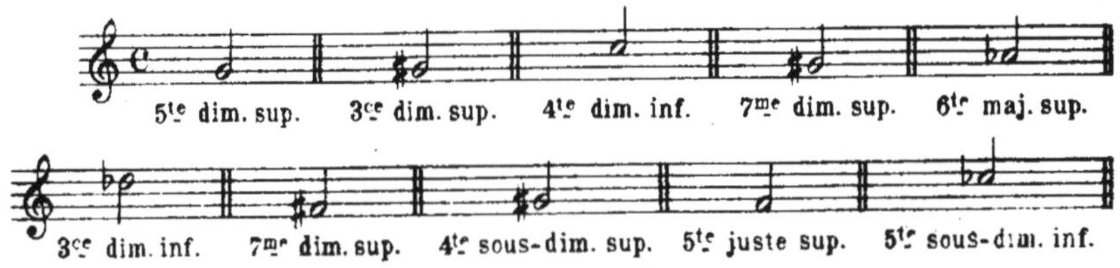
5te dim. sup.
3ce dim. sup.
4te dim. inf.
7me dim. sup.
6te maj. sup.
3ce dim. inf.
7me dim. sup.
4te sous-dim. sup.
5te juste sup.
5te sous-dim. inf.

200

TRENTE-CINQUIÈME LEÇON.

§1. Le bécarre n'est pas un signe d'altération, mais il en remplit le rôle quand, passagèrement, il détruit l'effet d'une altération constitutive.

§2. Comme les altérations accidentelles, le bécarre agit sur toutes les notes de même nom qui viennent après elle dans la même mesure, et quelle que soit leur position.

Questionnaire.

1209. En quelle circonstance le bécarre fait-il fonction d'altération accidentelle? — *1210.* Quel est l'intervalle contenant neuf commas? — *1211.* Quel est l'intervalle contenant huit commas? — *1212.* Quel est l'intervalle contenant douze commas? — *1213.* De combien de commas se compose le renversement de la septième majeure? — *1214.* Quelle est la troisième note tonale d'un ton mineur qui a **ré** comme deuxième note modale? — *1215.* Combien la mesure à $\frac{12}{8}$ contient-elle de mesures à $\frac{3}{8}$? — *1216.* Quelle est la sixte augmentée de Mi bémol? — *1217.* Quelle est la quarte diminuée de Si dièse? — *1218.* Quels sont les deux tons ayant **ré** comme médiante? — *1219.* Quel est le redoublement à une octave de la seconde? — *1220.* Quel est l'intervalle simple de la quatorzième?

Exercice. (à solfier)

(a) (a) Bécarres agissant comme signes d'altération.

(b) (b) Le bémol, dans ce cas, devient altération de précaution; son emploi n'est pas nécessaire, mais il a pour but d'éviter des erreurs et de faciliter la lecture. Le dièse, comme le bécarre et le bémol, peut être employé comme altération de précaution.

CANON
à la Quinte supérieure.
Moderato. 72 =
1er Dessus.
H. M. Berton.
2d Dessus.
mf
sf
Cresc.
Dimin.
f
p

Cresc.
mf
Sempre cresc.
f
ff
Dimin.
Cre - scen - do.
LE CRÉPUSCULE.
Allegretto.
1re Partie.
2e Partie.
1. Tou_jours im_pas - si_ble et las Le vieux Cré_pus -
2. Quand il a tout re - cou - vert De hous_ses de
3. En_fin lorsqu'en bon - net blanc Ap - pa - raît la

-cu - le, S'a-vance en traî - nant le pas S'a-vance et re -
toi - le, Il al - lume au ciel dé - sert Tou-tes les é -
Lu - ne, Il s'é-carte à l'oc - ci - dent Et sans plainte au -

-cu - le, S'a-vance en traî - nant le pas S'a-vance et re -
toi - le, Il al - lume au ciel dé - sert Tou-tes les é -
Lu - ne, Il s'é-carte à l'oc - ci - dent Et sans plainte au -

-cu - le. Il re - cou - vre pour la nuit Les feux de la
-toi - les. A - près a - voir dit bon-soir! Au jour ta - ci -
-cu - ne, Comme elle entre en mi - nau-dant, Co-quette et ra -

-cu - le. Il re - cou - vre pour la nuit Les feux de la
-toi - les. A - près a - voir dit bon-soir! Au jour ta - ci -
-cu - ne, Comme elle entre en mi - nau-dant, Co-quette et ra -

ter - re, Et met un bon-net de nuit Aux re-tar-da - tai - res.
-tur - ne, Met la terre en ha-bit noir Pour le bal noc - tur - ne.
-vi - e, Il s'é-crie en s'ef-fa-çant: Madame est ser - vi - e!

ter - re, Et met un bon-net de nuit Aux re-tar-da - tai - res.
-tur - ne, Met la terre en ha-bit noir Pour le bal noc - tur - ne.
-vi - e, Il s'é-crie en s'ef-fa-çant: Madame est ser - vi - e!

P. G.

Devoir.

Copiez cet exercice et indiquez les différentes modulations.

TRENTE-SIXIÈME LEÇON.

§1. Les doubles dièses et les doubles bémols ne se placent jamais à l'armature, mais leur ordre est le même que celui des dièses et des bémols.

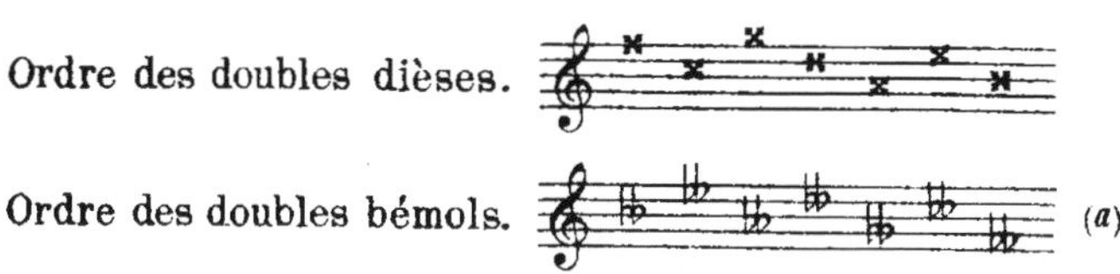

§2. Comme pour les dièses et les bémols, l'ordre des doubles dièses est l'inverse de celui des doubles bémols.

Questionnaire.

1221. Quel est l'ordre des doubles dièses? — *1222.* Que remarquez-vous dans l'ordre des doubles bémols par rapport à celui des doubles dièses? — *1223.* Quel est l'ordre des doubles bémols? — *1224.* En quelles circonstances les doubles dièses et les doubles bémols peuvent-ils être employés? — *1225.* Quel est le plus grand de ces deux intervalles: Do, Ré; Si dièse, Ré. — *1226.* Quels sont les tons ayant Mi comme sus-tonique? — *1227.* Quel intervalle y a-t-il entre la première et la deuxième note tonale d'une gamme mineure? — *1228.* De combien de commas se compose le plus petit de ces deux intervalles: Mi, Sol; Mi, Fa double-dièse? — *1229.* Quelle est la mesure simple de la mesure à $\frac{9}{4}$? — *1230.* Quel est le renversement du seul intervalle augmenté se trouvant dans la gamme majeure? — *1231.* Quelle est l'octave augmentée d'Ut dièse? — *1232.* Quelle est la quinte sur-augmentée de Fa bémol?

Exercice. (à solfier)

(a) Les exemples ci-dessus ne se rencontrent jamais dans la pratique de l'écriture musicale; ils sont donc purement théoriques; mais il est nécessaire de connaître cette théorie pour l'étude de la transposition. (Voir 80e Leçon § 2 et 3).

SOMMEIL.

Andante. J. HAYDN.

1re Partie.

1. Comme en u - ne chambre clo - se, Quand le jour brûlant est
2. *Sur leurs ti - ges se re - po - sent Les fleurs las - ses d'embau -*
3. Sur les maisons té - né - breu - ses Où la lune é - pand ses

2e Partie.

1. Comme en u - ne chambre clo - se, Quand le jour brûlant est
2. *Sur leurs ti - ges se re - po - sent Les fleurs las - ses d'embau -*
3. Sur les maisons té - né - breu - ses Où la lune é - pand ses

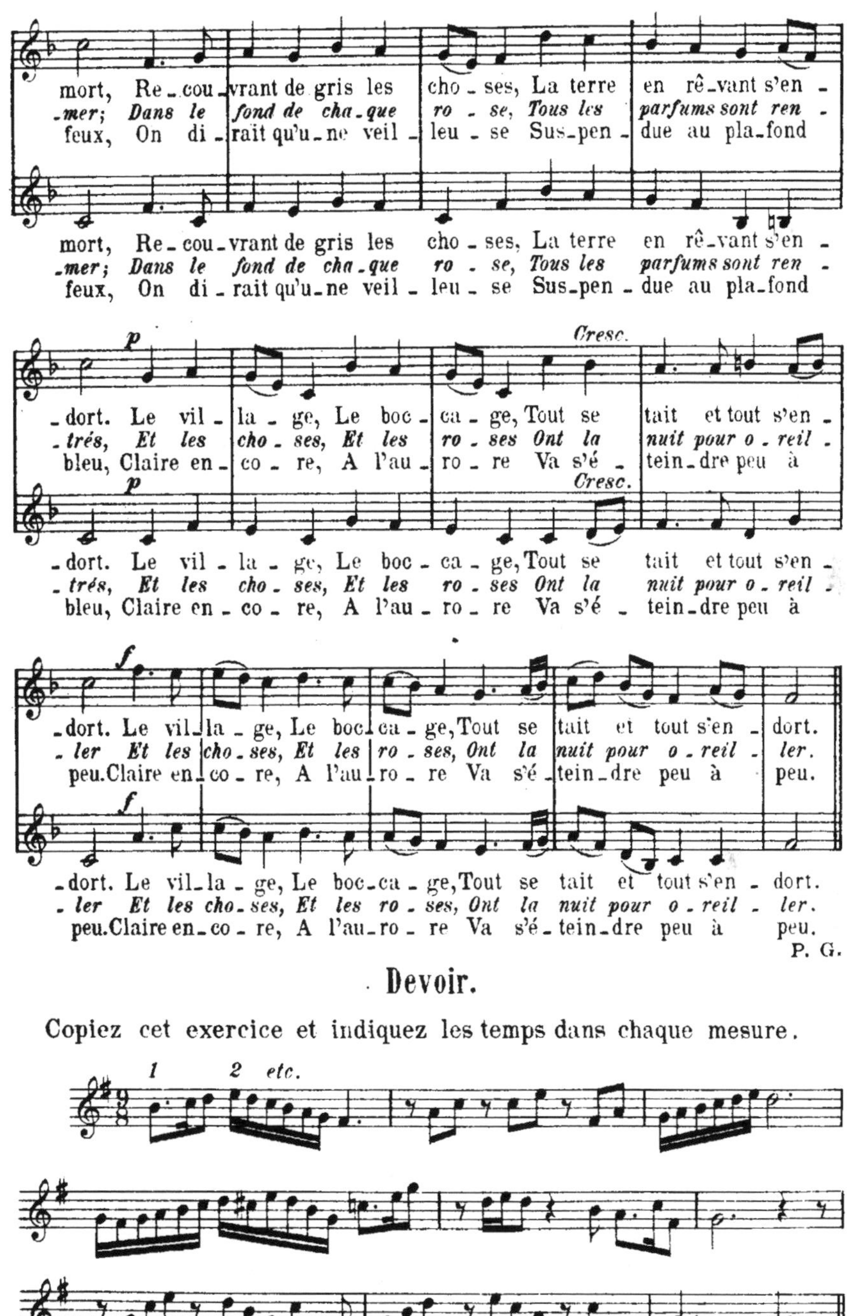

mort, Re_cou_vrant de gris les cho_ses, La terre en rê_vant s'en_
_mer; Dans le fond de cha_que ro_se, Tous les parfums sont ren_
feux, On di_rait qu'u_ne veil_leu_se Sus_pen_due au pla_fond
mort, Re_cou_vrant de gris les cho_ses, La terre en rê_vant s'en_
_mer; Dans le fond de cha_que ro_se, Tous les parfums sont ren_
feux, On di_rait qu'u_ne veil_leu_se Sus_pen_due au pla_fond
p
Cresc.
_dort. Le vil_la_ge, Le boc_ca_ge, Tout se tait et tout s'en_
_trés, Et les cho_ses, Et les ro_ses Ont la nuit pour o_reil_
bleu, Claire en_co_re, A l'au_ro_re Va s'é_tein_dre peu à
p
Cresc.
_dort. Le vil_la_ge, Le boc_ca_ge, Tout se tait et tout s'en_
_trés, Et les cho_ses, Et les ro_ses Ont la nuit pour o_reil_
bleu, Claire en_co_re, A l'au_ro_re Va s'é_tein_dre peu à
f
_dort. Le vil_la_ge, Le boc_ca_ge, Tout se tait et tout s'en_dort.
_ler Et les cho_ses, Et les ro_ses, Ont la nuit pour o_reil_ler.
peu. Claire en_co_re, A l'au_ro_re Va s'é_tein_dre peu à peu.
f
_dort. Le vil_la_ge, Le boc_ca_ge, Tout se tait et tout s'en_dort.
_ler Et les cho_ses, Et les ro_ses, Ont la nuit pour o_reil_ler.
peu. Claire en_co_re, A l'au_ro_re Va s'é_tein_dre peu à peu.
P. G.
Devoir.
Copiez cet exercice et indiquez les temps dans chaque mesure.
1 2 etc.

TRENTE-SEPTIÈME LEÇON.

§1. **Le tempérament** est un système par lequel, le ton est divisé en deux demi-tons égaux.

§2. Donc, par le tempérament, le demi-ton diatonique et le demi-ton chromatique contiennent chacun quatre commas et demi. (a)

Ex.

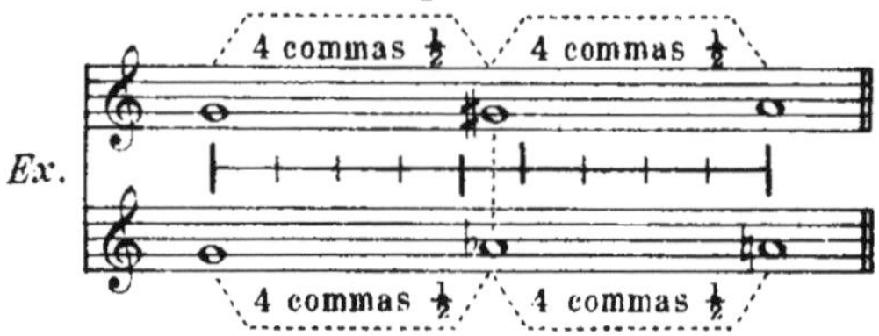

§3. On voit par l'exemple ci-dessus, que la différence d'un comma séparant le son Sol ♯ du son La ♭ (par la justesse absolue) n'existe plus avec le tempérament. (b)

Ces deux notes ont donc exactement le même son.

Questionnaire.

1233. Donnez une définition du tempérament? — *1234.* Par le tempérament, combien la quarte juste contient-elle de commas? Et par la justesse absolue? — *1235.* Par le tempérament, combien la quinte diminuée contient-elle de commas? Et par la justesse absolue? — *1236.* Citez plusieurs instruments à tempérament? — *1237.* Citez plusieurs instruments à justesse absolue? — *1238.* Quelle est la quinte augmentée que l'on rencontre dans la gamme relative de Sol majeur? — *1239.* Quelle est la sixte mineure de Mi bémol? — *1240.* Quelle est la quarte augmentée que l'on rencontre dans la gamme relative de Sol mineur? — *1241.* Quel est la composition du plus grand de ces deux intervalles: Do, Fa dièse; Do, Sol bémol? — *1242.* Quel est l'intervalle qui se compose de quatre tons et un demi-ton diatonique? — *1243.* Quelle est la quarte sur-augmentée de la médiante de Sol mineur? — *1244.* Quelle est la mesure pouvant contenir douze noires?

Exercice à deux voix. (à solfier)

(a) Ces demi-tons prennent le nom de demi-tons tempérés.

(b) Sur les instruments à tempérament, les deux notes servant à la division du ton en deux demi-tons, sont remplacés par une note intermédiaire qui tient lieu de bémol et de dièse.

200

f
f
p e dolce.
f
p e dolce.
f
f
p e dolce.
f
ff
Allarg.
f
ff

LA CHAUMIÈRE DU BUCHERON.

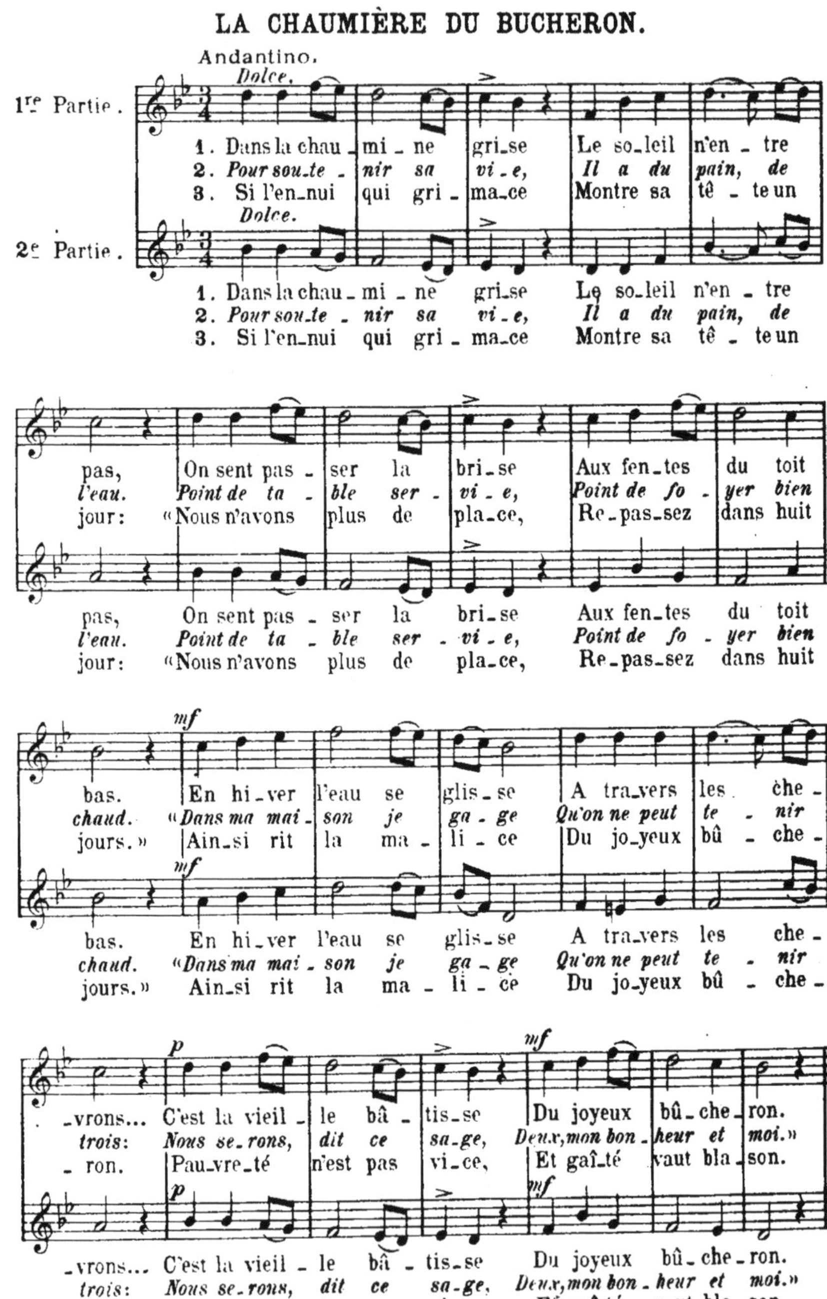
Andantino.
Dolce.
1re Partie.
1. Dans la chau_mi_ne gri_se Le so_leil n'en_tre
2. Pour sou_te_nir sa vi_e, Il a du pain, de
3. Si l'en_nui qui gri_ma_ce Montre sa tê_te un
Dolce.
2e Partie.
1. Dans la chau_mi_ne gri_se Le so_leil n'en_tre
2. Pour sou_te_nir sa vi_e, Il a du pain, de
3. Si l'en_nui qui gri_ma_ce Montre sa tê_te un
pas, On sent pas_ser la bri_se Aux fen_tes du toit
l'eau. Point de ta_ble ser_vi_e, Point de fo_yer bien
jour: «Nous n'avons plus de pla_ce, Re_pas_sez dans huit
pas, On sent pas_ser la bri_se Aux fen_tes du toit
l'eau. Point de ta_ble ser_vi_e, Point de fo_yer bien
jour: «Nous n'avons plus de pla_ce, Re_pas_sez dans huit
mf
bas. En hi_ver l'eau se glis_se A tra_vers les che_
chaud. «Dans ma mai_son je ga_ge Qu'on ne peut te_nir
jours.» Ain_si rit la ma_li_ce Du jo_yeux bû_che_
mf
bas. En hi_ver l'eau se glis_se A tra_vers les che_
chaud. «Dans ma mai_son je ga_ge Qu'on ne peut te_nir
jours.» Ain_si rit la ma_li_ce Du jo_yeux bû_che_
p mf
_vrons... C'est la vieil_le bâ_tis_se Du joyeux bû_che_ron.
trois: Nous se_rons, dit ce sa_ge, Deux, mon bon_heur et moi.»
_ron. Pau_vre_té n'est pas vi_ce, Et gaî_té vaut bla_son.
p mf
_vrons... C'est la vieil_le bâ_tis_se Du joyeux bû_che_ron.
trois: Nous se_rons, dit ce sa_ge, Deux, mon bon_heur et moi.»
_ron. Pau_vre_té n'est pas vi_ce, Et gaî_té vaut bla_son.
P. C.

Devoir.

Copiez l'exercice ci-dessous et indiquez les intervalles compris entre les notes consécutives ainsi que leur qualification.

TRENTE-HUITIÈME LEÇON.

Intervalles synonymes et enharmoniques.

§1. On nomme **intervalles synonymes**, des intervalles de **noms différents** formés d'une ou deux notes synonymes.(a)

Ex.

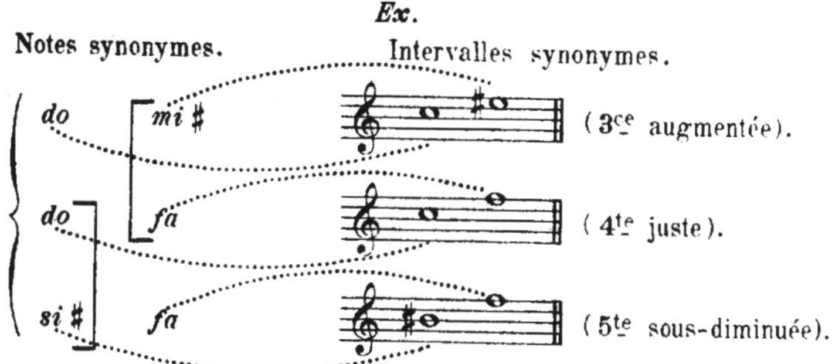

§2. **Par le tempérament**, le demi-ton diatonique et le demi-ton chromatique contenant chacun quatre commas et demi: **la 3ce augmentée** **la 4te juste** et **la 5te sous-diminuée** se composent chacune de 22 commas et demi.(b)

Ces intervalles sont appelés **Intervalles synonymes.**

§3. **Par la justesse absolue**, le demi-ton diatonique contenant quatre commas et le demi-ton chromatique cinq:

La 3ce augmentée contient 23 commas.

(a) Deux intervalles **de même nom**, formés de notes synonymes, ne prennent pas le nom d'intervalles synonymes, mais sont appelés intervalles enharmoniques:

Ex.

fa ♯, *do* ♯. 5te juste.
sol ♭, *ré* ♭. 5te juste.

(b) 3ce augmentée: 2 tons 1 demi-ton tempéré $= 9 + 9 + 4\frac{1}{2} = 22\frac{1}{2}$.
4te juste: 2 tons 1 demi-ton tempéré $= 9 + 9 + 4\frac{1}{2} = 22\frac{1}{2}$.
5te sous-diminuée: 1 ton 3 demi-tons tempérés $= 9 + 4\frac{1}{2} + 4\frac{1}{2} + 4\frac{1}{2} = 22\frac{1}{2}$.

La 4te juste [musical notation] contient 22 commas.

La 5te sous-diminuée [musical notation] contient 21 commas.

Ces intervalles sont appelés **Intervalles enharmoniques.**

§**4.** La différence qui existe entre synonymie et enharmonie consiste donc dans le nombre de commas composant ces intervalles; soit par le tempérament soit par la justesse absolue.

§**5.** Entre deux intervalles enharmoniques, il n'y a jamais plus de deux commas de différence:

Ex.

{ Do, Mi♯. (3ce augm.) 2 demi-tons diat., 3 demi-tons chrom. = 23 commas.
{ Do, Fa. (4te juste) 3 demi-tons diat., 2 demi-tons chrom. = 22 commas.

{ Do, Mi♯. (3ce augm.) 2 demi-tons diat., 3 demi-tons chrom. = 23 commas.
{ Si♯, Fa. (5te sous-dim.) 4 demi-tons diat., 1 demi-ton chrom. = 21 commas.

Questionnaire.

1245. Qu'ést-ce que les intervalles synonymes? — *1246.* Deux intervalles de même nom formés de notes synonymes peuvent-ils prendre le nom d'intervalles synonymes? Comment les appellent-on? — *1247.* Par le tempérament, combien la quarte augmentée et la quinte diminuée contiennent elles de commas? En ce cas, quel nom peuvent prendre ces deux intervalles? — *1248.* Par le tempérament, quel nom donne-t-on aux demitons chromatiques et diatoniques? — *1249.* Quel est l'intervalle synonyme de la quarte augmentée: Ré, Sol dièse? De combien de commas se compose ce dernier intervalle? — *1250.* Quelles sont les notes tonales en La majeur? — *1251.* Quelle distance y a-t-il entre la médiante d'Ut mineur et la médiante d'Ut majeur? — *1252.* Quelles sont les notes modales en Fa majeur? — *1253.* Quel est le redoublement à deux octaves de la tierce? — *1254.* Quel est l'intervalle simple de la dix-huitième? — *1255.* Quel est le redoublement à une octave de la dixième? — *1256.* Par quels silences compléteriez-vous une mesure à $\frac{6}{4}$ contenant déjà trois noires.

Exercices. (à solfier)

(1) **Clementi** (Muzio) né à Rome en 1752, mort en 1832.

Cresc.
f
Dimin.
Riten.
a Tempo.
p
sf
sf
sf
sf

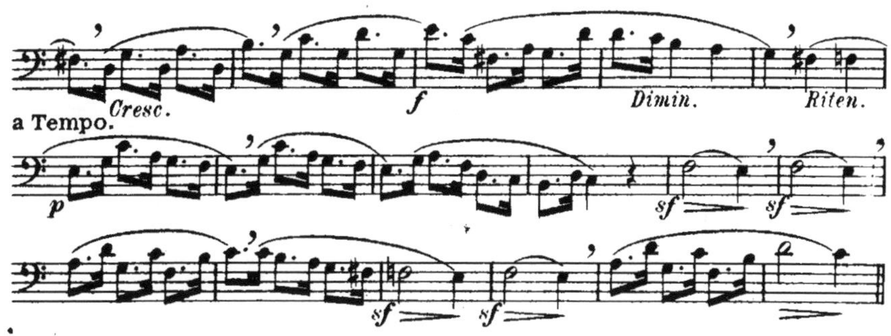

BARCAROLLE en CANON.

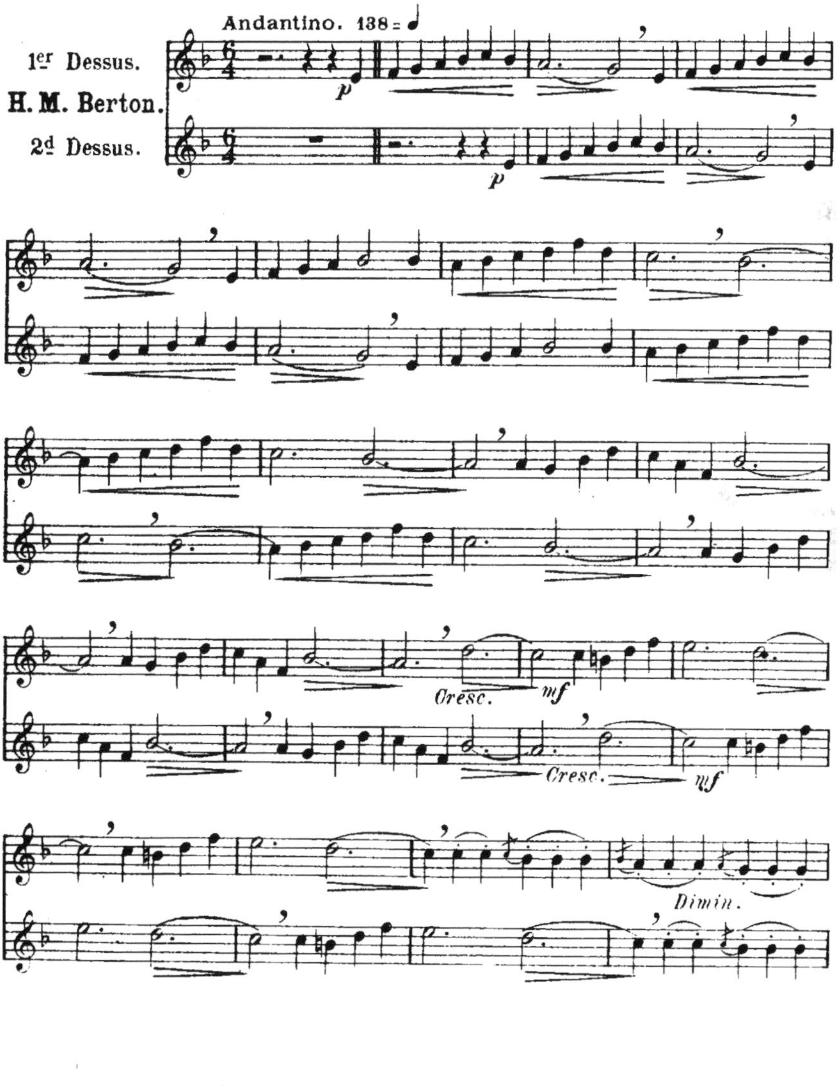

Andantino. 138 = ♩
1er Dessus.
H. M. Berton.
2d Dessus.
p
p
Cresc.
mf
Cresc.
mf
Dimin.

p
Dimin.
p
pp
pp
LA CHASSE.
Vif et animé.
1re Partie.
f
1. La chasse é_che_ve_lé _ e S'est lan_cée à tra_
2. Le roi mè_ne la chas _ se Son cor d'i_voi_re au
3. Les chiens baissant la tê _ te Qui vont en a _ bo_
2e Partie.
f
1. La chasse é_che_ve_lé _ e S'est lan_cée à tra_
2. Le roi mè_ne la chas _ se Son cor d'i_voi_re au
3. Les chiens baissant la tê _ te Qui vont en a _ bo_
_vers Les tail_lis, les al_lé _ es, Fau_chant les hal_liers
bras, Et quand son che_val pas _ se Tout trem_ble sous ses
_yant, Cer_nent la pau_vre bê _ te Qui tombe en gé _ mis_
_vers Les tail_lis, les al_lé _ es, Fau_chant les hal_liers
bras, Et quand son che_val pas _ se Tout trem_ble sous ses
_yant, Cer_nent la pau_vre bê _ te Qui tombe en gé _ mis_

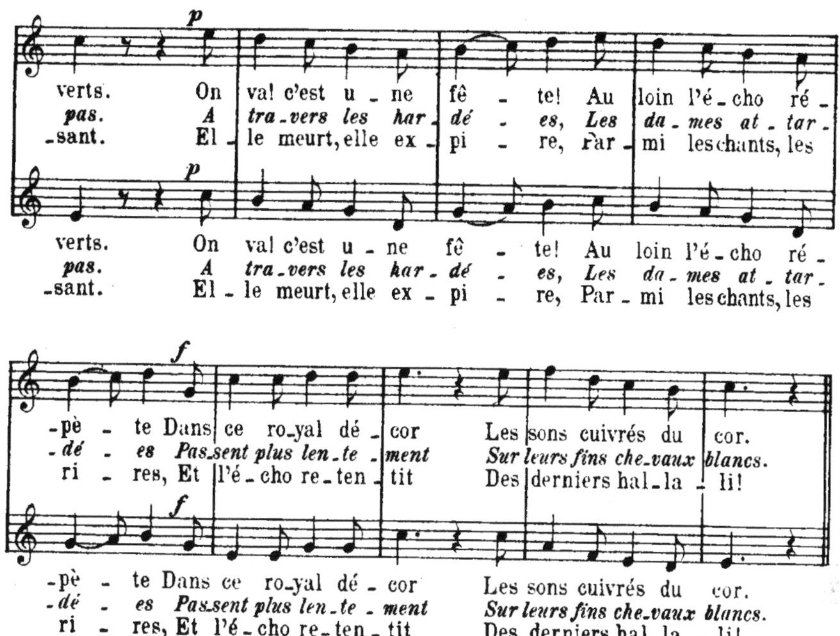

P. G.

Devoir.

Sur du papier à musique, écrivez un exemple d'intervalle synonyme correspondant aux intervalles ci-dessous:

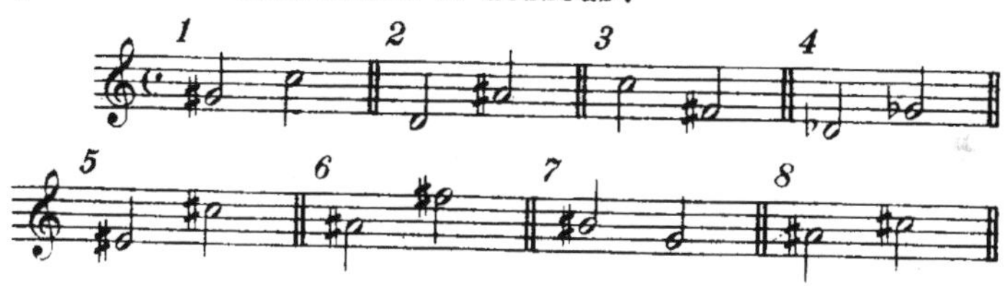

TRENTE-NEUVIÈME LEÇON.

§ 1. Après la gamme de La majeur vient celle de **mi majeur** qui a **quatre dièses** a l'armature: **fa, do, sol, ré**.

§ 2. **Le premier dièse** qui hausse le **Fa** d'un demi-ton, l'éloigne d'un ton de **Mi** (un ton du 1er au 2e degré); **le deuxième dièse** haussant le **Do** d'un demi-ton, l'éloigne d'un ton de **Si** et le rapproche d'un ton de **Ré dièse** (un ton du 5e au 6e degré et un ton du 6e au 7e); **le troisième dièse** qui hausse le **Sol** d'un demi-ton, l'éloigne d'un ton de **Fa dièse** et le rapproche d'un demi-ton de **La** (un ton du 2e au 3e degré et un demi-ton du 3e au 4e); **le quatrième dièse** qui hausse le **Ré** d'un demi-ton, l'éloigne d'un ton de **Do dièse** et le rapproche d'un demi-ton de **Mi** (un ton du 7e au 8e degré).

GAMME de **Mi majeur.**

Questionnaire.

1257. Quelle gamme vient après celle de La majeur? — *1258.* Quelle est l'armature de la gamme de Mi majeur? — *1259.* Dans cette même gamme, nommez les notes entre lesquelles sont placés les demi-tons? — *1260.* Sur quel degré est placé le dernier dièse? Quel nom lui donne t-on? — *1261.* Dans quel tétracorde est placée la note sensible? — *1262.* Dans quel tétracorde est placée la tonique? — *1263.* Quel intervalle y a-t-il entre la tonique et la note sensible? — *1264.* De combien de tons et demi-tons se compose cet intervalle? — *1265.* Quelles sont les notes tonales en Mi majeur? — *1266.* Combien la ronde pointée vaut-elle de noires en triolets? — *1267.* Quelle est la quarte diminuée de la médiante de Mi majeur? — *1268.* Sol dièse, Do dièse et Ré dièse sont les notes modales d'une gamme; quelle est cette gamme?

GAMME en **Mi,** mode majeur.

Exercices. (à solfier)

Cre - scen - do.
Andante. 69 = ♪
Rodolphe.
p
LE CHEVAL.
SILCHER.
Andantino.
1re Partie.
1. Peinant, soufflant et ti - rant, Ser - viteur do - ci - le,
2. Aux champs tout le long du jour, Les chevaux par cou - ples
3. Enfant, sois fier à bon droit De l'ami fi - dè - le
2e Partie.
1. Peinant, soufflant et ti - rant, Ser - viteur do - ci - le,
2. Aux champs tout le long du jour, Les chevaux par cou - ples
3. Enfant, sois fier à bon droit De l'ami fi - dè - le
Dans les prés et dans les champs Ain - si qu'à la vil - le,
Traînent les grands char - riots lourds D'un pas ferme et sou - ple,
Dont le tra - vail est la loi; Prends le pour mo - dè - le.
Dans les prés et dans les champs Ain - si qu'à la vil - le,
Traînent les grands char - riots lourds D'un pas ferme et sou - ple,
Dont le tra - vail est la loi; Prends le pour mo - dè - le.

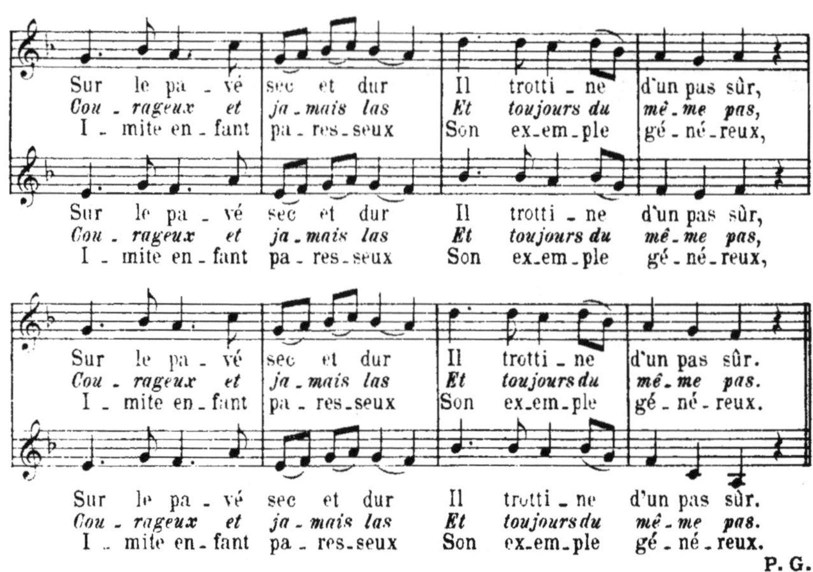
Sur le pa - vé sec et dur Il trotti - ne d'un pas sûr,
Cou - rageux et ja - mais las Et toujours du mê - me pas,
I - mite en - fant pa - res - seux Son ex - em - ple gé - né - reux,
Sur le pa - vé sec et dur Il trotti - ne d'un pas sûr,
Cou - rageux et ja - mais las Et toujours du mê - me pas,
I - mite en - fant pa - res - seux Son ex - em - ple gé - né - reux,
Sur le pa - vé sec et dur Il trotti - ne d'un pas sûr.
Cou - rageux et ja - mais las Et toujours du mê - me pas.
I - mite en - fant pa - res - seux Son ex - em - ple gé - né - reux.
Sur le pa - vé sec et dur Il trotti - ne d'un pas sûr.
Cou - rageux et ja - mais las Et toujours du mê - me pas.
I - mite en - fant pa - res - seux Son ex - em - ple gé - né - reux.

P. G.

Devoir.

Ecrivez **en rondes** la gamme ascendante et descendante de **Mi majeur**; dans les clefs de **Sol 2e ligne, Fa 4e ligne, Ut 1re ligne** et **4e ligne** (en tout quinze notes par gamme).

QUARANTIÈME LEÇON.

§**1.** Après la gamme de Mi majeur viennent celles de: **Si majeur** qui a cinq dièses à l'armature, **Fa dièse majeur** qui en a six et **Do dièse majeur** qui en a sept.

§**2.** Ces trois dernières gammes sont baties sur le même plan que les autres gammes dièsées. Pour les établir, il suffit de mettre à l'armature de chacunes d'elles, les altérations nécessaires à leur formation; les demi-tons devant toujours être compris entre les 3e et 4e degrés, 7e et 8e; les tons entre les 1er et 2e, 2e et 3e, 4e et 5e, 5e et 6e, 6e et 7e.

GAMME de **Si majeur.**

½ ton
½ ton

GAMME de **Fa dièse majeur.**

½ ton
½ ton

GAMME de **Do dièse majeur.**

Questionnaire.

1269. Nommez dans leur ordre, les gammes qui viennent après celle de Mi majeur? — *1270.* Combien la gamme de Do dièse majeur contient de dièses à l'armature? Et la gamme de Si majeur ? — *1271.* Quel est le dernier dièse en Fa dièse majeur? En Do dièse majeur? — *1272.* Quel intervalle y a-t-il entre Mi dièse et Si dièse? — *1273.* Nommez les deux notes extrêmes du second tétracorde dans la gamme de Fa dièse majeur? Si majeur? Do dièse majeur? — *1274.* Dans ces trois gammes, prises dans leur ordre naturel, nommez les degrés sur lesquels la note Fa dièse est placée, et dites le nom de chacun de ces degrés? — *1275.* En quelle gamme trouve-t-on Mi dièse comme médiante? — *1276.* De quelle espèce est cette quinte: Fa bémol, Do dièse? — *1277.* Quel est l'intervalle synonyme de la sixte majeure? — *1278.* Quel est le tétracorde supérieur en Si majeur? — *1279.* Quel intervalle y a-t-il entre la médiante de Si majeur et la note sensible d'Ut dièse majeur? — *1280.* Combien la ronde doublement pointée vaut-elle de triolets de croches?

GAMME du ton de **Si,** mode majeur.

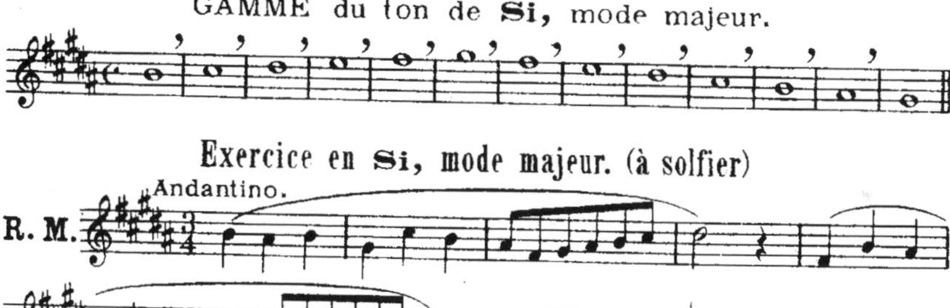

Exercice en **Si,** mode majeur. (à solfier)

GAMME du ton de **Fa♯,** mode majeur.

Exercice en Fa ♯, mode majeur. (à solfier)
Andante.
R. M.
GAMME en Ut ♯, mode majeur.
Exercice en Ut ♯, mode majeur. (à solfier)
Larghetto.
R. M.
L'ALPAGE.
112 = ♩
1re Partie.
1. A mi-som-met, sur l'al-pa-ge, En-tre le val et les
2. El-le va mé-lan-co-li-que Sui-vant le sol in-cli-
3. On di-rait sur la mon-ta-gne Que tous ces grelots d'ar-
2e Partie.
1. A mi-som-met, sur l'al-pa-ge, En-tre le val et les
2. El-le va mé-lan-co-li-que Sui-vant le sol in-cli-
3. On di-rait sur la mon-ta-gne Que tous ces grelots d'ar-
cieux, En pais-sant les doux her-ba-ges La vache a rou-vert ses
-né. Sa gros-se tête à mu-si-que Tour-ne d'un air é-ton-
-gent. De leurs sons clairs ac-com-pa-gnent Tous les ruisseaux di-li-
cieux, En pais-sant les doux her-ba-ges La vache a rou-vert ses
-né. Sa gros-se tête à mu-si-que Tour-ne d'un air é-ton-
-gent. De leurs sons clairs ac-com-pa-gnent Tous les ruisseaux di-li-

yeux. Et dans ses yeux se re - fle - te Sur sa bonne et lourde
-né. U - ne lé - gè - re clo - chet - te Pend et son - ne sous sa
-gent. Le cris - tal de l'eau so - no - re Ré-pond aux grelots en -
yeux. Et dans ses yeux se re - fle - te Sur sa bonne et lourde
-né. U - ne lé - gè - re clo - chet - te Pend et son - ne sous sa
-gent. Le cris - tal de l'eau so - no - re Ré-pond aux grelots en -
tê - te Le blanc des monts é - ter - nels Dont les pics percent le ciel.
tê - te Et brim - balle à chaque pas. Din, din, fait el - le tout bas.
-co - re. Cou-rez, ruis-seaux, en chantant, Battez et battez, bat - tants!
tê - te Le blanc des monts é - ter - nels Dont les pics percent le ciel.
tê - te Et brim - balle à chaque pas. Din, din, fait el - le tout bas.
-co - re. Cou-rez, ruis-seaux, en chantant, Battez et battez, bat - tants!

P. G.

Devoir.

Ecrivez: mesure C, deux blanches par mesure, les gammes de **Si majeur**, **Fa♯ majeur**, **Do♯ majeur**, ascendantes et descendantes. En tout quinze notes par gamme (une ronde pour finir).

QUARANTE-ET-UNIÈME LEÇON.

§1. La quatrième gamme bémolisée est celle de **La bémol**. L'armature comporte quatre bémols: **si, mi, la, ré**.

§2. Le premier bémol qui abaisse le **Si** d'un demi-ton, le rapproche d'un ton de **La bémol** et l'éloigne d'un ton de **Do** (un ton du 1er au 2e degré et un ton du 2e au 3e); **le deuxième bémol** qui abaisse le **Mi** d'un demi-ton, le rapproche d'un ton de **Ré bémol** et l'éloigne d'un ton de **Fa** (un ton du 4e au 5e degré et un ton du 5e au 6e); **le troisième bémol** qui abaisse le **La** d'un demi-ton, le rapproche d'un demi-ton de **Sol** (un demi-ton du 7e au 8e degré); **le quatrième bémol** qui abaisse le **Ré** d'un demi-ton, le rapproche d'un demi-ton de **Do** (un demi-ton du 3e au 4e degré).

GAMME de **La bémol majeur**.

½ ton
½ ton

Questionnaire.

1281. Quelle gamme vient après celle de Mi bémol majeur? — *1282.* Quelle est l'armature de la gamme de La bémol majeur? — *1283.* Sur quel degré est placé le dernier bémol? — *1284.* Comment s'appelle le quatrième degré? — *1285.* Dans quel tétracorde est placée la sous-dominante? — *1286.* Quelle est la note sensible du ton de La bémol majeur? — *1287.* Quelle est la sus-tonique du ton de Mi bémol majeur? — *1288.* Quelle est la sous-dominante du ton de Si bémol majeur? — *1289.* Quelles sont les notes modales en Fa dièse majeur? — *1290.* Quelle est l'octave diminuée de Ré bémol? — *1291.* Quelle est la tierce diminuée de Mi? — *1292.* Quelle est la sus-tonique de la gamme mineure qui a Si bémol comme deuxième note modale?

GAMME du ton de **La♭**, mode majeur.

Exercices. (à solfier)

Andante.
R.M.

(*) PANSERON.

Moderato.
1er Dessus.
2e Dessus.
3e Dessus.

(*) Publié avec l'autorisation de la famille Panseron (1906).

LE RÉVEIL DE BÉBÉ.
Gaîment.
WEBER.
1re Partie.
2e Partie.
1. U_ne jambe en l'air Do_due et ver_meille, Bé_bé qui s'é_veil_le Fredonne un vieil air: La la la la la la la la la la la la
2. Dans sa chemi_set_te Le bé_bé jo_yeux Au jour fait ri_set_te En frottant ses yeux. La la la la la la la la la la la la
la la la la la la la la la la la la la la la la la la la la la la.
écho.
3. Dans les draps il vau_tre Son corps frais et blond, Lève un pied, puis
4. Le pied qu'il pres_su_re Et suce en chan_tant, Marque la me_

l'au - tre... Chan-te sa chan - son: La la la la la la la la la la la la
- su - re Sans compter les temps: La la la la la la la la la la la la
l'au - tre... Chan-te sa chan - son: La la la la la la la la la la la la
- su - re Sans compter les temps: La la la la la la la la la la la la
écho.
la la la la la la la la la la la la la la la la la la la la la la la la.
la la la la la la la la la la la la la la la la la la la la la la la la.
écho.
la la la la la la la la la la la la la la la la la la la la la la la la.
la la la la la la la la la la la la la la la la la la la la la la la la.

P. G.

Devoir.

Ecrivez **en rondes** la gamme ascendante et descendante de **La ♭ majeur**; dans les clefs d'**Ut 2e ligne** et **3e ligne**, et en clef de **Fa 3e ligne** (en tout quinze notes par gamme).

QUARANTE-DEUXIÈME LEÇON.

§**1.** Après la gamme de La bémol majeur viennent celles de: **Ré bémol majeur** qui a cinq bémols à l'armature, **Sol bémol majeur** qui en a six, et **Do bémol majeur** qui en a sept.

§**2.** Comme pour les gammes dièsées, ces trois dernières gammes sont identiquement pareilles aux précédentes; les tons et demi-tons doivent toujours être compris entre les mêmes degrés.

En résumé, les **gammes majeures dièseés ou bémolisées** ne sont que des **transpositions** [a] de la gamme modèle d'**Ut majeur**.

GAMME de **Ré bémol majeur.**

½ ton
½ ton

GAMME de **Sol bémol majeur.**

½ ton
½ ton

([a]) Voir à la 78e Leçon (définition du mot transposition).

GAMME de **Do bémol majeur.**

Questionnaire.

1293. Quelle est la troisième gamme bémolisée majeure? — *1294.* Quelle est la deuxième gamme bémolisée majeure? — *1295.* En Si bémol majeur, sur quel degré est placé le premier bémol? — *1296.* En Mi bémol majeur, sur quel degré est placé le troisième bémol? — *1297.* Nommez, dans leur ordre, les trois gammes venant après celle de Mi bémol majeur? — *1298.* Quelle est la dernière gamme bémolisée? — *1299.* En Sol bémol majeur, quel est le cinquième bémol? Quel est le dernier? — *1300.* En Ré bémol majeur, quels sont les deux derniers bémols? — *1301.* Nommez la gamme ayant la note Fa bémol comme sous-dominante? Si bémol comme médiante? — *1302.* Quelle est l'armature du ton majeur qui a Fa dièse comme première note de second tétracorde? — *1303.* Quelles sont les notes modales en Sol bémol majeur? — *1304.* Quelles sont les mesures ayant la blanche comme unité de temps?

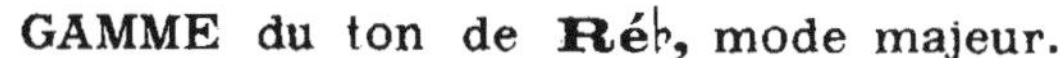

GAMME du ton de **Ré♭**, mode majeur.

Exercice en **Ré♭**, mode majeur. (à solfier)

GAMME du ton de **Sol♭**, mode majeur.

Exercice en **Sol♭**, mode majeur. (à solfier)

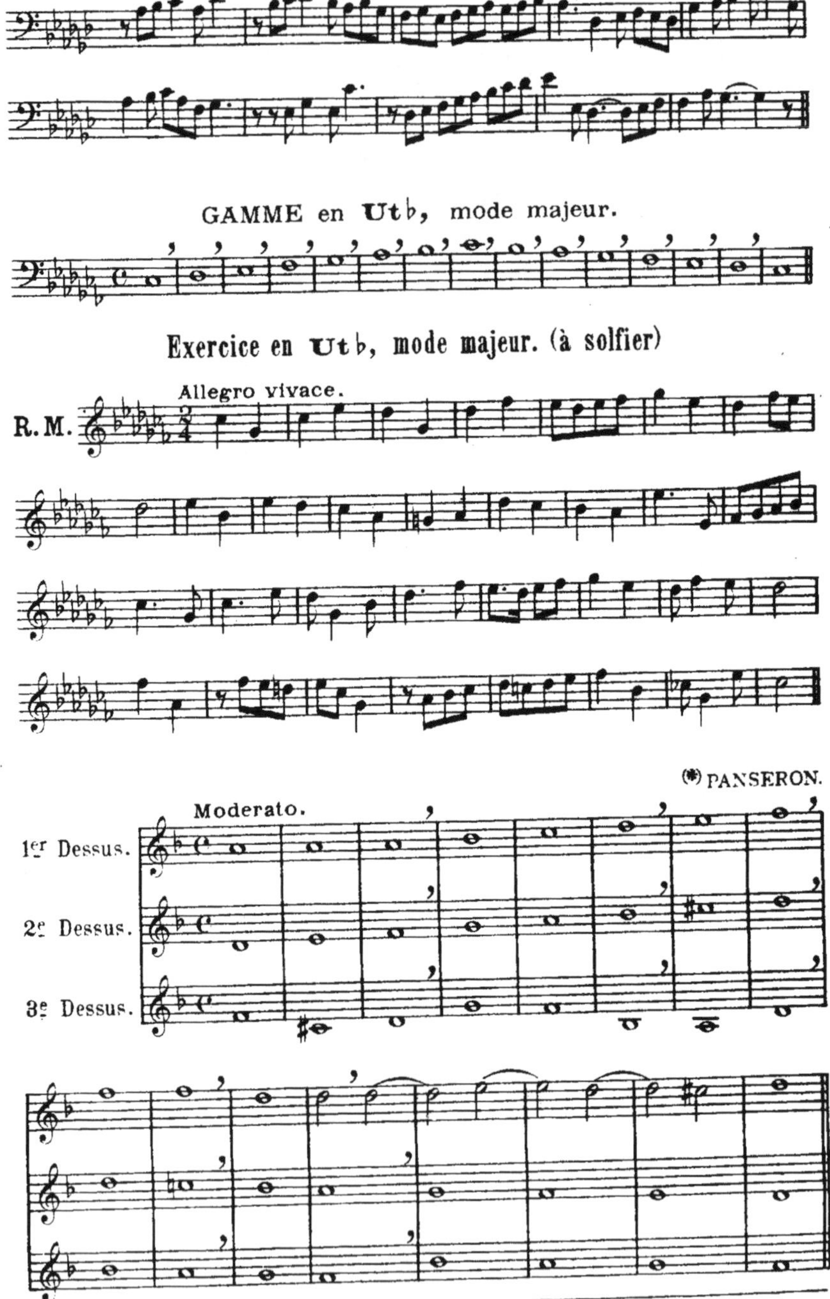
GAMME en Ut♭, mode majeur.
Exercice en Ut♭, mode majeur. (à solfier)
Allegro vivace.
R. M.
(*) PANSERON.
Moderato.
1er Dessus.
2e Dessus.
3e Dessus.

(*) Publié avec l'autorisation de la famille Panseron (1906).

LE TROUPEAU.

HOFMEISTER.[1]

P. G.

[1] **Hofmeister** (Franz-Anton) né à Rotenbourg s/Neckar en 1754, mort à Vienne le 9 Février 1812.

Devoir.

Ecrivez en clef de **Fa 4e ligne** les gammes suivantes: **Ré♭**, **Sol♭** et **Do♭ majeur**. — Gammes ascendantes et descendantes (en tout quinze mesures par gamme). — Gamme de **Ré♭ majeur** à quatre-quatre (une note par mesure). — Gamme de **Sol♭ majeur** à six-huit (une note par mesure). — Gamme de **Do♭ majeur** à trois-quatre (une note par mesure).

QUARANTE-TROISIÈME LEÇON.

§**1**. Les mesures composées peuvent être chiffrées de douze manières différentes:

Mesures à 2 temps.

Mesures à 3 temps.

Mesures à 4 temps.

§**2**. Les mesures les plus usitées après celles à $\frac{6}{8}$, $\frac{9}{8}$ et $\frac{12}{8}$ sont les mesures à $\frac{6}{4}$, $\frac{9}{4}$, $\frac{12}{4}$ et $\frac{6}{16}$.

Questionnaire.

1305. De combien de manières peuvent être chiffrées les mesures composées? — *1306*. Comment peuvent-être chiffrées les mesures composées à trois temps? — *1307*. Comment peuvent-être chiffrées les mesures composées à deux temps? — *1308*. Comment peuvent-être chiffrées les mesures composées à quatre temps? — *1309*. Après la mesure à $\frac{6}{8}$ quelles sont les mesures composées à deux temps les plus usitées?—*1310.* Combien la mesure à $\frac{6}{4}$ contient-elle de noires? Combien peut-elle contenir de croches? — *1311.* Quelle est la mesure composée à trois temps la plus usitée après la mesure à $\frac{9}{8}$? Combien contient-elle de noires?—*1312.* Quels sont les chiffres indicateurs d'une mesure à deux temps pouvant contenir trois doubles croches par temps? — *1313.* Combien la mesure à $\frac{12}{4}$ contient-elle de croches? — *1314.* Quelles sont les notes placées sur les lignes en clef de Fa 3e? — *1315.* Quelle est la quinte juste de la dominante de Ré bémol majeur? — *1316.* Quel est l'intervalle synonyme de quarte augmentée? Lequel est le plus grand de ces deux intervalles.

Exercices à deux et trois voix. (à solfier)

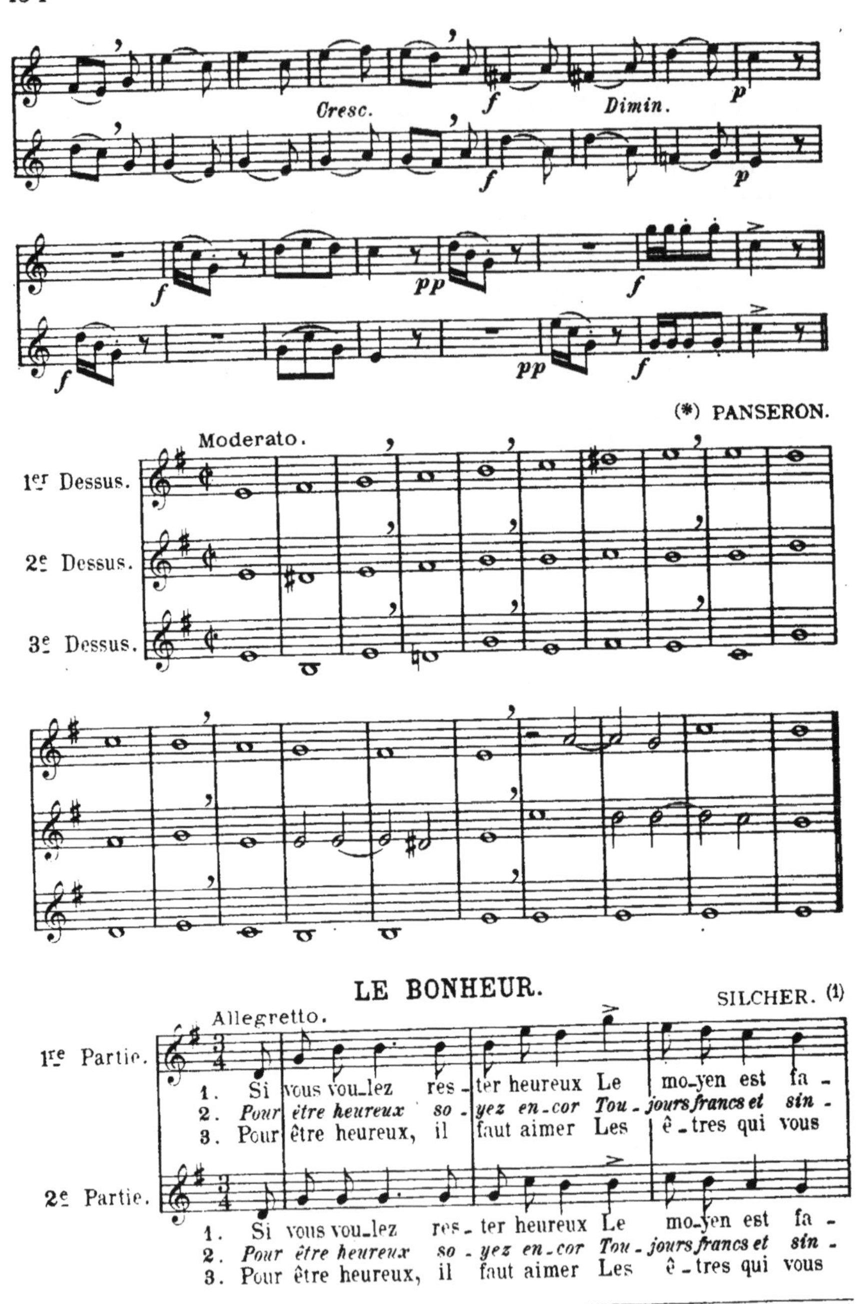
Cresc.
Dimin.
(*) PANSERON.
Moderato.
1er Dessus.
2e Dessus.
3e Dessus.
LE BONHEUR.
SILCHER. (1)
Allegretto.
1re Partie.
1. Si vous vou_lez res - ter heureux Le mo_yen est fa -
2. Pour être heureux so - yez en_cor Tou - jours francs et sin -
3. Pour être heureux, il faut aimer Les ê - tres qui vous
2e Partie.
1. Si vous vou_lez res - ter heureux Le mo_yen est fa -
2. Pour être heureux so - yez en_cor Tou - jours francs et sin -
3. Pour être heureux, il faut aimer Les ê - tres qui vous

(1) **Silcher** (Friedrich) compositeur né à Schnaith près Schorndorf (Wurtemberg) le 27 Juin 1789, mort à Tubingue le 26 Août 1860.

(*) Publié avec l'autorisation de la famille Panseron (1906).

-ci - le A - yez toujours, jeu - nes ou vieux Le cœur pur et tran -
-cè - res. De tous les maux c'est le re-mord Le plus grand sur la
ai - ment. Sur- tout ne ja - mais dif-fammer, Vos en-ne-mis eux -

-ci - le A - yez toujours, jeu - nes ou vieux Le cœur pur et tran -
-cè - res. De tous les maux c'est le re-mord Le plus grand sur la
ai - ment. Sur- tout ne ja - mais dif-fammer, Vos en-ne-mis eux -

ff *Dolce.*

-quil - le. Quand on a toujours fait le bien, On a le cœur en
ter - re. Quand on a toujours fait le bien, On a le cœur en
mê - mes. Quand on a toujours fait le bien, On a le cœur en

ff *Dolce.*

-quil - le. Quand on a toujours fait le bien, On a le cœur en
ter - re. Quand on a toujours fait le bien, On a le cœur en
mê - mes. Quand on a toujours fait le bien, On a le cœur en

fê - te, Et l'on ne dé - si - re plus rien Tant l'âme est sa - tis - fai - te.
fê - te, Et l'on ne dé - si - re plus rien Tant l'âme est sa - tis - fai - te.
fê - te, Et l'on ne dé - si - re plus rien Tant l'âme est sa - tis - fai - te.

fê - te, Et l'on ne dé - si - re plus rien Tant l'âme est sa - tis - fai - te.
fê - te, Et l'on ne dé - si - re plus rien Tant l'âme est sa - tis - fai - te.
fê - te, Et l'on ne dé - si - re plus rien Tant l'âme est sa - tis - fai - te.

P. G.

Devoir.

Copiez cet exercice, mettez les barres de mesure et les chiffres indicateurs. En tout huit mesures.

Dites en quel ton se trouve ce devoir.

QUARANTE-QUATRIÈME LEÇON.

§1. Dans les mesures composées, le **chiffre inférieur** représente le **tiers de l'unité de temps**; et le **chiffre supérieur** indique le **nombre des tiers de temps**.

Ex.

Dans la mesure à $\frac{6}{8}$, le chiffre inférieur **8** représente la **croche**, c'est-à-dire le **tiers** de la **noire pointée**, qui est l'unité de temps; et le chiffre supérieur **6** indique le **nombre de croches** contenues dans la mesure.

§2. Donc, pour connaître l'unité de temps, il suffit de chercher la valeur de note [a] qui, a elle seule, vaut trois fois celle représentée par le chiffre inférieur; pour avoir le nombre de temps, il faut diviser, le chiffre supérieur par trois.

Ex.

Dans la mesure à $\frac{9}{8}$, le chiffre inférieur **8** représente la **croche**. La **noire pointée** valant trois croches est prise comme **unité de temps**. Le chiffre supérieur **9** divisé par trois «9 : 3 = 3» indique que **les temps** contenus dans la mesure **sont au nombre de trois**.

Questionnaire.

1317. Dans les mesures composées, quel est celui des chiffres indicateurs qui représente le tiers de l'unité de temps? Que représente le chiffre supérieur? — *1318.* Dans la mesure à $\frac{9}{4}$, que représente le chiffre **4**? — *1319.* Dans cette même mesure, qu'indique le chiffre **9**?— *1320.* Combien cette mesure peut-elle contenir de blanches pointées? — *1321.* Que représente la blanche pointée? — *1322.* Quelle est la seconde augmentée d'Ut? — *1323.* Quelle est la quinte diminuée de Ré dièse? — *1324.* Quelle est la septième diminuée de La? — *1325.* Quelle est la quarte augmentée de Sol bémol? — *1326.* Quelle est la quinte augmentée de la note synonyme de Fa bémol? — *1327.* Quelle est la quarte diminuée de la note synonyme de Si dièse? — *1328.* Chiffrez cette mesure : 𝅗𝅥 ♩ ♩ ♫ ♩♩♩(3) ♩ ?

Exercices. (à solfier)

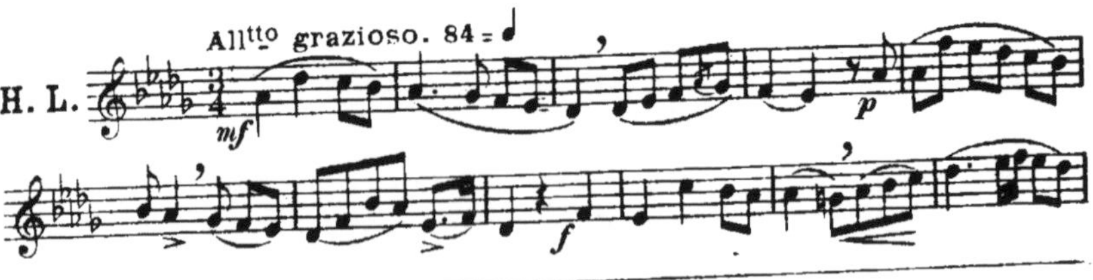

(a) Cette note est toujours pointée.

Cresc.
p
Cresc.
f
a Tempo.
Poco riten e dim.
Leggiero.
Morendo.
Moderato. 58 =
Steiger.
Fin.
Poco riten.
Moderato.
(*) PANSERON.
1er Dessus.
2e Dessus.
3e Dessus.

(*) Publié avec l'autorisation de la famille Panseron (1906).

(1) Imité d'un fragment de "La Flûte Enchantée".

(*) Publié avec l'autorisation de la famille Panseron (1906).

3. Le fai-ble qui s'en-ga-ge Dans ces sen-tiers per-
4. Mais ce-lui qui n'é-cou-te Au-cun mau-vais con-
-dus, S'i-sole et perd cou-ra-ge; Pour lui point de sa-lut.
-seil, Mar-che sur la grand' rou-te Tout droit vers le so-leil!
P. G.

Devoir.

Ajoutez ce qui manque aux mesures ci-dessous pour qu'elles soient correctement écrites.

Dites en quel ton se trouve cet exercice.

QUARANTE-CINQUIÈME LEÇON.

§1. Dans la mesure à $\frac{6}{4}$, **l'unité de temps** est la **blanche pointée.**

Le chiffre 4 représente la **noire** qui est **le tiers** de la **blanche pointée.**

§2. **L'unité de mesure** est la **ronde pointée.**

§3. **Chaque temps**, en silences, sera représenté par une demi-pause et un soupir.

La mesure entière représentée par ces silences sera:

 (a)

§**4**. La mesure composée $\frac{6}{4}$ est la mesure correspondante de la mesure simple $\frac{2}{2}$ ou ₵. $\left(\left(\frac{6}{4} : 3 = \frac{2}{2}\right)\right)$

Questionnaire.

1329. Dans la mesure à $\frac{6}{4}$, quelle est l'unité de mesure? — *1330.* Comment est représenté chaque temps, en silences? — *1331.* Quels sont les silences de la mesure entière? — *1332.* Que représente la blanche pointée? — *1333.* Combien la mesure à $\frac{6}{4}$ peut-elle contenir de croches? De doubles croches? De croches en triolets? — *1334.* Si on a déjà une noire au premier temps, quels silences faudra-t-il pour compléter cette mesure? — *1335.* Si on a déjà une blanche au premier temps, combien faudra-t-il de noires pour la compléter? — *1336.* Quelle est la mesure simple correspondant à la mesure à $\frac{6}{4}$? — *1337.* Quelles sont les mesures pouvant contenir 24 doubles croches? — *1338.* Quel intervalle y a-t-il entre la note écrite sur la seconde ligne en clef d'Ut 1ère et la médiante de Ré majeur? — *1339.* Quelles sont les notes modales en Sol bémol majeur? — *1340.* Quel est l'intervalle synonyme de la tierce mineure?

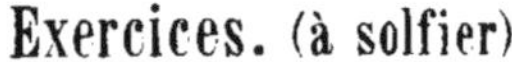

Exercices. (à solfier)

(a) Toutefois, un grand nombre de compositeurs ont adopté d'indiquer par la simple pause le silence d'une mesure quelconque.

(1) **Catel** (Charles-Simon) né à l'Aigle (Orne) en 1773, mort à Paris en 1830.

(*) PANSERON.

Moderato.

1er Dessus.

2e Dessus.

3e Dessus.

(*) PANSERON.

Moderato.

1er Dessus.

2e Dessus.

3e Dessus.

LES CHANSONS.

Allegretto con moto. WEBER.

1re Partie.

p

1. Chanter, c'est con_naî_tre L'i_vresse, et ma foi,
2. *Le cou_plet so_no_re De ri_res est plein,*
3. L'oiseau du boc_ca_ge N'a pas de sou_cis...

2e Partie.

p

1. Chanter, c'est con_naî_tre L'i_vresse, et ma foi,
2. *Le cou_plet so_no_re De ri_res est plein,*
3. L'oiseau du boc_ca_ge N'a pas de sou_cis...

(*) (*) Publié avec l'autorisation de la famille Panseron (1906).

Cresc.
f
mf
Qui chante est peut - ê - tre Plus heureux qu'un roi.
De ri - res en - co - re Est fait le re - frain. Tra la
So - yons son i - ma - ge Et chantons aus - si.
Cresc.
f
mf
Qui chante est peut - ê - tre Plus heureux qu'un roi.
De ri - res en - co - re Est fait le re - frain. Tra la
So - yons son i - ma - ge Et chantons aus - si.
p
la tra la la tra la la la la la la la la la Tra la
p
la tra la la tra la la la la la la la la la Tra la
la tra la la tra la la la la la la la la la.
la tra la la tra la la la la la la la la la.

P. G.

Devoir.

Transcrivez l'exercice ci-dessous en mesure $\frac{6}{4}$.

Dites en quel ton est cet exercice.

QUARANTE-SIXIÈME LEÇON.

§1. Dans la mesure à $\frac{9}{4}$, **l'unité de temps** est la **blanche pointée.**

§2. **L'unité de mesure** sera une **ronde pointée liée à une blanche pointée**.

§3. La mesure entière représentée en silences sera:

§4. La mesure composée $\frac{9}{4}$ est la mesure correspondante de la mesure simple $\frac{3}{2}$ $\left(\left(\frac{9}{4} : \frac{3=3}{2=2}\right)\right)$.

Questionnaire.

1341. Quelle est l'unité de mesure dans la mesure à $\frac{9}{4}$? — *1342.* Que représente la blanche pointée? — *1343.* Combien cette mesure contient-elle de croches? de doubles croches? De croches en triolets? — *1344.* Quels sont les chiffres indicateurs d'une mesure contenant les valeurs suivantes: un soupir, un demi-soupir, une noire, deux doubles-croches, trois croches? — *1345.* Quelle est la mesure simple correspondant à la mesure à $\frac{9}{4}$? A la mesure à $\frac{9}{8}$? — *1346.* Sol dièse est la dominante d'une gamme mineure; quelle est la sous-tonique de cette gamme? — *1347.* Combien faut-il de triolets de ♪ pour une blanche doublement pointée? — *1348.* Quelles sont les notes placées sur les lignes en clef d'Ut 2e? — *1349.* Quelle est la sixte mineure de Mi? — *1350.* Quelle est la quarte augmentée d'Ut? — *1351.* Quelles sont les mesures composées à trois temps? — *1352.* Quelles sont les qualifications de la septième?

Exercice pour la mesure à $\frac{9}{4}$.

(a) Voir la note de la 45e Leçon.

(1) **Cherubini** (Maria-Luigi-Zénobio-Carlo-Salvatore) né à Florence le 14 septembre 1760, mort à Paris le 15 Mars 1842.

(*) (*) Publié avec l'autorisation de la famille Panseron (1906).

L'AMITIÉ.

Gaîment. MOZART.

1re Partie.
mf
1. A ton a_mi par_don_ne Ne te par_don_ne
2. Car un a_mi fi_dè_le Est ain_si qu'un mi_
3. Ain_si donc sans fai_bles_se Un vé_ri_ta_ble a_
2e Partie.
mf
1. A ton a_mi par_don_ne Ne te par_don_ne
2. Car un a_mi fi_dè_le Est ain_si qu'un mi_
3. Ain_si donc sans fai_bles_se Un vé_ri_ta_ble a_

rien! Sois ai_mant et lui don_ne L'ex_emple heureux du
_roir. Au fond de ses pru_nel_les Son a_mi doit se
_mi Nous mène à la sa_ges_se Et sans hon_te nous

rien! Sois ai_mant et lui don_ne L'ex_emple heureux du
_roir. Au fond de ses pru_nel_les Son a_mi doit se
_mi Nous mène à la sa_ges_se Et sans hon_te nous

p
bien. Pour toi seul sois sé_vè_re, Pour ton frère in_dul_
voir. «Ton front n'est pas sans ta_che, Dit l'œil d'un a_mi
dit Ce qu'il ne faut pas ê_tre; Nous ap_prend cha_que
f
p
bien. Pour toi seul sois sé_vè_re, Pour ton frère in_dul_
voir. «Ton front n'est pas sans ta_che, Dit l'œil d'un a_mi
dit Ce qu'il ne faut pas ê_tre; Nous ap_prend cha_que
f

p
f
'mf
Dim.
-gent... Et que Jean soit pour Pier - re Ce que Pierre est pour Jean.
sûr. Re - gar - de bien et tâ - che De - main qu'il soit plus pur. »
jour A tou-jours nous con - naî - tre Pour ê - tre bons tou - jours.
p
f
'mf
Dim.

-gent... Et que Jean soit pour Pier - re Ce que Pierre est pour Jean.
sûr. Re - gar - de bien et tâ - che De - main qu'il soit plus pur. »
jour A tou-jours nous con - naî - tre Pour ê - tre bons tou - jours.

P. G.

Devoir.

Transcrivez l'exercice suivant en mesure à $\frac{9}{4}$.

9
8

Dites en quel ton se trouve cet exercice.

QUARANTE-SEPTIÈME LEÇON.

§1. Dans la mesure à $\frac{12}{4}$, **l'unité de temps** est la **blanche pointée**.

§2. **L'unité de mesure** est la **note carrée pointée**.

§3. Le mesure entière représentée en silences sera :

12
4
(*)

§4. La mesure composée $\frac{12}{4}$ est la mesure correspondante de la mesure simple $\frac{4}{2}$ $\left(\left(\frac{12}{4} : \frac{3}{2} = \frac{4}{2}\right)\right)$.

Questionnaire.

1353. Dans la mesure à $\frac{12}{4}$ quelle est l'unité de temps? Que représente la note carrée pointée? — *1354.* Combien cette mesure contient-

(*) Voir la note de la 45e Leçon.

elle de rondes pointées? — *1355.* Combien cette mesure contient-elle de noires? — *1356.* Combien cette mesure contient-elle de croches? — *1357.* Combien cette mesure contient-elle de blanches pointées? — *1358.* Quelle est la mesure simple correspondant à la mesure à $\frac{12}{4}$? A $\frac{12}{8}$? — *1359.* Quels sont les intervalles qui peuvent porter la qualification de Majeur? — *1360.* Quelles sont les notes placées dans les interlignes de la clef de Fa 3e? — *1361.* Quels sont les silences qu'il n'est pas d'usage de pointer? — *1362.* Dans quelle gamme majeure rencontre-t-on la 5te diminuée: Si dièse, Fa dièse? — *1363.* Combien la ronde triplement pointée vaut-elle de ♪? — *1364.* Quelles sont les mesures simples à quatre temps?

Exercice pour la mesure à $\frac{12}{4}$.

(2) **Landry** (A.) Professeur et Compositeur de musique né à Paris.

(*) (*) Publié avec l'autorisation de la famille Panseron (1906).

le so_leil se lè_ve, Le pe_tit mou_lin sans trè_ve Fait tic tac tic tac
le soleil se lè_ve, Le pe_tit moulin sans trè_ve Fait tic tac tic tac
tac Mê_me lorsque le jour fuit, Que sur nous des_cend la nuit. Tic tac
tac Mê_me lors_que le jour fuit, Que sur nous descend la nuit. Tic tac
Dimin. e riten.
a Tempo.
mf
tac tic tac tac tic tac tac tic tac tac Sur le bord de la ri_
tac tic tac tac tic tac tac tic tac tac Sur le bord de la ri_
_vière, On en_tend, de la meu_niè_re, La chan_son du ma_tin, Le tic
_vière, On en_tend, de la meu_niè_re, La chan_son du ma_tin, Le tic
p
tac du petit mou_lin. C'est di_manche, la clo_che tin_te
tac du petit mou_lin. C'est di_manche, la clo_che tin_te
Au loin s'é_tend sa douce plainte Sur le si_len_ce
Au loin s'é_tend sa douce plainte Sur le si_len_ce
du ha_meau, Qu'à pei_ne trou_blent les oi_seaux.
du ha_meau, Qu'à pei_ne trou_blent les oi_seaux.

Tin tin tin tin tin tin tin tin Tic tac tic tac tic tac tic tac Tin tin tin tin
tin tin tin tin Tic tac tic tac tac C'est le re_pos ou la pri_
_è_re, Pour la ferme et pour la chau_miè_re Et pour
les pe_tits pas_se_reaux Qui s'a_bri_tent dans les or_
meaux. Tic tac tac tic tac tac tic tac tac tic tac tac Sur le bord de la ri
Dimin. e riten.
a Tempo.
_viè_re, On en_tend, de la meu_niè_re, La chan_son du ma_tin, Le tic
tac du petit mou_lin. Tic tac tac tac tac tac tac Tic tac tac.
Dimin.
Lento.

Devoir.

Transformez l'exercice ci-dessous en mesure $\frac{12}{4}$.

Dites en quel ton est cet exercice.

QUARANTE-HUITIÈME LEÇON.

§**1.** Dans la mesure à $\frac{6}{16}$, **l'unité de temps** est la **croche pointée.**

Le chiffre **16** représente la **double croche** qui est le **tiers** de la **croche pointée.**

§**2.** La **noire pointée** est prise comme **unité de mesure.**

§**3.** Le **silence d'un temps** sera le **demi-soupir pointé.**

§**4.** Le **silence de la mesure entière** est la **pause.**

§**5.** La mesure composée $\frac{6}{16}$ est la mesure correspondante de la mesure simple $\frac{2}{8}$ $\left(\left(\frac{6}{16} : \frac{3}{2} = \frac{2}{8}\right)\right)$.

Questionnaire.

1365. Dans la mesure à $\frac{6}{16}$, que représente la croche pointée ? — *1366.* Quelle est l'unité de mesure? — *1367.* Que représente la pause ? — *1368.* Quel est le silence d'un temps? — *1369.* Combien chaque temps peut-il contenir de quadruples croches? — *1370.* Combien la mesure entière peut-elle contenir de triples croches? De croches pointées ? — *1371.* Quelle est la mesure simple correspondant à la mesure à $\frac{6}{16}$? A $\frac{6}{4}$? A $\frac{6}{8}$? — *1372.* Combien le demi soupir pointé vaut-il de ♪ ? — *1373.* Quel est l'intervalle simple de la neuvième? — *1374.* Quel est le renversement de la quarte sous-diminuée? — *1375.* Quelles sont les deux notes extrêmes du second tétracorde de la gamme de La bémol majeur? — *1376.* Quelles sont les notes tonales quand la sensible est Sol naturel?

Exercices à deux et trois voix. (à solfier)

f
mf
mf
mf
mf
f
f

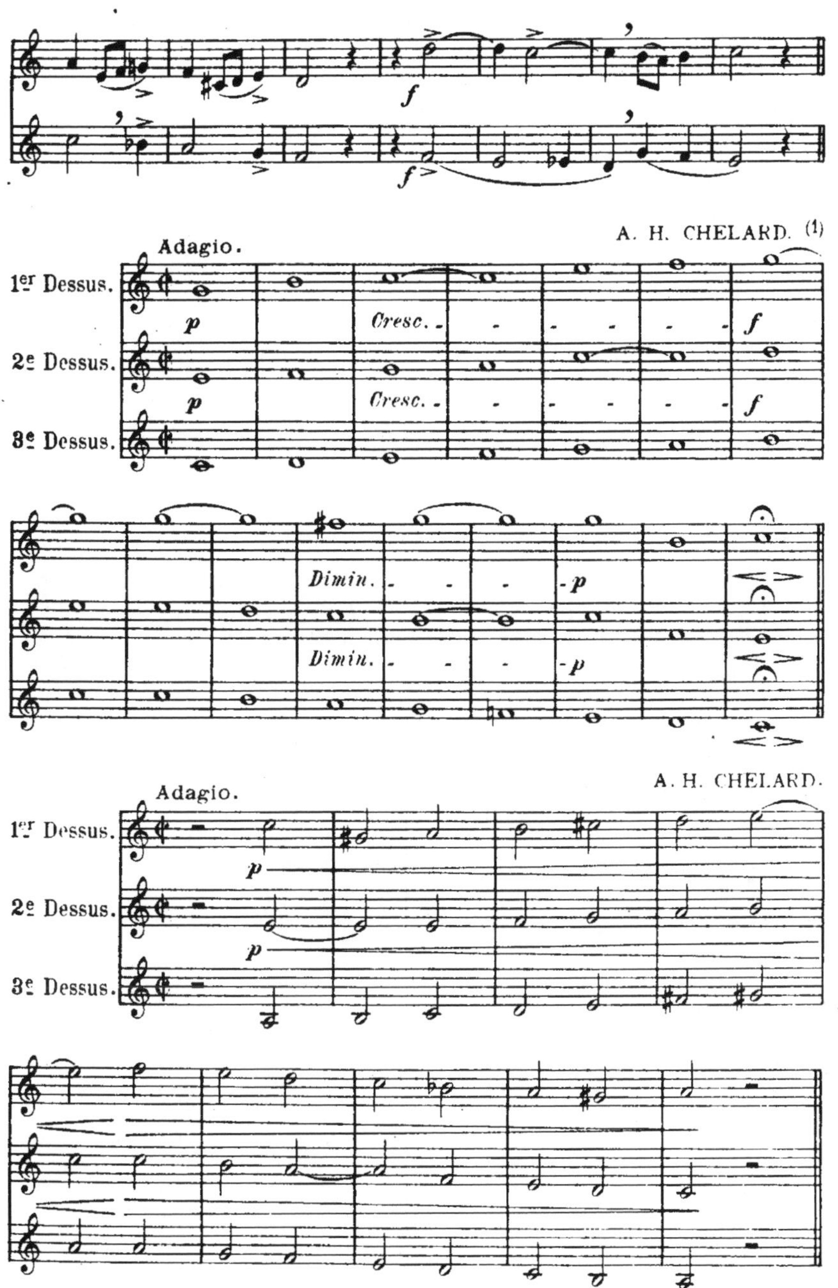
f
f
Adagio.
A. H. CHELARD. (1)
1er Dessus.
2e Dessus.
3e Dessus.
p
Cresc.
f
Dimin.
Adagio.
A. H. CHELARD.
1er Dessus.
2e Dessus.
3e Dessus.
p

(1) **Chelard** (Hippolyte-André-Jean-Baptiste) né à Paris le 1er Février 1789, mort à Weimar le 12 Février 1861.

LE FOYER.

Grazioso.
MOZART.
1re Partie.
1. Du - rant tou - te la jour - né - e, As - si -
2. Du tra - vail ou de l'é - tu - de Quand tout
3. Au - tour de la ta - ble ron - de, Re - po -
2e Partie.
1. Du - rant tou - te la jour - né - e, As - si -
2. Du tra - vail ou de l'é - tu - de Quand tout
3. Au - tour de la ta - ble ron - de, Re - po -
-due à ses de - voirs, La fa - mil-le est dis - per - sé - e Pour ga-
le monde est ren - tré, Une heu - reu - se las - si - tu - de Dé-tend
-sant ses membres las, En sou - ri - ant tout le mon - de Voit ar -
-due à ses de - voirs, La fa - mil-le est dis - per - sé - e Pour ga-
le monde est ren - tré, Une heu - reu - se las - si - tu - de Dé-tend
-sant ses membres las, En sou - ri - ant tout le mon - de Voit ar -
-gner le pain du soir. Mais le soir quand la jour - né - e De tra -
les bras fa - ti - gués. A son tour chacun ra - con - te Ce qu'il
-ri - ver le re - pas. Le feu luit, la lam - pe bril - le. L'heureuse
-gner le pain du soir. Mais le soir quand la jour - né - e De tra -
les bras fa - ti - gués. A son tour chacun ra - con - te Ce qu'il
-ri - ver le re - pas. Le feu luit, la lam - pe bril - le. L'heureuse
-vail est ter - mi - né - e, Autour de toi, chemi - né - e, Près du
a fait pour son comp-te Tandis que la chaleur mon - te... Près du
et simple fa - mil - le Sourit au feu qui pé - til - le... Près du
-vail est ter - mi - né - e, Autour de toi, chemi - né - e, Près du
a fait pour son comp-te Tandis que la chaleur mon - te... Près du
et simple fa - mil - le Sourit au feu qui pé - til - le... Près du

P. G.

Devoir.

Transformez l'exercice ci-dessous en mesure $\frac{6}{16}$.

Copiez cet exercice, mettez les barres de mesures et les chiffres indicateurs. En tout huit mesures.

QUARANTE-NEUVIÈME LEÇON.

§1. Dans la mesure à $\frac{9}{16}$, **l'unité de temps** est la **croche pointée**.

§2. **L'unité de mesure** sera une **noire pointée liée à une croche pointée**.

§3. Le **silence de la mesure entière** est la **pause**.

§4. La mesure composée $\frac{9}{16}$ est la mesure correspondante de la mesure simple $\frac{3}{8}$ $\left(\left(\frac{9}{16} : \frac{3}{2} = \frac{3}{8}\right)\right)$.

Questionnaire.

1377. Dans la mesure à $\frac{9}{16}$, quelle est l'unité de mesure? Que représente la croche pointée? — *1378.* Que représente la pause? Quel est le silence d'un temps? — *1379.* Combien la croche pointée vaut-elle de triples croches? De doubles croches? — *1380.* Combien la mesure à $\frac{9}{16}$ contient-elle de triples croches? — *1381.* Quelle est la mesure simple correspondant à la mesure à $\frac{9}{4}$? A $\frac{9}{16}$? — *1382.* Quelle est la tierce mineure de Ré bémol? — *1383.* Quelle est la quarte diminuée de Mi? — *1384.* Quelle est la quinte juste de Fa dièse? — *1385.* Quelle est la valeur qui représenterait: 𝅗𝅥 ♩ ♩ ♪♪♪♪♪ 𝅗𝅥 ? — *1386.* Combien la croche pointée vaut-elle de triples croches? — *1387.* Quelle est la gamme majeure ayant six bémols à l'armature? — *1388.* Quelles sont les notes tonales en Sol bémol majeur?

Exercice. (à solfier)

A. H. CHELARD.

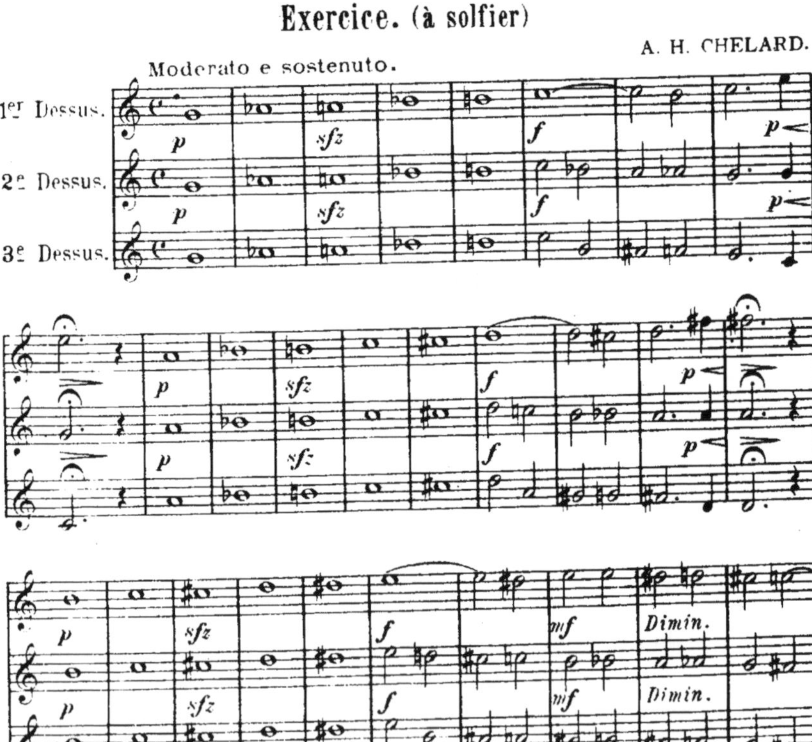

p
p
Rit. e morendo.
Rit. e morendo.

LA CHASSE DU ROI.

Décidé.
1re Partie.
1. De_bout dès le le_ver du jour, Sur son cheval de ra_ce, Su_
2e Partie.
1. De_bout dès le le_ver du jour, Sur son cheval de ra_ce, Su_
3e Partie.
1. De_bout dès le le_ver du jour, Sur son cheval de ra_ce, Su_

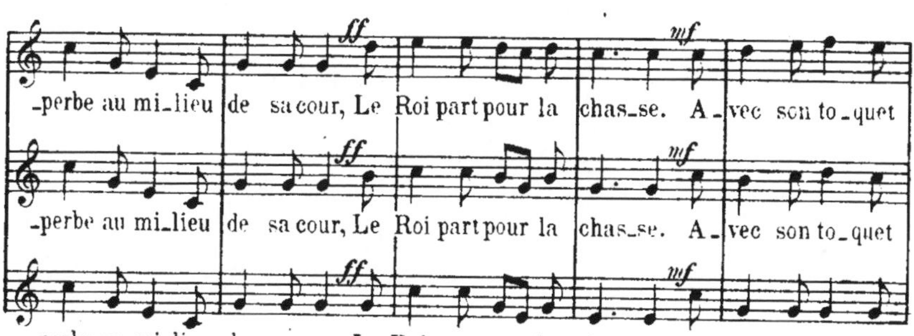
-perbe au mi_lieu de sa cour, Le Roi part pour la chas_se. A_vec son to_quet
-perbe au mi_lieu de sa cour, Le Roi part pour la chas_se. A_vec son to_quet
-perbe au mi_lieu de sa cour, Le Roi part pour la chas_se. A_vec son to_quet

de velours Dont la plume pal_pi_te, A_vec son to_quet de velours Dont
de velours Dont la plume pal_pi_te, A_vec son to_quet de velours Dont
de velours Dont la plume pal_pi_te, A_vec son to_quet de velours Dont

la plume pal_pi_te, Sui_vi de son ca_val_cadour, Il mè_ne la pour_
la plume pal_pi_te, Sui_vi de son ca_val_cadour, Il mè_ne la pour_
la plume pal_pi_te, Sui_vi de son ca_val_cadour, Il mè_ne la pour_
Imitez le Cor.
p rall.
_sui_te.
mf
Vibrez.
p rall.
_sui_te.
Vibrez.
Imitez le Cor.
p rall.
_sui_te.
mf
2. Le Roi joyeux pousse en avant Son che_val blanc d'é_cu_me, Tan_
3. Et le soir quand pâ_lit le jour, Le Roi vient de la chas_se. En
2. Le Roi joyeux pousse en avant Son che_val blanc d'é_cu_me, Tan_
3. Et le soir quand pâ_lit le jour, Le Roi vient de la chas_se. En
2. Le Roi joyeux pousse en avant Son che_val blanc d'é_cu_me, Tan_
3. Et le soir quand pâ_lit le jour, Le Roi vient de la chas_se. En
_dis que sur son front le vent Fait in_cliner sa plu_me. A tra_vers tail_lis
route il a lais_sé sa cour Trop tar_dive et trop las_se. Il dé_pouille ses
_dis que sur son front le vent Fait in_cliner sa plu_me. A tra_vers tail_lis
route il a lais_sé sa cour Trop tar_dive et trop las_se. Il dé_pouille ses
_dis que sur son front le vent Fait in_cliner sa plu_me. A tra_vers tail_lis
route il a lais_sé sa cour Trop tar_dive et trop las_se. Il dé_pouille ses

p

et halliers Court la troupe a-gres - si - ve, A tra-vers tail-lis et halliers Court
ar-mes d'or Et sa trompe d'i - voi - re, Il dé-pouille ses ar-mes d'or Et

p

et halliers Court la troupe a-gres - si - ve, A tra-vers tail-lis et halliers Court
ar-mes d'or Et sa trompe d'i - voi - re, Il dé-pouille ses ar-mes d'or Et

p

et halliers Court la troupe a-gres - si - ve, A tra-vers tail-lis et halliers Court
ar-mes d'or Et sa trompe d'i - voi - re, Il dé-pouille ses ar-mes d'or Et

f ff

la troupe a-gres - si - ve. Le Roi ga-lo-pe le premier, Tous les seigneurs le
sa trompe d'i - voi - re En é - coutant son-ner les cors Qui chantent sa vic-

f ff

la troupe a-gres - si - ve. Le Roi ga-lo-pe le premier, Tous les seigneurs le
sa trompe d'i - voi - re En é - coutant son-ner les cors Qui chantent sa vic-

f ff

la troupe a-gres - si - ve. Le Roi ga-lo-pe le premier, Tous les seigneurs le
sa trompe d'i - voi - re En é - coutant son-ner les cors Qui chantent sa vic-

Imitez le Cor. p rall.

sui - vent. mf Vibrez.
-toi - re.

p rall.

sui - vent. Vibrez.
-toi - re.

Imitez le Cor. p rall.

sui - vent. mf
-toi - re.

P. G.

Devoir.

Ajoutez ce qui manque aux mesures ci-dessous pour qu'elles soient correctement écrites.

CINQUANTIÈME LEÇON.

§ **1**. Dans la mesure à $\frac{12}{16}$, **l'unité de temps** est la **croche pointée**.

§ **2**. **L'unité de mesure** est la **blanche pointée**.

§ **3**. Le **silence de la mesure entière** est la **pause**.

§ **4**. La mesure composée $\frac{12}{16}$ est la mesure correspondante de la mesure simple $\frac{4}{8}$ $\left(\left(\frac{12}{16} : \frac{3=4}{2=8}\right)\right)$.

Questionnaire.

1389. Dans la mesure à $\frac{12}{16}$, que représente la croche pointée? Quelle est l'unité de mesure? — *1390.* Quel est le silence d'un temps ? — *1391.* Que représente la pause? — *1392.* Quelle est la mesure simple correspondant à la mesure à $\frac{12}{16}$? A $\frac{12}{4}$? — *1393.* Combien la mesure à $\frac{4}{8}$ contient-elle de doubles croches? — *1394.* Combien la mesure à $\frac{12}{16}$ en contient-elle? — *1395.* Quelles sont les mesures ayant la blanche pointée comme unité de temps? — *1396.* Que faut-il ajouter à une sixte majeure pour en faire une septième mineure? — *1397.* Quel est la sous-tonique en Ut dièse mineur? — *1398.* Quelles sont les notes modales en Si majeur? — *1399.* Par quelle valeur peut-on représenter 18 ♪ en triolets? — *1400.* En quel ton est-on avec Si bécarre comme note sensible.

Exercices. (à solfier)

mf
Cresc.
f
p
Fin.
p
mf
p
Poco riten.
Leçon pour la mesure à 6/16.
Andante.
R. M.

LES CHAMPS ET LA VILLE.

Moderato non troppo.
1re Partie.
1. Tout au-tour de la ville al - tiè-re, Semblent dor-mir les champs fé-
2. Ainsi quand la ci-té tra-vail-le Pour le bonheur du genre hu-
3. Ainsi la nature, empres-sé-e, Pour l'homme instruit par son a-
2e Partie.
1. Tout au-tour de la ville al - tiè-re, Semblent dor-mir les champs fé-
2. Ainsi quand la ci-té tra-vail-le Pour le bonheur du genre hu-
3. Ainsi la nature, empres-sé-e, Pour l'homme instruit par son a-
3e Partie.
1. Tout au-tour de la ville al-tiè-re, Semblent dor-mir les champs fé-
2. Ainsi quand la ci-té tra-vail-le Pour le bonheur du genre hu-
3. Ainsi la nature, empres-sé-e, Pour l'homme instruit par son a-

-conds, Mais au prin-temps de leur pous-siè-re Va sor-tir l'or des é-pis
-main, La terre ex-trait de ses en-trail-les Le blé qui lui don-ne du
-mour, De son sang nour-rit la pen-sé-e Qui nour-rit les cœurs à son
-conds, Mais au prin-temps de leur pous-siè-re Va sor-tir l'or des é-pis
-main, La terre ex-trait de ses en-trail-les Le blé qui lui don-ne du
-mour, De son sang nour-rit la pen-sé-e Qui nour-rit les cœurs à son
-conds, Mais au prin-temps de leur pous-siè-re Va sor-tir l'or des é-pis
-main La terre ex-trait de ses en-trail-les Le blé qui lui don-ne du
-mour, De son sang nour-rit la pen-sé-e Qui nour-rit les cœurs à son

blonds, Mais au prin-temps de leur pous-siè-re Va sor-tir l'or des é-pis blonds.
pain, La terre ex-trait de ses en-trail-les Le blé qui lui don-ne du pain.
tour, De son sang nour-rit la pen-sé-e Qui nour-rit les cœurs à son tour.
blonds, Mais au prin-temps de leur pous-siè-re Va sor-tir l'or des é-pis blonds.
pain, La terre ex-trait de ses en-trail-les Le blé qui lui don-ne du pain.
tour, De son sang nour-rit la pen-sé-e Qui nour-rit les cœurs à son tour.
blonds, Mais au prin-temps de leur pous-siè-re Va sor-tir l'or des é-pis blonds.
pain, La terre ex-trait de ses en-trail-les Le blé qui lui don-ne du pain.
tour, De son sang nour-rit la pen-sé-e Qui nour-rit les cœurs à son tour.

P.G.

Devoir.

Transformez l'exercice ci-dessous en mesure $\frac{12}{16}$.

Dites en quel ton est ce devoir, puis solfiez sans chanter.

CINQUANTE-ET-UNIÈME LEÇON.

§1. Dans les mesures à $\frac{6}{2}$, $\frac{9}{2}$, $\frac{12}{2}$; **l'unité de temps** est la **ronde pointée**.

Les silences devant occuper un temps seront: une pause et une demi-pause

§2. Dans la mesure à $\frac{6}{2}$, **l'unité de mesure** sera la **note carrée pointée**.

Les silences devant occuper la mesure entière seront:

§3. Dans la mesure à $\frac{9}{2}$, **l'unité de mesure** sera une **note carrée pointée liée à une ronde pointée**.

Les silences devant occuper la mesure entière seront:

§4. Dans la mesure à $\frac{12}{2}$, **l'unité de mesure** sera une **note**

carrée pointée liée à une autre note carrée pointée.

Les silences devant occuper la mesure entiere seront:

Questionnaire.

1401. Quelles sont les mesures ayant la ronde pointée comme unité de temps? — *1402.* Quelle est l'unité de mesure dans les mesures à $\frac{6}{2}$? A $\frac{9}{2}$? A $\frac{12}{2}$? — *1403.* Dans quelles mesures trouve-t-on la ronde comme unité de temps? — *1404.* Dans quelles mesures trouve-t-on la blanche comme unité de temps? — *1405.* Dans quelles mesures trouve-t-on la blanche pointée comme unité de temps? — *1406.* Quelle est la mesure simple correspondant à la mesure à $\frac{9}{2}$? — *1407.* Quelle est la mesure simple correspondant à la mesure à $\frac{6}{2}$? — *1408.* Quelle est la mesure simple correspondant à la mesure à $\frac{12}{2}$? — *1409.* Combien un temps de la mesure à $\frac{12}{2}$ peut-il contenir de noires? — *1410.* Combien un temps de la mesure à $\frac{4}{1}$ peut-il contenir de noires? — *1411.* Quels sont les deux tons ayant pour notes tonales: Si, Mi, Fa dièse? — *1412.* Quels sont les mesures pouvant avoir huit doubles croches par temps?

Exercice pour la mesure à $\frac{9}{16}$.

A. H. CHELARD.

Cantabile.
1er Dessus.
2e Dessus.
3e Dessus.
pp
Cresc.
LE DÉPART POUR LA MONTAGNE.
Gaîment.
1re Partie.
2e Partie.
3e Partie.
mf
p
1. A - vril vient de re - naî - tre, La a la, la a
2. Les bœufs et les gé - nis - ses La a la, la a
3. Là - haut le sol vi - va - ce La a la, la a
1. A - vril vient de re - naî - tre, La a la,
2. Les bœufs et les gé - nis - ses La a la,
3. Là - haut le sol vi - va - ce La a la,

1. La la la la, La la la, la la la,
2. *La la la la, La la la, la la la,*
3. La la la la, La la la, la la la,

mf
la. Et les bœufs veulent paî - tre, La a la, la a
la. Se plai - gnent et mu - gis - sent La a la, la a
la. Est plein d'une herbe gras - se La a la, la a
f p
La a la. Et les bœufs veulent paî - tre, La a la,
La a la. Se plai - gnent et mu - gis - sent La a la,
La a la. Est plein d'une herbe gras - se La a la,
p
la la. La la la la, La la la, La la la
la la. La la la la, La la la, La la la
la la. La la la la, La la la, La la la
f
la. Par - tout dans la cam - pa - gne, Tout rit et tout est
la. Foin de l'é - table obs - cu - re! L'air est calme et tiè -
la. Sé - jour trop a - gré - a - ble! Tout rit sur les som -
f
la a la. Par - tout dans la cam - pa - gne, Tout rit et tout est
la a la. Foin de l'é - table obs - cu - re! L'air est calme et tiè -
la a la. Sé - jour trop a - gré - a - ble! Tout rit sur les som -
f
la la, La la la, la La la la. Tout rit et tout est
la la, La la la, la La la la. L'air est calme et tiè -
la la, La la la, la La la la. Tout rit sur les som -
mf f
vert. Par - tons pour la mon - ta - gne, C'est la fin de l'hi -
- di. L'é - veil de la na - tu - re Sur - prend grands et pe -
- mets! Quel bon - heur in - ef - fa - ble Prin - temps tu nous pro -
Cresc.
mf f
vert. Par - tons pour la mon - ta - gne, C'est la fin de l'hi -
- di. L'é - veil de la na - tu - re Sur - prend grands et pe -
- mets! Quel bon - heur in - ef - fa - ble Prin - temps tu nous pro -
Cresc.
mf f
vert. La La la la la, La la la la, La la la la,
- di. La La la la la, La la la la, La la la la.
- mets! La La la la la, La la la la, La la la la.

20

Devoir.

Ecrivez l'exercice suivant en **clef de Sol, Mesure six-quatre :** 1re mesure, Do **grave**, Mi♭, **blanches pointées** | 2e mesure, Ré, Sol, Si♭, **noires**, La, **blanche pointée** | 3e mesure, Sol, La, Si♭, Si♭, Do, Ré, **noires** | 4e mesure, Ré, **blanche pointée, silences** | 5e mesure, Do, **blanche, silence**, La, **blanche, silence** | 6e mesure, Si♭, **blanche, silences** | 7e mesure, La, Si♭, Do, **noires**, Fa♯, **blanche pointée** | 8e mesure, Sol, **ronde pointée, point d'orgue**.

CINQUANTE-DEUXIÈME LEÇON.

Mesures composées.

§ 1. Le tableau suivant résume, pour chaque chiffrage, l'unité de temps et de mesure.

Chiffres indicateurs	Unité de mesure	Unité de temps	Chiffres indicateurs	Unité de mesure	Unité de temps	Chiffres indicateurs	Unité de mesure	Unité de temps
6/2	𝅜··	𝅝·	9/2	𝅜·⁀𝅝·	𝅝·	12/2	𝅜·⁀𝅜·	𝅝··
6/4	𝅝·	𝅗𝅥·	9/4	𝅝·⁀𝅗𝅥·	𝅗𝅥·	12/4	𝅜·	𝅗𝅥·
6/8	𝅗𝅥·	𝅘𝅥·	9/8	𝅗𝅥·⁀𝅘𝅥·	𝅘𝅥·	12/8	𝅝·	𝅘𝅥·
6/16	𝅘𝅥·	𝅘𝅥𝅮·	9/16	𝅘𝅥⁀𝅘𝅥𝅮·	𝅘𝅥𝅮·	12/16	𝅗𝅥·	𝅘𝅥𝅮·

Questionnaire.

1413. Quelle est l'unité de mesure dans les mesures à $\frac{6}{2}$? $\frac{9}{4}$? $\frac{12}{8}$? $\frac{6}{16}$? — *1414.* Quelle est l'unité de mesure dans les mesures à $\frac{6}{4}$? $\frac{9}{8}$? $\frac{12}{16}$? $\frac{12}{2}$? — *1415.* Dans quelles mesures trouve-t-on la ronde pointée comme unité de temps? — *1416.* Dans quelles mesures trouve-t-on la noire pointée comme unité de temps? — *1417.* Quelle est l'unité de mesure dans les mesures à $\frac{12}{4}$? $\frac{9}{16}$? $\frac{6}{8}$? $\frac{9}{2}$? — *1418.* Dans quelles mesures trouve-t-on la blanche pointée comme unité de temps? — *1419.* Dans quelles mesures trouve-t-on la croche pointée comme unité de temps? — *1420.* Quelle est la valeur d'une croche dans la mesure à $\frac{3}{4}$? — *1421.* Quelle est la valeur d'une croche dans la mesure à $\frac{6}{8}$? — *1422.* Quelle est la valeur d'une croche dans la mesure à $\frac{3}{2}$? — *1423.* Dans quelles mesures la blanche pointée occupe-t-elle un temps? — *1424.* Quelle est l'armature du ton mineur ayant Si bémol comme sous-tonique?

Exercice pour la mesure à $\frac{12}{16}$.

Exercice à trois voix. (à solfier)

A. H. CHELARD.

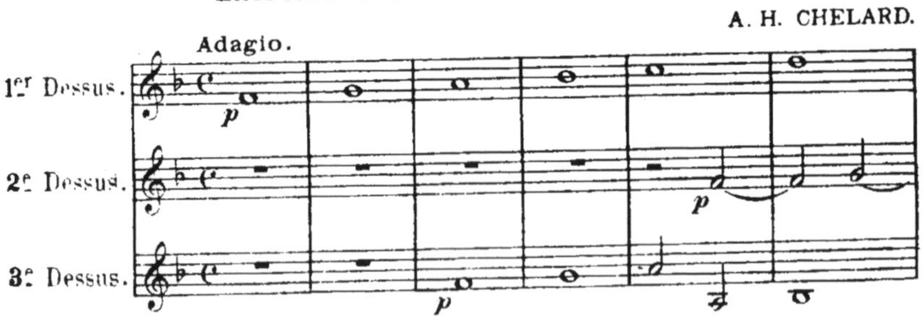

Dimin.
Dimin.
Paroles de
Paul COLLIN.
LA FLOTTE DES TUILERIES.
H. MARÉCHAL. (1)
Allegretto giocoso.
1re Partie.
2e Partie.
Cresc.
Pe_tits ba_teaux des Tui_le_ri_es Li_vrez au vent vos pa_vil_lons Légers com_me des pa_pil_lons. Vo_guez, flot_til_les a_guer_ri_es Mais prenez garde aux a_va_ries En ouvrant sur l'eau vos sil_lons. Mais prenez garde aux a_va_ries
Pe_tits ba_teaux des Tui_le_ri_es Li_vrez au vent vos pa_vil_lons Légers com_me des pa_pil_lons. Vo_guez, flot_til_les a_guer_ri_es Mais prenez garde aux a_va_ries En ouvrant sur l'eau vos sil_lons. Mais prenez garde aux a_va_

(1) **Maréchal** (Henri) compositeur né à Paris le 22 Janvier 1842.

Cédez. Tempo.
En ou-vrant sur l'eau vos sil - lons!
-ries En ou - vrant sur l'eau vos sil - lons!
Si le sort con-trai - re vous pous - se Vers le grand jet d'eau du mi -
Si le sort con - trai - re vous pous - se Vers le grand jet d'eau du mi -
-lieu, (Ce pé-ril là n'est pas un jeu!) Comment suppor - ter la se -
-lieu, (Ce pé-ril là n'est pas un jeu!) Comment suppor - ter la se -
-cous-se? Tout l'é-qui - page à la res - cous-se Mau - dit grand jet
-cous-se? Tout l'é-qui - page à la res - cous-se Maudit
d'eau du mi- lieu! Mau dit grand jet d'eau du milieu!
grand jet d'eau du milieu! Mau-dit grand jet d'eau du mi-
p
Pe-tits ba - teaux des Tui-le - ries Li-vrez au
Cresc.
-lieu! Pe-tits ba - teaux des Tui-le - ries Li-vrez au
vent vos pa-vil-lons Légers com-me des pa-pil - lons.
p
Vo-guez, flot-
vent vos pa-vil-lons Légers com-me des pa-pil - lons. Vo-guez, flot

Cresc.
-til-les a-guer-ries Mais prenez garde aux a-va-ries En ouvrant
Cresc.
-til-les a-guer-ries Mais prenez garde aux a-va-ries En ouvrant
sur l'eau vos sil-lons. Mais prenez garde aux a-va-ries
sur l'eau vos sil-lons. Mais prenez garde aux a-va-
Cédez. Tempo.
En ouvrant sur l'eau vos sil-lons!
-ries En ou-vrant sur l'eau vos sil-lons!
Encore une a-ler-te nou-velle; Vous sortez d'un danger voi-là Qu'a-
Encore une a-ler-te nou-velle; Vous sortez d'un danger voi-là Qu'a-
-près Charybde vient Scyl-la, Un cy-gne vous cher-che que-rel-le
-près Charybde vient Scyl-la, Un cy-gne vous cher-che que-rel-le
Et vous ren-ver-se d'un coup d'aile Peut-on résis-ter à ce-
Et vous ren-ver-se d'un coup d'aile Peut-on résister
-là? Peut-on résister à ce-la? Petits ba-
à cela? Peut-on résis-ter à ce-la? Petits ba-

Cresc.
-teaux des Tui-le - ri-es Li-vrez au vent vos pa-vil - lons Légers com-
Cresc.
-teaux des Tui-le - ri-es Li-vrez au vent vos pa-vil - lons Légers com-
Cresc.
-me des pa-pil - lons. Voguez, flot - til-les a-guer - ries Mais prenez
Cresc.
-me des pa-pil - lons. Voguez, flot - til-les a-guer - ries Mais prenez
garde aux a - va - ries En ou-vrant sur l'eau vos sil - lons. Mais pre-nez
garde aux a - va - ries En ou-vrant sur l'eau vos sil - lons.
garde aux a - va - ries En ouvrant sur l'eau
Mais prenez garde aux a - va - ries En ou -
Cédez plus animé.
vos sil - lons. Au-da-ci - eux pe-tits ba - teaux, N'oubli-ez
-vrant sur l'eau vos sil - lons. Au-da-ci - eux pe-tits ba - teaux, N'oubli-ez
pas qu'on vous re - garde Et devant la fou - le ba - var- de Sau-
pas, n'ou-bli-ez pas qu'on vous re - garde Et devant la fou-le ba - var-de Sau-
Plus large.
-vez sau-vez l'hon-neur de vos dra - peaux.
-vez sau-vez l'hon-neur de vos dra - peaux.

Devoir.

Ecrivez l'exercice suivant en clef de **Fa 4e ligne, Mesure six-seize**: 1re mesure, La, Si, Do, Mi, Do, La, **doubles croches** | 2e mesure, Sol ♯, La, Si, **doubles croches**, La, **croche**, **silence** | 3e mesure, Si, **double croche**, **silences** | 4e mesure, Mi, **double croche**, **silences** | 5e mesure, La, Sol ♯, La, Si, Do, Do ♯, **doubles croches** | 6e mesure, Ré, Mi, La, Fa, Ré, Si, **doubles croches** | 7e mesure, Mi, **double croche pointée**, Do, **triple croche**, La, **double croche**, Si, **croche**, Mi, **double croche** | 8e mesure, La, **croche pointée**, **silence**, **point d'arrêt**.

CINQUANTE-TROISIÈME LEÇON.

§ **1.** Le tableau suivant établit le rapport qui existe entre les **mesures simples** et les **mesures composées correspondantes.**

Mesures à deux temps.

Mesures simples.				*Mesures composées.*		
Chiffres indicateurs	Unité de mesure	Unité de temps		Chiffres indicateurs	Unité de mesure	Unité de temps
$\frac{2}{1}$	𝅜	𝅝	$\frac{2 \times 3}{1 \times 2} = \frac{6}{2}$	$\frac{6}{2}$	𝅜 .	𝅝 .
$\frac{2}{2}$	𝅝	𝅗𝅥	$\frac{2 \times 3}{2 \times 2} = \frac{6}{4}$	$\frac{6}{4}$	𝅝 .	𝅗𝅥 .
$\frac{2}{4}$	𝅗𝅥	𝅘𝅥	$\frac{2 \times 3}{4 \times 2} = \frac{6}{8}$	$\frac{6}{8}$	𝅗𝅥 .	𝅘𝅥 .
$\frac{2}{8}$	𝅘𝅥	𝅘𝅥𝅮	$\frac{2 \times 3}{8 \times 2} = \frac{6}{16}$	$\frac{6}{16}$	𝅘𝅥 .	𝅘𝅥𝅮 .

Mesures à trois temps.

Mesures simples				*Mesures composées*		
Chiffres indicateurs	Unité de mesure	Unité de temps		Chiffres indicateurs	Unité de mesure	Unité de temps
$\frac{3}{1}$	𝅜 .	𝅝	$\frac{3 \times 3}{1 \times 2} = \frac{9}{2}$	$\frac{9}{2}$	𝅜 . ⁀ 𝅝 .	𝅝 .
$\frac{3}{2}$	𝅝 .	𝅗𝅥	$\frac{3 \times 3}{2 \times 2} = \frac{9}{4}$	$\frac{9}{4}$	𝅝 . ⁀ 𝅗𝅥 .	𝅗𝅥 .
$\frac{3}{4}$	𝅗𝅥 .	𝅘𝅥	$\frac{3 \times 3}{4 \times 2} = \frac{9}{8}$	$\frac{9}{8}$	𝅗𝅥 . ⁀ 𝅘𝅥 .	𝅘𝅥 .
$\frac{3}{8}$	𝅘𝅥 .	𝅘𝅥𝅮	$\frac{3 \times 3}{8 \times 2} = \frac{9}{16}$	$\frac{9}{16}$	𝅘𝅥 . ⁀ 𝅘𝅥𝅮 .	𝅘𝅥𝅮 .

Mesures à quatre temps.

Mesures simples				*Mesures composées*		
Chiffres indicateurs	Unité de mesure	Unité de temps		Chiffres indicateurs	Unité de mesure	Unité de temps
$\frac{4}{1}$	𝅜 ⁀ 𝅜	𝅝	$\frac{4}{1} \times \frac{3}{2} = \frac{12}{2}$	$\frac{12}{2}$	𝅜· ⁀ 𝅜·	𝅝·
$\frac{4}{2}$	𝅜	𝅗𝅥	$\frac{4}{2} \times \frac{3}{2} = \frac{12}{4}$	$\frac{12}{4}$	𝅜·	𝅗𝅥.
$\frac{4}{4}$	𝅝	♩	$\frac{4}{4} \times \frac{3}{2} = \frac{12}{8}$	$\frac{12}{8}$	𝅝·	♩.
$\frac{4}{8}$	𝅗𝅥	♪	$\frac{4}{8} \times \frac{3}{2} = \frac{12}{16}$	$\frac{12}{16}$	𝅗𝅥.	♪.

Questionnaire.

1425. Quelle est la mesure composée correspondant à la mesure à 2/2 ?
1426. Quelle est la mesure composée correspondant à la mesure à 2/8 ?
1427. Quelle est la mesure composée correspondant à la mesure à 3/2 ?
1428. Quelle est la mesure composée correspondant à la mesure à 3/8 ?
1429. Quelle est la mesure composée correspondant à la mesure à 4/1 ?
1430. Quelle est la mesure composée correspondant à la mesure à 4/4 ?
1431. Quelle est la mesure simple correspondant à la mesure à 6/2 ?
1432. Quelle est la mesure simple correspondant à la mesure à 9/8 ?
1433. Quelle est la mesure simple correspondant à la mesure à 12/4 ?
1434. Quelle est la mesure simple correspondant à la mesure à 9/2 ?
1435. Quelle est la mesure simple correspondant à la mesure à 6/8 ?
1436. Quelle est la mesure simple correspondant à la mesure à 12/16 ?

Exercices à deux et trois voix. (à solfier)

f
Dimin.
p
p
p
p
Cresc.
3
f
Dimin.
p
A. H. CHELARD.
Andante.
1er Dessus.
2e Dessus.
3e Dessus.
p
Cresc.
p
Cresc.
f
f

Dimin.
p
Dimin.
p

LA FORÊT.

Maestoso.
1re Partie.
mf
1. Fo - rêt! Fo-rêt! au front altier, De tes frondai-sons
2. Fo - rêt! Fo-rêt! en é - tendant Tes pro-fondes ra -
3. Tu meurs, hélas! triste aujourd'hui Sous le choc des co -
2e Partie.
mf
1. Fo - rêt! Fo-rêt! au front altier, De tes frondai-sons
2. Fo - rêt! Fo-rêt! en é - tendant Tes pro-fondes ra -
3. Tu meurs, hélas! triste aujourd'hui Sous le choc des co -
3e Partie.
mf
1. Fo - rêt! Fo-rêt! au front altier, De tes frondai-sons
2. Fo - rêt! Fo-rêt! en é - tendant Tes pro-fondes ra -
3. Tu meurs, hélas! triste aujourd'hui Sous le choc des co -

ver-tes, Quand tu cachais le monde entier, La terre é-tait cou -
-ci - nes, Tu re - couvrais, ta - pis gé-ant, La plaine et les col -
-gné - es. Et les oiseaux trou - blés ont fui Tes branches dé - chi -
ver-tes, Quand tu cachais le monde entier, La terre é-tait cou -
-ci - nes, Tu re - couvrais, ta - pis gé-ant, La plaine et les col -
-gné - es. Et les oiseaux trou - blés ont fui Tes branches dé - chi -
ver-tes, Quand tu cachais le monde entier, La terre é-tait cou -
-ci - nes, Tu re - couvrais, ta - pis gé-ant, La plaine et les col -
-gné - es. Et les oiseaux trou - blés ont fui Tes branches dé - chi -

Cresc.

-ver - te! Fo - rêt, a - sile hos - pi - ta - lier, Quand tes taillis, quand
- li - nes. Du front de tes ar - bres puissants, Tu touchais au ciel
- ré - es! I - vre de jour, l'homme a détruit Tes fourrés pleins d'om -

Cresc.

-ver - te! Fo - rêt, a - sile hos - pi - ta - lier, Quand tes taillis, quand
- li - nes. Du front de tes ar - bres puissants, Tu touchais au ciel
- ré - es! I - vre de jour, l'homme a détruit Tes fourrés pleins d'om -

Cresc.

-ver - te! Fo - rêt a - sile hospi - ta - lier, Quand tes taillis, quand
- li - nes. Du front de tes arbres puissants, Tu touchais au ciel
- ré - es! I - vre de jour, l'homme a détruit Tes fourrés pleins d'om -

f *mf* *Rall.*

tes halliers, Ve - naient cacher le monde entier Sous leurs frondaisons ver - tes!
é - cla - tant, Fo - rêt! Fo - rêt! en recouvrant La plaine et les col - li - nes.
- bre et de nuit. Hé - las! tu meurs triste aujourd'hui Sous le choc des co - gné - es!

f *mf* *Rall.*

tes halliers, Ve - naient cacher le monde entier Sous leurs frondaisons ver - tes!
é - cla - tant, Fo - rêt! Fo - rêt! en recouvrant La plaine et les col - li - nes.
- bre et de nuit. Hé - las! tu meurs triste aujourd'hui Sous le choc des co - gné - es!

f *mf* *Rall.*

tes halliers, Ve - naient cacher le monde entier Sous leurs frondaisons ver - tes!
é - cla - tant, Fo - rêt! Fo - rêt! en recouvrant La plaine et les col - li - nes.
- bre et de nuit. Hé - las! tu meurs triste aujourd'hui Sous le choc des co - gné - es!

P.G.

Devoir.

Copiez cet exercice et indiquez les syncopes avec leur genre.

CINQUANTE-QUATRIÈME LEÇON.

§ 1. Dans une mesure simple ou composée, **chaque temps fort ou faible** peut se subdiviser lui-même en deux ou trois parties: **deux** pour les **mesures simples** et **trois** pour les **mesures composées**.

C'est ce qu'on appelle **la décomposition d'un temps.** [a]

§ 2. Pour décomposer un temps, en battant la mesure; il faut, après le temps, marquer un ou deux petits mouvements subordonnés à ce même premier temps.

La première partie de ces subdivisions est toujours, par rapport à l'autre ou aux autres, une partie forte.

Ex.

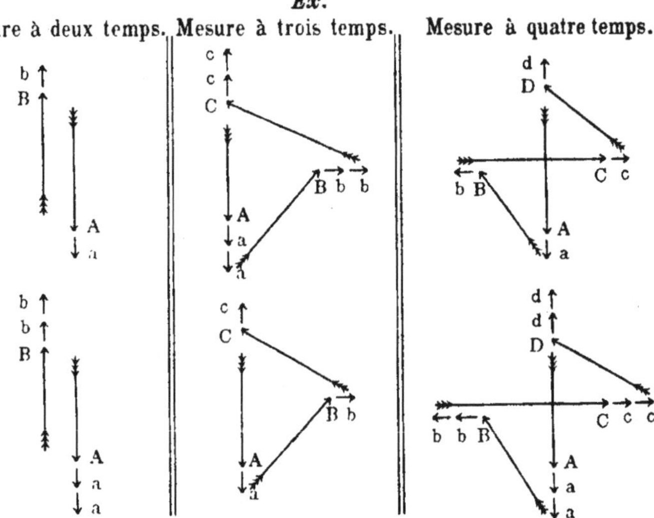

Mesure à deux temps.
Mesure à trois temps.
Mesure à quatre temps.
b B A a
b b B A a a
c c C B b b A a a
c C B b A a
d D C c b B A a
d d D C c c b b B A a a

Questionnaire.

1437. En quoi consiste la décomposition d'un temps? — *1438.* En combien de fractions peut se subdiviser chaque temps d'une mesure simple? — *1439.* En combien de fractions peut se subdiviser chaque temps d'une mesure composée? — *1440.* En quelle circonstance la décomposition de la mesure est-elle nécessaire? — *1441.* Quel est son but? — *1442.* Quelle est la tierce majeure de Ré? — *1443.* Quelle est la quinte diminuée de Si? — *1444.* Quelle est la septième majeure de Sol? — *1445.* Quelle est la sixte majeure de La? — *1446.* Quelle est la septième diminuée de Si dièse? — *1447.* Quelle est la médiante en La bémol majeur? — *1448.* Quelle est la médiante en Ré bémol majeur?

(a) La décomposition de la mesure n'a lieu, ordinairement, que dans un mouvement lent: son but est de bien affermir le rythme.

Exercice à trois voix. (à solfier)

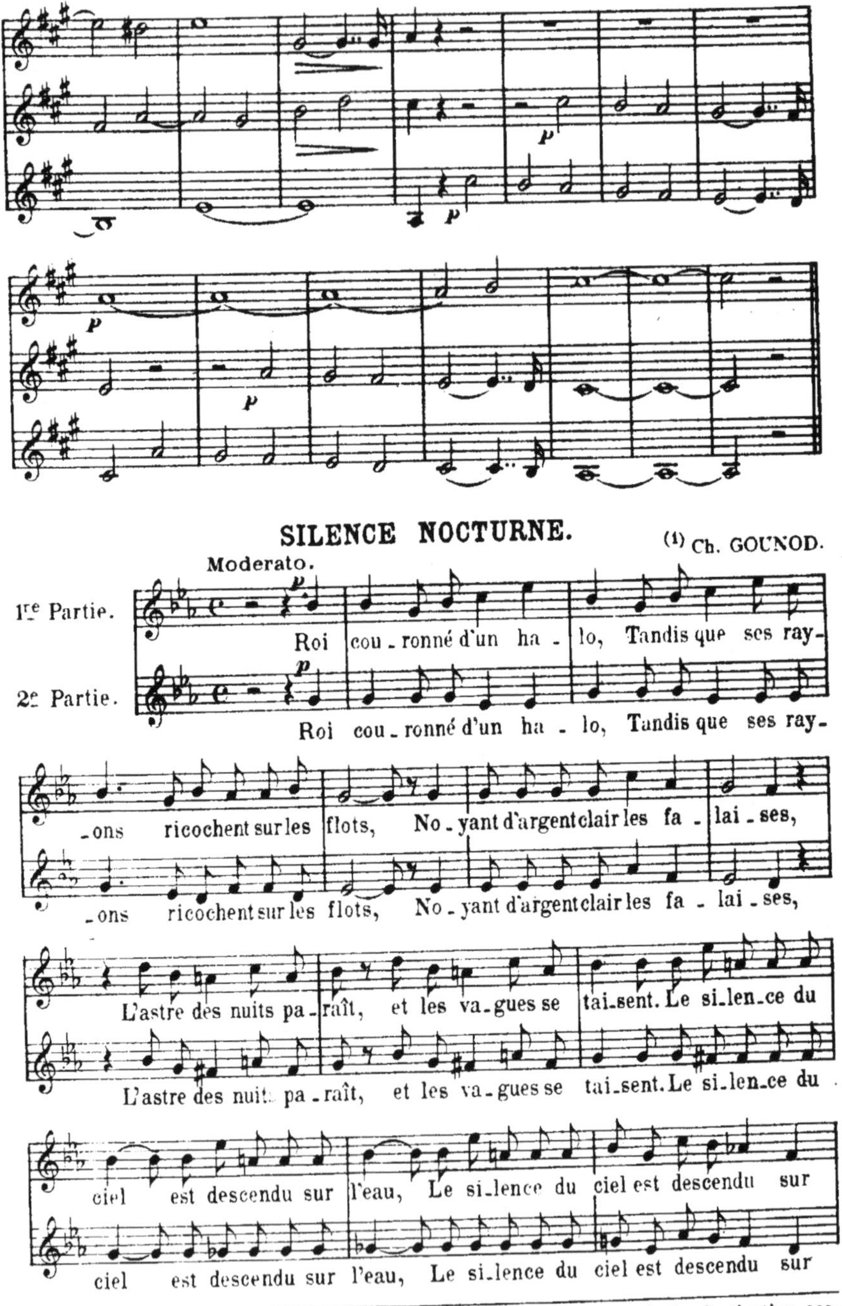
SILENCE NOCTURNE.
(1) Ch. GOUNOD.
Moderato.
1re Partie.
2e Partie.
p
Roi cou_ronné d'un ha_lo, Tandis que ses ray_ons ricochent sur les flots, No_yant d'argent clair les fa_lai_ses,
L'astre des nuits pa_raît, et les va_gues se tai_sent. Le si_len_ce du ciel est descendu sur l'eau, Le si_lence du ciel est descendu sur

(1) Ce chœur dont les paroles ont été modifiées en raison de la destination scolaire de l'ouvrage, est un fragment de l'opéra "Polyeucte".

l'eau Le si_len_ce du ciel tout bas est des_cen_du sur l'eau. Les
l'eau Le si_len_ce du ciel tout bas est des_cen_du sur l'eau. Les
vagues, blanches de lu_ne, L'une après l'u_ne, Sous le ciel froid, L'une a_près
vagues, blanches de lu_ne, L'une après l'u_ne, Sous le ciel froid, L'une a_près
l'u_ne Taisent leurs voix. Roi cou_ronné d'un ha_lo, Tandis que ses ray_
l'u_ne Taisent leurs voix. Roi cou_ronné d'un ha_lo, Tandis que ses ray_
_ons ri_cochent sur les flots, No_yant d'argent clair les fa_lai_ses,
_ons ri_cochent sur les flots, No_yant d'argent clair les fa_lai_ses,
L'astre des nuits pa_raît et les va_gues se tai_sent. Le si_len_ce du
L'astre des nuits pa_raît et les va_gues se tai_sent. Le si_len_ce du
ciel est descendu sur l'eau, Le si_len_ce du ciel est des_cendu sur
ciel est descendu sur l'eau, Le si_len_ce du ciel est des_cendu sur
l'eau, Le si_len_ce du ciel tout bas est des_cendu sur l'eau.
l'eau. Le si_len_ce du ciel tout bas est des_cendu ur l'eau.
p
P.G.

Devoir.

Indiquez dans l'exercice suivant les contretemps égaux et les contretemps inégaux.

CINQUANTE-CINQUIÈME LEÇON.

§ 1. Nous savons déjà que deux tons, l'un **majeur**, l'autre **mineur**, ayant une **même armature**, se nomment **tons relatifs**.

§ 2. Chaque **ton majeur** a son **relatif mineur** placé à une **3ce mineure inférieure**; et réciproquement, chaque **ton mineur** a son **relatif majeur** placé à une **3ce mineure supérieure**.

Ex.

§ 3. Deux gammes relatives ne diffèrent l'une de l'autre que par la note sensible du ton mineur (qui n'est autre que la dominante altérée du ton majeur), et par la position de leurs notes.

§ 4. Pour former la gamme relative mineure d'une gamme majeure, il faut placer la tonique du ton mineur une tierce mineure plus bas que celle du ton majeur, puis élever la dominante du ton majeur pour en faire la note sensible du ton mineur. Réciproquement, pour former la gamme relative majeure d'une gamme mineure, il faut placer la tonique du ton majeur une tierce mineure plus haut que celle du ton mineur, puis , abaisser la note sensible du ton mineur pour en faire la dominante du ton majeur.

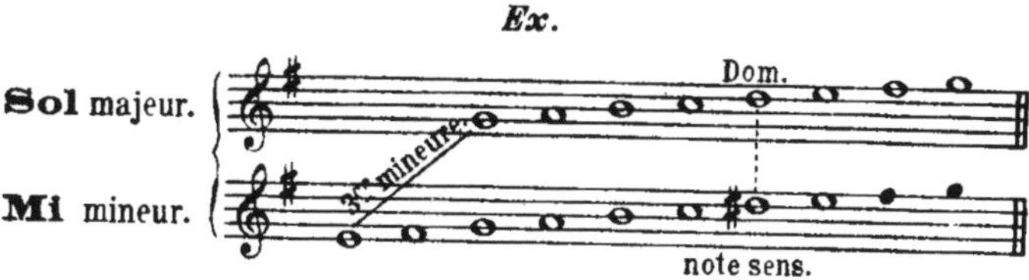

Questionnaire.

1449. A quel intervalle deux tons relatifs sont ils placés l'un de l'autre? — *1450.* En quoi deux gammes relatives diffèrent-elles l'une de l'autre? — *1451.* Quel est le ton relatif de Ré majeur? — *1452.* Quel est le ton relatif de Fa majeur? — *1453.* Quel est le ton relatif de La mineur? — *1454.* Quelle est la gamme mineure ayant Mi dièse comme note sensible? — *1455.* Quelle est la gamme majeure ayant Mi naturel comme dominante? — *1456.* Quel est le relatif du ton mineur ayant Mi bémol comme médiante? — *1457.* Quelles sont les mesures ayant une noire comme tiers de temps? — *1458.* Quelles sont les gammes qui ont Mi comme sous-dominante? — *1459.* Quel est l'intervalle simple de la douzième? — *1460.* Quel est le renversement de l'intervalle se composant de deux demi-tons diatoniques.

Exercices. (à solfier)

Moderato.
R. M.
L'ENFANCE.
B. KLEIN.
Moderato.
1re Partie.
2e Partie.
3e Partie.
mf
1. Le bon_heur et l'in_no_cen_ce Sont les biens tant a_do_
2. L'enfance est trop tôt ra_vi_e A nos es_poirs enchan_
_rés Que nous a donnés l'En_fan_ce, Ce beau pa_pil_lon do_
_tés. C'est le printemps de la vi_e Au_quel suc_cè_de l'é_
Cresc.
f

20

Devoir.

Ecrivez en clef de **Fa 4e ligne** les gammes **relatives mineures** ascendantes et descendantes de **Sol, La, Si ♭** et **Mi ♭ majeur**.— Mesure à quatre-quatre une note par mesure (en tout quinze notes par gamme).

CINQUANTE-SIXIÈME LEÇON.

§ **1**. La gamme mineure peut être pratiquée sous une troisième forme. Elle y prend le nom de **gamme mineure à deux demi-tons**.

§ **2**. Dans cette gamme, le 6e et le 7e degrés sont élevés, en montant, d'un demi-ton chromatique par une altération accidentelle; en descendant, ces deux altérations disparaissent.

Ex. 

§ 3. Les demi-tons sont placés du 2e au 3e degré, et du 7e au 8e en montant; du 6e au 5e, et du 3e au 2e en descendant.

§ 4. Dans la gamme mineure **descendante** à deux demi-tons, le **septième degré** étant placé à **un ton de la tonique**, prend le nom de **sous-tonique**.

Donc, en descendant, les notes modales de cette gamme sont: la **médiante**, la **sus-dominante** et la **sous-tonique**.

Questionnaire.

1461. Nommez les degrés entre lesquels sont placés les demi-tons dans la gamme mineure à deux demi-tons. — *1462.* Que remarquez-vous de particulier à la gamme mineure à deux demi-tons par rapport à la gamme mineure ordinaire? — *1463.* Dans la gamme mineure descendante à deux demi-tons, quel nom donne-t-on au septième degré? — *1464.* Quelle est la sous-tonique du ton de Ré mineur? — *1465.* Quelle est la sous-tonique du ton de Si mineur? — *1466.* Quelle est la note sensible du ton de Si mineur? — *1467.* Quelles sont, en descendant, les notes modales de la gamme d'Ut mineur à deux demi-tons? — *1468.* A quelle figure de note équivaut le second point placé après une blanche? — *1469.* Combien y a-t-il de tierces différentes? — *1470.* Le troisième point placé après une note vaut une ♪, quelle est la valeur de cette note? — *1471.* Formez avec la note Ut dièse quatre demi-tons différents? — *1472.* Quel est le tétracorde supérieur de la gamme mineure qui a Fa dièse comme sus-tonique?

Exercices à deux et trois voix. (à solfier)

Grazioso.
Grazioso.
p
p
p
p
p
f
Agitato.
A. H. CHELARD.
1er Dessus.
2e Dessus.
3e Dessus.

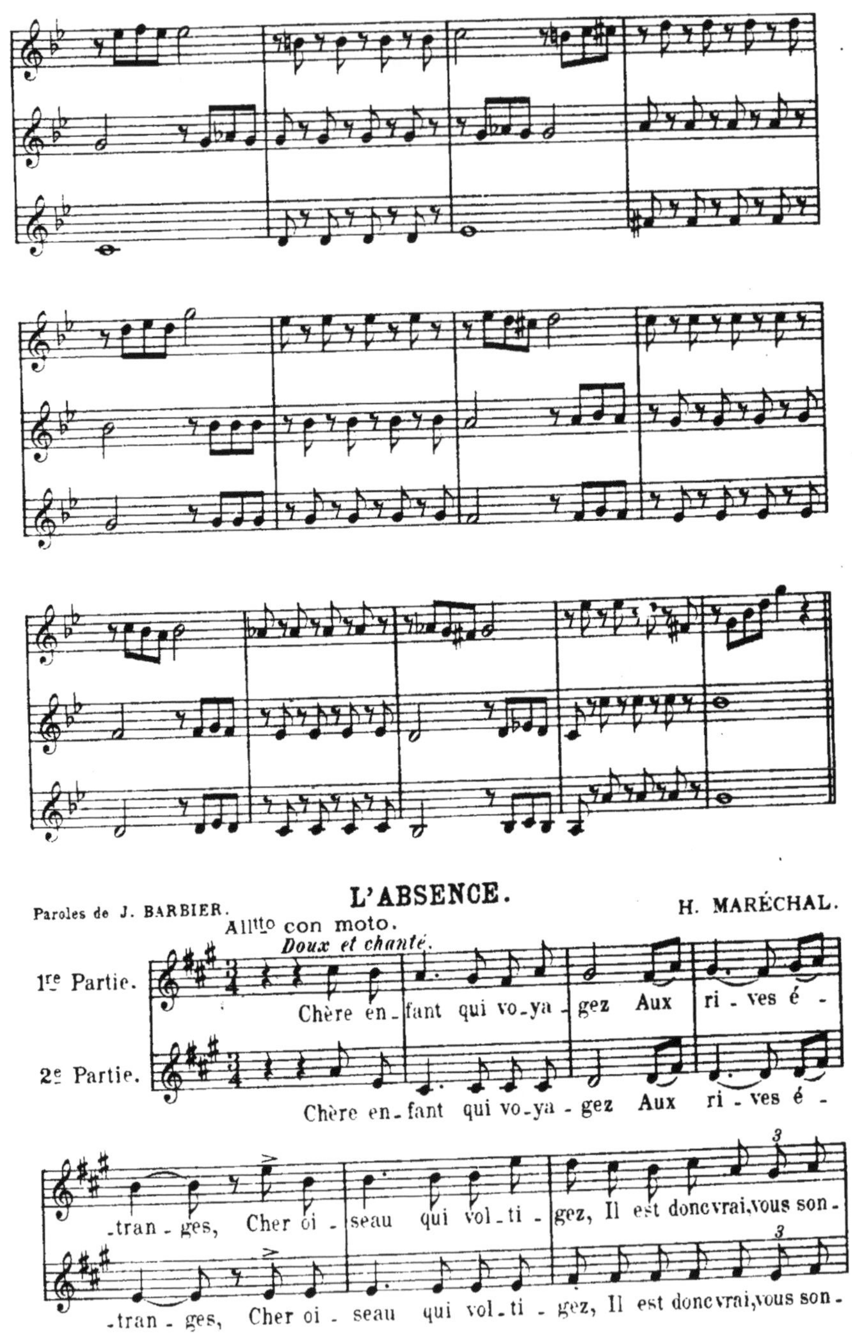
L'ABSENCE.
Paroles de J. BARBIER.
H. MARÉCHAL.
Allto con moto.
Doux et chanté.
1re Partie.
2e Partie.
Chère en_fant qui vo_ya_gez Aux ri_ves é_
Chère en_fant qui vo_ya_gez Aux ri_ves é_
_tran_ges, Cher oi_seau qui vol_ti_gez, Il est donc vrai, vous son_
_tran_ges, Cher oi_seau qui vol_ti_gez, Il est donc vrai, vous son_

-gez Au toit de vos an-ges? Ah! qu'il s'est empli pour nous D'un dé-
-gez Au toit de vos an-ges? Ah! qu'il s'est empli pour nous D'un dé-
Cresc.
f Riten.
-goût ex-trê-me! Que les jours y sont moins doux, Et qu'il y fait froid sans
Cresc.
f Riten.
-goût ex-trê-me! Que les jours y sont moins doux, Et qu'il y fait froid sans
Dolce.
vous, Belle en-fant que j'ai - - me!
Dolce.
Dimin.
vous, Belle en-fant que j'ai - me! Comme au-tre-
Poco riten.
Tempo.
Ah! re - - viens
p Mais en dehors.
-fois Ah! re-viens a-vant l'é-té La mort sur son ai-le Em-
a - vant l'é - té! Que
-porte en l'é-ter-ni-té La jeu-nesse et la beau-té, O toi jeune et bel-le! Que
Cresc.
la fri-leu-se sai-son Vers nous te ren-voi-e; L'o-rage est à l'hori-
Cresc.
la fri-leu-se sai-son Vers nous te ren-voi-e; L'o-rage est à l'hori-
f Riten.
-zon Mais le seuil de la mai-son Va bondir de joi - -
f Riten.
-zon Mais le seuil de la mai-son Va bon-dir de joi-

Devoir.

Ecrire les gammes mineures à deux demi-tons suivantes: **Ré mineur**, **Mi mineur**, **Si mineur** et **Fa ♯ mineur**. — Mesure **C**, une note par mesure (en tout quinze notes par gamme). — Indiquer les demi-tons dans chaque gamme.

CINQUANTE-SEPTIÈME LEÇON.

§ 1. Les **tons voisins** sont ceux qui diffèrent l'un de l'autre par une altération constitutive. Ils sont ainsi nommés par ce que, se suivant immédiatement dans l'ordre de la génération des tons, ils ont entre eux un rapport direct.

§ 2. **Chaque ton**, majeur ou mineur, a toujours **cinq tons voisins**: *1º* son relatif, *2º* les deux tons se trouvant l'un à sa 5te juste supérieure, l'autre à sa 5te juste inférieure, *3º* les relatifs de ces deux derniers.

Ex.

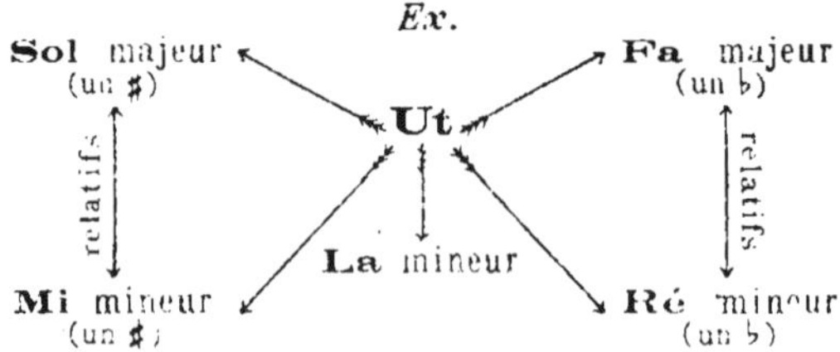

2004

autre Ex.

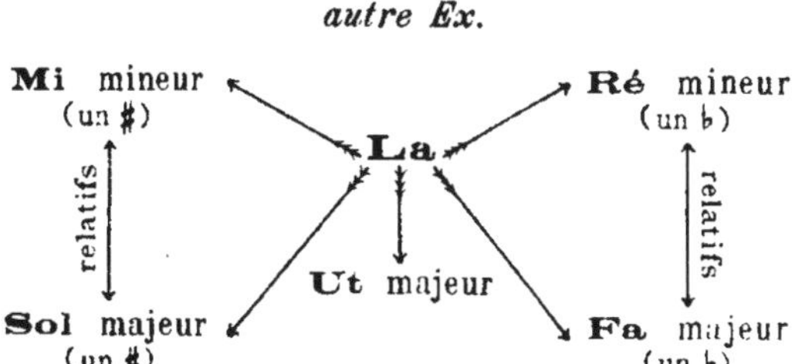

§ 3. En rangeant les tons (par quintes) dans leur ordre naturel comme c'est fait dans le tableau ci-dessous, les rapports de voisinage sont perceptibles au premier coup d'œil.

	Bémols.								*Dièses.*						
	7	*6*	*5*	*4*	*3*	*2*	*1*	*0*	*1*	*2*	*3*	*4*	*5*	*6*	*7*
Majeurs	Ut ♭	sol ♭	ré ♭	la ♭	mi ♭	si ♭	fa	Ut	sol	ré	la	mi	si	fa ♯	Ut ♯
Mineurs	la ♭	mi ♭	si ♭	fa	ut	sol	ré	la	mi	si	fa ♯	ut ♯	sol ♯	ré ♯	la ♯

Questionnaire.

1473. **Combien un ton, majeur ou mineur, peut-il avoir de tons voisins? Quels sont-ils? — *1474.* Quels sont les tons voisins du ton de Ré majeur? — *1475.* Quels sont les tons voisins du ton de Sol mineur? — *1476.* Quelle est la dominante en Sol bémol majeur? — *1477.* Quelle est la médiante en Sol bémol majeur? — *1478.* Quelle est la note sensible en Si mineur? — *1479.* Quelle est la sous-tonique en Si mineur? — *1480.* Quelle est la sus-dominante en Si majeur? — *1481.* Quelles sont les notes tonales en Mi majeur? — *1482.* Quelles sont les notes modales en Ut majeur? — *1483.* Quelle est l'armature du ton synonyme de Do bémol majeur? — *1484.* Chiffrer cette mesure:** 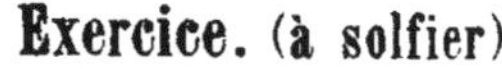 ?

Exercice. (à solfier)

p
f
p
f
f
Cresc.
sf
mf
Dimin.
A piacere.
R. M.
Andantino.
1r Dessus.
2e Dessus.
3e Dessus.

LA PLUIE.

MENDELSSOHN.

Andante.
1re Partie.
2e Partie.
3e Partie.
p
mf
1. Sen - tant ve-nir la plui - e Se mor - fond et se
2. Pour - tant à la même heu - re, Là - bas, le pa - y -
3. Ain - si, quoiqu'on en - du - re, Il ne faut blamer

Cresc.
f
Dim.
plaint Tout haut le ci - ta - din Que tout re-tard en -
-san Est heu - reux et con - tent Au fond de sa de -
rien, Car tout mal est un bien, En - fants, dans la na -

mf
-nui - e, Que tout re - tard en - nui - e.
-meu - re Au fond de sa de - meu - re.
-tu - re, En - fants, dans la na - tu - re.

P.G.

Devoir.

Copiez l'exercice suivant, mettez les barres de mesures et les chiffres indicateurs. En tout seize mesures.

Indiquez les différentes modulations.

CINQUANTE-HUITIÈME LEÇON.

§1. Après la gamme de Fa ♯ mineur, viennent celles de: **Do ♯ mineur** (relative de Mi majeur) qui a **quatre** dièses à l'armature; **Sol ♯ mineur** (relative de Si majeur) qui en a **cinq**; **Ré ♯ mineur** (relative de Fa ♯ majeur) qui en a **six**; et **La ♯ mineur** (relative de Do ♯ majeur) qui en a **sept**. [a]

§2. Ces quatre dernières gammes sont baties sur le même plan que les autres gammes mineures dièsées; pour les établir, il suffit de mettre à l'armature de chacune d'elles, les altérations nécessaires à leur formation.

GAMME de **Do dièse mineur.**

GAMME de **Sol dièse mineur.**

GAMME de **Ré dièse mineur.**

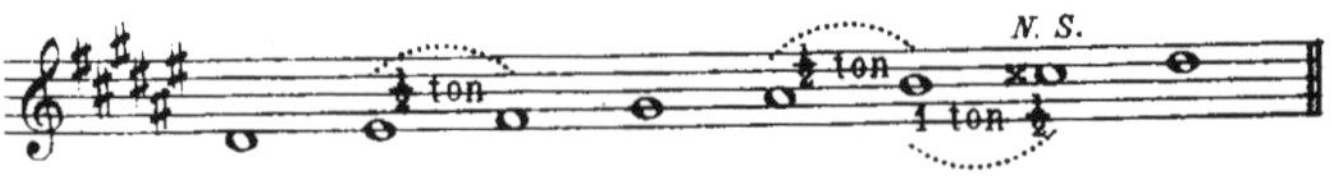

[a] On se rappelle que toute gamme mineure contient, à l'armature, le même nombre d'altérations que son relatif majeur, et vice-versa.

GAMME de **La dièse mineur.**

Questionnaire.

1485. Quelle est la gamme relative de Mi majeur? — *1486.* Quelle est la gamme relative de Si majeur? — *1487.* Quelle est la gamme relative de Fa dièse majeur? — *1488.* Quelle est la gamme relative de Do dièse majeur? — *1489.* Quelle est l'armature du ton de Si majeur? — *1490.* Quelle est l'armature du ton de La dièse mineur? — *1491.* Quelle est l'armature du ton de Fa dièse majeur? — *1492.* Quelle est l'armature du ton de Do mineur? — *1493.* Quelle est la note sensible du ton de Ré dièse mineur? — *1494.* Quelle est la sous-tonique du ton de La dièse mineur? — *1495.* Quelle distance y a-t-il entre la médiante d'Ut mineur, et la note sensible de Fa majeur? — *1496.* Quelle est la plus petite mesure à quatre temps?

GAMME en **Ut♯,** mode mineur.

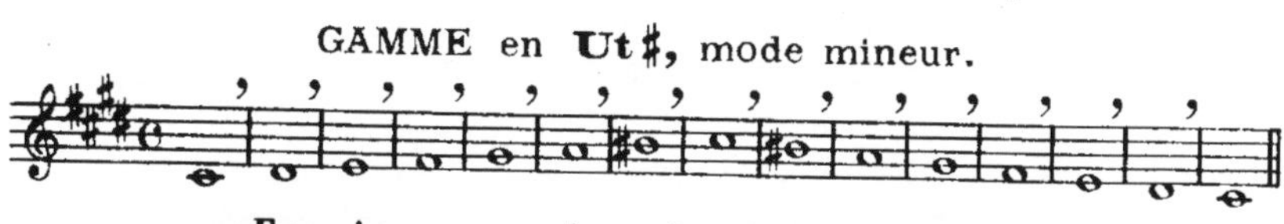

Exercice en Ut♯, mode mineur. (à solfier)

GAMME en **Sol♯,** mode mineur.

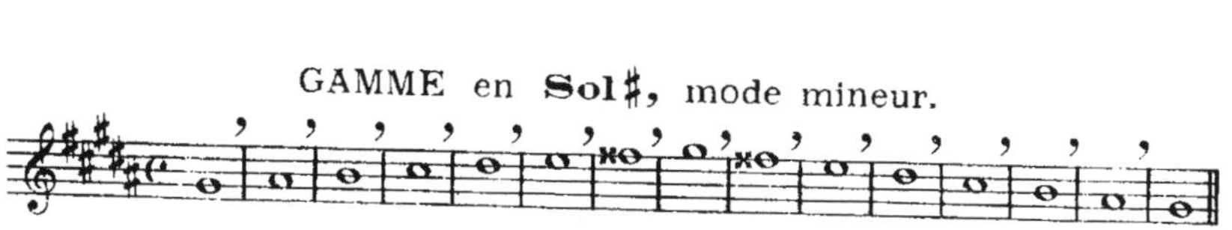

Exercice en Sol♯, mode mineur. (à solfier)

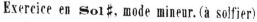

GAMME en **Ré♯**, mode mineur.

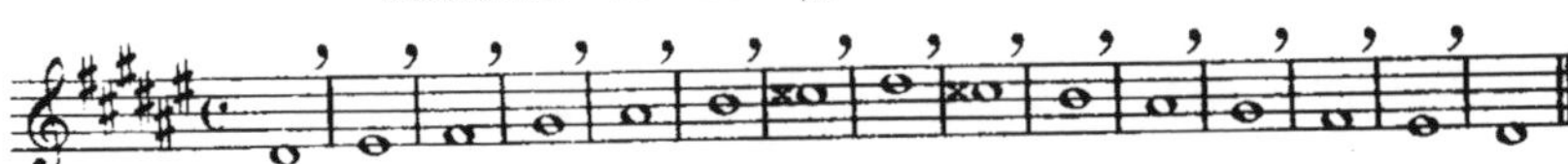

Exercice en **Ré♯**, mode mineur. (à solfier)

GAMME en **La♯**, mode mineur.

Exercice en **La♯**, mode mineur. (à solfier)

Paroles de
Paul GRAVOLLET.

RONDE D'ENFANTS.

(1) H. LUTZ.

(1) **Lutz** (Henri) Compositeur de musique né à Biarritz.

Devoir.

Ecrivez: mesure **C** une note par mesure. En tout quinze notes par gamme. — **Clef de Sol**, gammes ascendantes et descendantes d'**Ut ♯ mineur** et **Sol ♯ mineur**. — Clef de **Fa 4e ligne**, gammes ascendantes et descendantes de **Ré ♯ mineur** et **La ♯ mineur**.

CINQUANTE-NEUVIÈME LEÇON.

§1. Après la gamme de Do mineur viennent celles de: **Fa mineur** (relative de La♭ majeur) qui a **quatre bémols à l'armature; Si ♭ mineur** (relative de Ré♭ majeur) qui en a **cinq; Mi ♭ mineur** (relative de Sol ♭ majeur) qui en a **six**; et **La♭ mineur** (relative de Do♭ majeur) qui en a **sept**.

§2. Leur système de formation est le même que pour les gammes dièsées. Les altérations placées à l'armature suffisent à les établir. [a]

GAMME de **Fa mineur.**

[a] En résumé, les gammes mineures dièsées et bémolisées ne sont que des transpositions de la gamme de La mineur.

GAMME de **Si bémol mineur.**

GAMME de **Mi bémol mineur.**

GAMME de **La bémol mineur.**

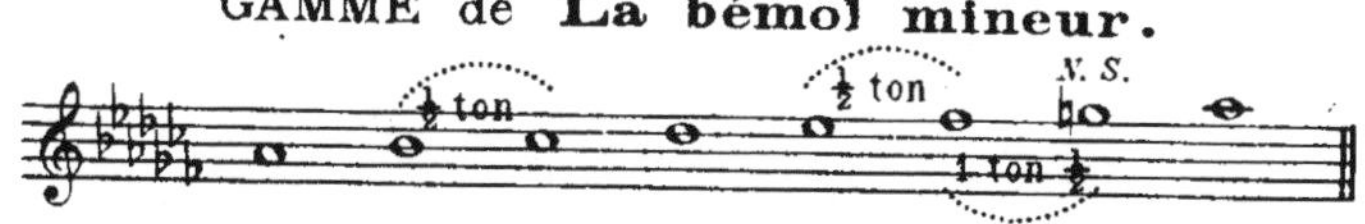

Questionnaire.

1497. Quelle est la gamme ayant Mi bécarre comme note sensible? Quelle est son armature? — *1498.* Dans quelle gamme rencontre-t-on La bécarre comme note sensible? Quels sont les deux derniers bémols de l'armature de cette gamme? — *1499.* Quelle est la gamme mineure ayant La bémol comme sous-dominante? Quel est le dernier bémol de l'armature de cette gamme? — *1500.* Quelle est la dernière gamme mineure bémolisée? Nommez les notes tonales de cette gamme? — *1501.* Quelles sont les notes modales du ton de Mi bémol mineur? — *1502.* Quel est le tétracorde inférieur d'une gamme mineure prenant cinq dièses à l'armature? — *1503.* Quel est le tétracorde supérieur d'une gamme majeure prenant six bémols à l'armature? — *1504.* Que faut-il ajouter à une quarte juste pour en faire une sixte mineure? — *1505.* Quel est l'intervalle contenant 13 commas? — *1506.* Quel est le renversement de l'intervalle contenant 8 commas? — *1507.* De combien de commas se compose le renversement de la sixte mineure? — *1508.* Chiffrer cette mesure: ?

GAMME de **Fa,** mode mineur.

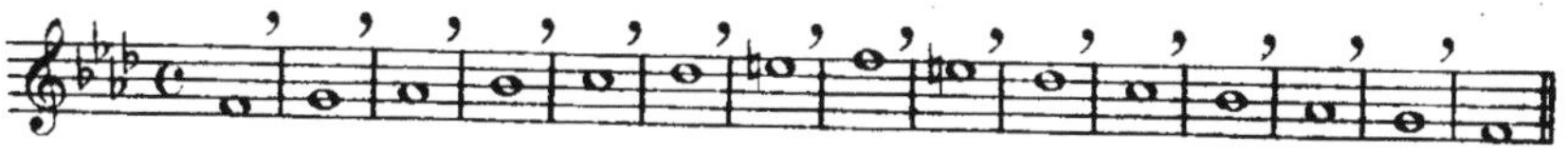

Exercice en **Fa,** mode mineur. (à solfier)

GAMME en Si♭, mode mineur.

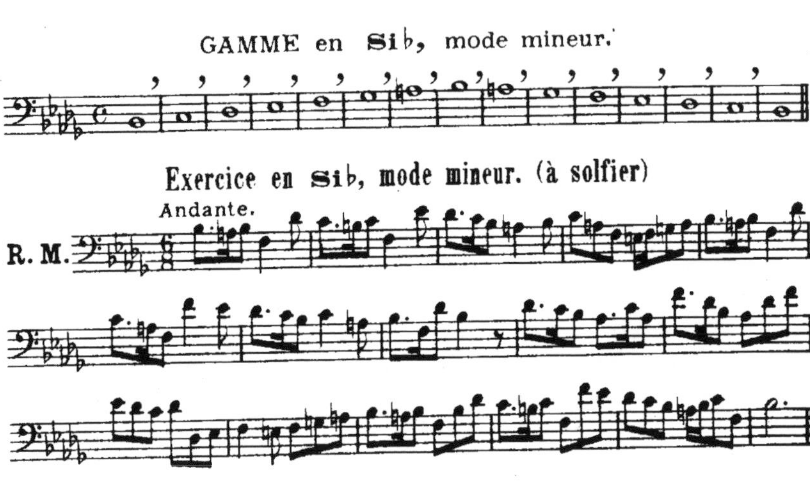

GAMME de Mi♭, mode mineur.

GAMME en La♭, mode mineur.

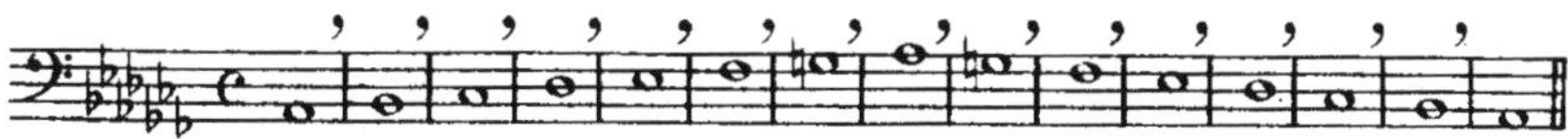

Exercice en La♭, mode mineur. (à solfier)

Lent.
R. M.

SOLEIL.

Maestoso.
MÉHUL.
1re Partie.
p
1. Har - di So - leil, qui nous don-ne la vi - e,
2. Heu - reux So - leil, quand tu ris, la tris - tes - se
3. So - leil fé - cond, pè - re des moissons blon - des,
2e Partie.
p
1. Har - di So - leil, qui nous don-ne la vi - e,
2. Heu - reux So - leil, quand tu ris, la tris - tes - se
3. So - leil fé - cond, pè - re des moissons blon - des,
3e Partie.
p
1. Har - di So - leil, qui nous don-ne la vi - e,
2. Heu - reux So - leil, quand tu ris, la tris - tes - se
3. So - leil fé - cond, pè - re des moissons blon - des,

Et la lu - mière et le jour. Dans tes ra - yons
S'é - loi - gne comme au ma - tin Fond la ro - sée,
Ver - se le jour dans nos yeux! Ré - pand tou - jours
Et la lu - mière et le jour. Dans tes ra - yons
S'é - loi - gne comme au ma - tin Fond la ro - sée,
Ver - se le jour dans nos yeux! Ré - pand tou - jours
Et la lu - mière et le jour. Dans tes ra - yons
S'é - loi - gne comme au ma - tin Fond la ro - sée,
Ver - se le jour dans nos yeux! Ré - pand tou - jours
pp
qui nous ri - ent Le bonheur vient il ac - court.
et nous lais - se Le cœur con - tent et se - rein.
sur le mon - de Tes ra_yons d'or ra - di - eux!
pp
qui nous ri - ent Le bonheur vient il ac - court.
et nous lais - se Le cœur con - tent et se - rein.
sur le mon - de Tes ra_yons d'or ra - di - eux!
pp
qui nous ri - ent Le bonheur vient il ac - court.
et nous lais - se Le cœur con - tent et se - rein.
sur le mon - de Tes ra_yons d'or ra - di - eux!

P.G.

Devoir.

Ecrivez les gammes suivantes: **Fa, Si♭, Mi♭, La♭ mineurs** (ascendantes et descendantes). — Mesure $\frac{6}{8}$, une note par mesure (en tout quinze notes par gamme). — Gamme de **Fa mineur**, clef d'Ut 1ère ligne. — Gamme de **Si♭ mineur**, clef d'Ut 2e ligne. — Gamme de **Mi♭ mineur**, clef d'Ut 3e ligne. — Gamme de **La♭ mineur**, clef d'Ut 4e ligne.

SOIXANTIÈME LEÇON.

§ **1.** La gamme chromatique majeure se forme d'une gamme diatonique ou l'on intercalle, partout où il y a l'espace d'un ton, une note altérée portant le nom de la note précédente. (a)

GAMME chromatique d'**Ut** majeur.

Ex.

§ **2**. Il peut donc y avoir autant de gammes chromatiques que de gammes diatoniques, c'est-à-dire quinze gammes majeures et quinze gammes mineures.

Pour former chacune des quinze gammes chromatiques majeures, le système est le même que pour la **gamme d'Ut** qu'on peut considérer comme étant la **gamme chromatique majeure modèle**.

GAMME chromatique de **Sol** majeur.

Ex.

GAMME chromatique de **Fa** majeur.

En résumé, **toute gamme chromatique majeure** n'est autre qu'une **transposition** de la **gamme chromatique modèle d'Ut majeur**.

Cette remarque peut être faite au sujet des **gammes chromatiques mineures**, qui ne sont également que des **transpositions** de la **gamme chromatique de La mineur**. (c)

(a) La gamme chromatique est donc formée en montant d'altérations ascendantes ou supérieures; et en descendant d'altérations descendantes ou inférieures.

(b) Nous indiquons ici cette façon de faire la gamme chromatique majeure, comme étant la plus simple à comprendre pour des débutants; mais dans la suite des études musicales, notamment en harmonie, cette gamme est susceptible de plusieurs ortographes.

Ex.

Ut majeur. (b) (b)

Sol majeur. (b) (b)

Fa majeur. (b) (b)

(c) Voir à la 68e Leçon.

Questionnaire.

1509. Comment forme-t-on la gamme chromatique majeure? — *1510.* Combien peut-il y avoir de gammes chromatiques majeures? — *1511.* Quel rapport y a-t-il entre les gammes chromatiques majeures dièsées ou bémolisées et la gamme chromatique d'Ut majeur. — *1512.* Donnez un exemple de chaque espèce de quintes en prenant Sol comme note inférieure? — *1513.* Que faut-il retrancher à une quarte augmentée pour en faire une tierce mineure? — *1514.* Que faut-il ajouter à une seconde augmentée pour en faire une quinte juste? — *1515.* Quelle est la valeur du soupir dans la mesure à $\frac{3}{2}$? — *1516.* Quelle est la quarte augmentée que l'on rencontre dans la gamme de Ré bémol majeur? — *1517.* Dans quelles gammes peut-on rencontrer la septième majeure: Do dièse, Si dièse? — *1518.* Que vaut le troisième point placé après une croche? — *1519.* Quelle est la sous-tonique de La dièse mineur? — *1520.* Quelle est la valeur de la double croche dans la mesure à $\frac{12}{8}$?

Exercice à trois voix. (à solfier)

Ch. GOUNOD.

L'HIVER.
Andante. 60 = ♩
E. PESSARD. (1)
1re Partie.
2e Partie.
p
Hou! hou! l'hiver qui s'emmi_touf_fle, De
Hou! hou! hou! hou! Hi_ver qui souf_fle, hi_ver!
neige et de fri_mas Se glisse en é_touf_fant ses
Neige et fri_mas, neige et fri_mas! E_touf_fant ses
Rallent. molto.
a Tempo.
pas Sous notre porte où le vent souf_fle Sous notre porte où le vent
pas Sous notre porte où le vent souf_fle
souffle hiver! Hiver, hi_ver au
Hi_ver, hi_ver! neige et fri_mas! Hiver, hi_ver au
f
mf
manteau tout blanc de nei_ge, Dans la maison qui nous pro_tè_ge
manteau tout blanc de nei_ge, Dans la maison qui nous pro_tè_ge

(1) **Pessard** (Emile-Louis-Fortuné) Compositeur Français né à Paris le 29 Mai 1843.

Simplement.
Riten.
a Tempo.
Bien a_bri_tés et bien cou_verts Nous bra_ve_rons, hou!
Nous bra - ve - rons, hou!
hou!
Tes durs frimas, hi - ver!
Un peu
Sans
hou! Tes durs frimas, hi - ver!
Sans
plus vite.
sou_ci de toi, la fa_mil - le Près du fo - yer, Sans
sou_ci de toi, la fa_mil - le Près du fo - yer, Sans
sou_ci de toi, la fa_mil - le Près du fo - yer A de
sou_ci de toi, la fa_mil - le Près du fo - yer
la joie aux yeux, a de la joie aux
A de la joie aux yeux, a de la
Cre - scen - do.
cœurs! Au fo_yer le feu clair pé - til - le. Bonheur, bonheur!
joie aux cœurs! Au fo_yer le feu clair pé - til - le. Bonheur, bonheur!
Reprenez peu à peu le mouvt du comment
c'est le bonheur! Bonheur, bonheur! c'est le bonheur! Hi_
c'est le bon_heur! Bonheur, bonheur! c'est le bon_

1º Tempo.
-ver! hiver mo-queur! Hi-ver! hiver! hiver! tout ton labeur Hi-ver! hi-
-heur! Bonheur! Hiver! hiver! hi - ver! tout ton la-beur Hi-
-ver! ne trouble point nos cœurs! Tu peux souffler contre la
-ver! hiver! ne trouble point notre cœur! Con - tre la
Rallent.. molto.
a Tempo.
por - te Tu peux sévir, que nous im - por - te! Hi-ver, hiver! tu peux ve-
por - te Tu peux sévir, que nous im - por - te!
-nir, hi-ver! Hi-ver, car la fa -
Oh! tu peux a jamais sé - vir Hi-ver, que la fa-mille heureuse,
-mille est as - sem - blé - e Et, s'u-nissant, s'est conso - lé - e
heu - reuse assemblé - e En s'u-nissant, s'est conso - lé - e
Dolce, simplement.
Riten.
a Tempo.
De tes coups brutaux et per - vers. Tu peux souf - fler, hi-ver!
Tu peux souf - fler, hi-
Allarg.
hiver! Tu peux sévir, hi - ver! hiver! hi - ver!
-ver! hi-ver! Tu peux sévir, hi-ver! hiver! hi - ver!

Devoir.

Ecrivez l'exercice suivant, en **clef de Sol**, mesure trois-quatre. — 1ère mesure, Do, Do♯, Ré, Mi, Fa, Fa♯, **croches** | 2e mesure, Sol, **blanche**, Do, **croche**, **silence** | 3e mesure, La, Si, Do, Do♯, Ré, Ré♯, **croches** | 4e mesure, Mi, Sol, Mi, **noires** | 5e mesure, Ré, Do♯, Do♮, Si, La, La♭, **croches** | 6e mesure, Sol, **croche**, **silences** | 7e mesure, **demi-soupir**, Sol, Fa♯, Fa♮, Mi, Ré, **croches** | 8e mesure, Do, **croche**, **demi-soupir**, Do **aigu**, **noire**, **soupir**, **point d'arrêt**.

SOIXANTE-ET-UNIÈME LEÇON.

§ **1**. Le triolet peut ne pas être formé de trois notes égales, mais la somme de valeurs qui le composent doit toujours correspondre à ces trois notes.

§ **2**. Les silences et le point peuvent également être employés dans un triolet; ils y conservent leur valeur habituelle.

Questionnaire.

1521. Le triolet est-il toujours formé de trois notes égales? — *1522.* Quels sont les signes de durée qui, en plus des notes, peuvent être employés dans le triolet? — *1523.* Comment indique-t-on le triolet? — *1524.* Combien la

---

(a) Le triolet peut également contenir un ou plusieurs triolets.

Ex.
Triolets naturels.
Triolets composés.

(b) Le triolet peut être considéré comme un temps de mesure composée intercalé dans une mesure simple:

(Carmen) BIZET.

mesure à $\frac{4}{4}$ peut-elle contenir de triolets de doubles croches? — *1525*. Quel est l'intervalle synonyme de la quinte augmentée? — *1526*. Quel est l'intervalle simple de la vingt-et-unième? — *1527*. Quel est l'intervalle simple de la vingt-neuvième? — *1528*. Quels sont les tons voisins de Ré majeur? — *1529*. Quels sont les tons voisins de Sol mineur? — *1530*. Quelles sont les notes modales en Si majeur? — *1531*. Quelles sont les notes tonales en Sol dièse mineur? — *1532*. Quelle est la mesure simple de la mesure à $\frac{9}{16}$?

Exercice à deux voix. (à solfier)

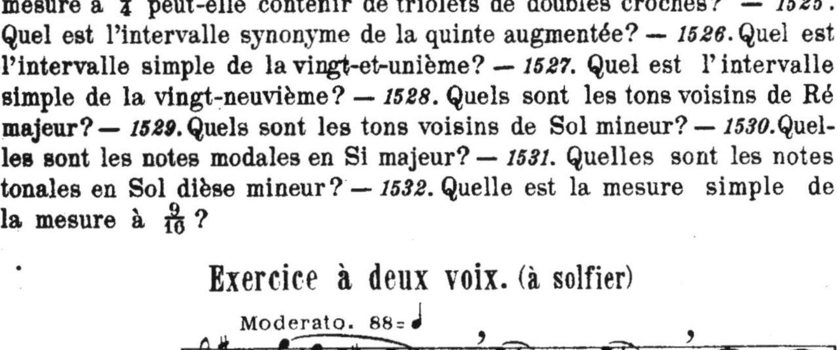

SOIR.

Andante. J. HAYDN.

1re Partie.
2e Partie.
3e Partie.
mf
1. La na_ture en_cor bai_gné_e De lu_mière et de cha_leur, A la fin de la jour_né_e A d'en_i_vran_tes sen_teurs. Parfums ra_res Qui s'é_ga_rent En flot_tant autour des
2. A la fin de la jour_né_e Quand le soir meurt sur les fleurs, La na_ture a_ban_don_né_e A de mou_ran_tes cou_leurs, Et de tein_tes Presque é_tein_tes Dans d'a_do_ra_bles pâ_
3. Le soir fait de tou_tes cho_ses, Des cou_leurs et des par_fums, Un tis_su de va_peur ro_se, Linceul d'ombre au jour dé_funt. Va_peur pâ_le Qui s'ex_ha_le Couvrant les cœurs un à
p
Cresc.

cœurs Parfums ra - res Qui s'é - ga - rent En flot - tant au - tour des cœurs.
- *leurs, Et des tein - tes Presque é - tein - tes Dans d'a - do - ra - bles pâ - leurs.*
un, Vapeur pâ - le Qui s'ex - ha - le Cou - vrant les cœurs un à un.
cœurs Parfums ra - res Qui s'é - ga - rent En flot - tant au - tour des cœurs.
- *leurs, Et des tein - tes Presque é - tein - tes Dans d'a - do - ra - bles pâ - leurs.*
un, Vapeur pâ - le Qui s'ex - ha - le Cou - vrant les cœurs un à un.
cœurs Parfums ra - res Qui s'é - ga - rent En flot - tant au - tour des cœurs.
- *leurs, Et des tein - tes Presque é - tein - tes Dans d'a - do - ra - bles pâ - leurs.*
un, Vapeur pâ - le Qui s'ex - ha - le Cou - vrant les cœurs un à un.

P.G.

Devoir

Recopiez cet exercice, mettez les chiffres indicateurs, les barres de mesure, et remplacez les triolets par deux notes. (en tout huit mesures).

Dites en quel ton est ce devoir, et solfiez sans chanter.

SOIXANTE-DEUXIÈME LEÇON.

§ 1. Chacune des trois notes d'un triolet peut, comme toute autre valeur, se diviser en deux moitiés; il en résulte un groupe de six notes égales, auquel on donne le nom de sextolet. [a]

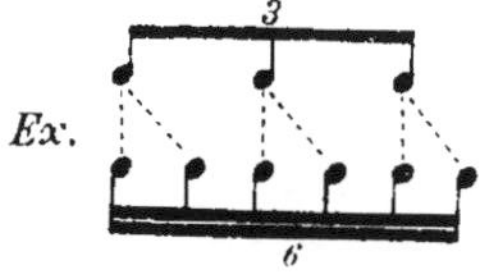
3
Ex.
6

Le sextolet est donc la division binaire de chaque note d'un triolet.

§ 2. On indique le sextolet par le chiffre *6* que l'on place au

[a] On donne quelquefois au sextolet le nom de sixain.

dessus ou au dessous du groupe de six notes dont il est composé.

Ex. 

Questionnaire.

1533. Qu'est-ce que le sextolet? — *1534.* Comment indique-t-on le sextolet? — *1535.* Combien quatre blanches peuvent-elles valoir de croches en sextolets? — *1536.* Combien la mesure à $\frac{3}{1}$ peut-elle contenir de sextolets de noires? — *1537.* Quels sont les tons où Ut peut-être sus-dominante? — *1538.* Quelle est la composition de la neuvième majeure? — *1539.* Quelle est la tierce augmentée de Ré? — *1540.* Quelle est la quinte diminuée de Si bémol? — *1541.* Quelle est la septième majeure de Sol dièse? — *1542.* Quel intervalle y a-t-il entre la tonique et la médiante d'une gamme mineure? — *1543.* Quel intervalle y a-t-il entre la médiante et la sus-dominante d'une gamme majeure? — *1544.* Quel est l'intervalle simple de la vingt-cinquième?

Exercice à trois voix. (à solfier)

A. MINÉ.

(b) Le sextolet peut ne pas être formé de six notes égales, mais la somme de valeurs qui le composent, doit toujours correspondre à ces six notes

Comme dans le triolet, les silences et le point peuvent également y être employés.

mf
mf
mf
Dim.
Dim.
p
p
p
Riten.
pp
Riten.
pp
Riten.
pp

MESSIDOR.

HAENDEL. (1)

(1) Haendel (Georg-Friedrich) né à Halle s/S. le 23 Février 1685, mort à Londres le 14 Avril 1759.

-meil, Fais croître et le-ver les ger-bes Dans le sang du so - leil!
-meil, Fais croître et le-ver les ger-bes Dans le sang du so - leil!
-meil, Fais croître et le-ver les ger-bes Dans le sang du so - leil!

P.G.

Devoir.

Copiez cet exercice, mettez les barres de mesure et les chiffres indicateurs. En tout huit mesures.

Dites en quel ton est ce devoir, et solfiez sans chanter.

SOIXANTE-TROISIÈME LEÇON.

§ 1. Le double triolet est la réunion en un seul groupe de deux triolets successifs

§ 2. On indique le double triolet par le chiffre *3* que l'on place au dessus ou au dessous de chaque groupe de trois notes dont il est formé.

Ex.  (a)

(a) Le double triolet peut, comme le triolet et le sextolet, ne pas être formé de six notes égales, mais la somme de valeurs qui le composent doit toujours correspondre à ces six notes. Comme dans le triolet et le sextolet, les silences et le point peuvent également y être employés.

Ex.

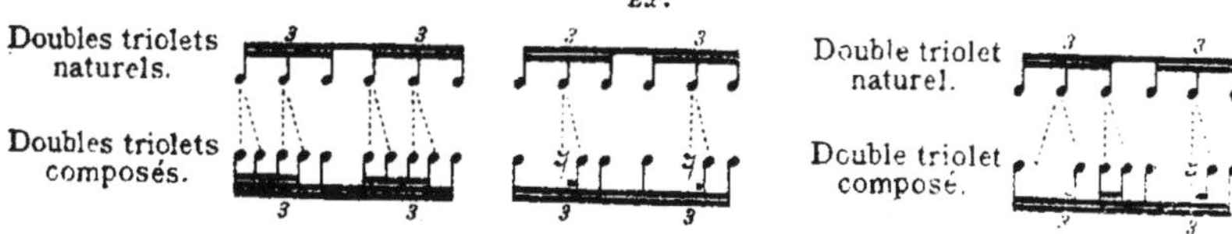
Doubles triolets naturels.
Doubles triolets composés.
Double triolet naturel.
Double triolet composé.

§ 3. On ne doit pas confondre le sextolet avec le double triolet :

1º Le sextolet est la division binaire d'un groupe ternaire;

Ex. 

et le double triolet est la division ternaire d'un groupe binaire.

Ex. 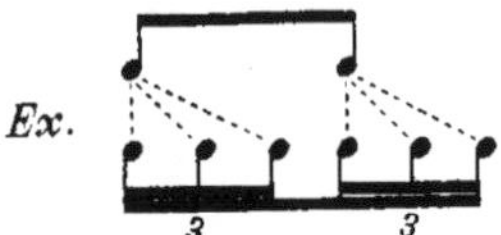

2º Les notes du sextolet s'accentuent de deux en deux:

Ex. 

et celles du double triolet de trois en trois:

Ex.  (b)

Questionnaire.

1545. Qu'est-ce que le double triolet? — *1546.* Quelle différence y a-t-il entre le sextolet et le double triolet? — *1547.* Doit-on accentuer le sextolet de la même manière que le double triolet? — *1548.* Comment indique-t-on le double triolet? — *1549.* Combien la mesure à $\frac{2}{4}$ contient de doubles croches en sextolets? En doubles triolets? — *1550.* Quelle est la note synonyme d'Ut dièse ? — *1551.* Quelle est la note synonyme de Ré dièse? — *1552.* Quelle est la note synonyme de Sol bémol? — *1553.* Quelle est la note synonyme de La bémol? — *1554.* Quel est l'intervalle synonyme de la seconde augmentée? — *1555.* En quel ton est-on quand on fait Sol double dièse avec sept dièses à l'armature? — *1556.* Quel est l'intervalle synonyme de la quinte sur-augmentée?

(b) Le triolet, le sextolet et le double triolet étant le produit de la division d'une valeur simple, ne peuvent donc être intercallés que dans une mesure simple.

Exercice à trois voix. (à solfier)

Ed. MILLAULT.

1º Tempo.
Poco rallent.
Poco rallent.
Largo.
LA GARDE PASSE. (1)
Paroles de FENOUILLOT FALBAIRE.
GRÉTRY.
Allegretto. 116 =
Cresc. poco a poco.
1re Partie.
2e Partie.
3e Partie.
La gar_de passe, il est minuit, Qu'on se re_tire, et
La gar_de passe, il est minuit, Qu'on se re_tire, et
La gar_de passe, il est minuit, Qu'on se re_tire, et

(1) Cette marche entière doit former un crescendo suivi d'un diminuendo figurés ainsi < >. Elle commence *pp* et le crescendo sera ménagé assez habilement pour que, bien gradué, il arrive au *ff* seulement au commencement de la deuxième reprise. Le diminuendo sera également ménagé de telle sorte qu'il n'arrive au *pp* qu'à la fin du morceau. Souvent on exécute ce morceau ainsi: après avoir chanté deux fois chaque reprise, on reprend le chœur entier en ne faisant plus entendre chaque reprise qu'une seule fois; le *ff* doit alors être reculé jusqu'au moment où l'on chante pour la seconde fois la deuxième reprise.

plus de bruit; La gar_de passe, et la voi_ci: Ren_trez en di_li_
plus de bruit; La gar_de passe, et la voi_ci: Ren_trez en di_li_
plus de bruit; La gar_de passe, et la voi_ci: Ren_trez en di_li_
_gence, O_bé_is_sez, faites si_len_ce, C'est la loi du ca_di.
_gence, O_bé_is_sez, faites si_len_ce, C'est la loi du ca_di.
_gence, O_bé_is_sez, faites si_len_ce, C'est la loi du ca_di.
ff
Dimin. poco a poco.
Qu'on se re_tire, et plus de bruit, La gar_de passe, il est mi_nuit. Plus
Qu'on se re_tire, et plus de bruit, La gar_de passe, il est mi_nuit. Plus
Qu'on se re_tire, et plus de bruit, La gar_de passe, il est minuit. Plus
de bruit, plus de bruit. Que tout se taise i_ci, Rentrez chez vous en di_li_
de bruit, plus de bruit. Que tout se taise i_ci, Rentrez chez vous en di_li_
de bruit, plus de bruit. Que tout se taise i_ci, Rentrez chez vous en di_li_
_gence, O_bé_is_sez, fai_tes si_len_ce, C'est la loi du ca_di.
_gence, O_bé_is_sez, fai_tes si_len_ce, C'est la loi du ca_di.
_gence, O_bé_is_sez, fai_tes si_len_ce, C'est la loi du ca_di.

Devoir.

Copiez l'exercice suivant, mettez les barres de mesure et les chiffres indicateurs. En tout huit mesures.

Dites en quel ton est cet exercice.

SOIXANTE-QUATRIÈME LEÇON.

§ **1.** Le **duolet** est un groupe de deux notes égales équivalant à trois notes ternaires de même figure que celles dont il est composé.

Ex.

La ronde pointée . . . . 𝅝.
qui vaut trois blanches . . . . 𝅗𝅥 𝅗𝅥 𝅗𝅥
n'en vaut plus que deux en duolet . . . 𝅗𝅥 2 𝅗𝅥

Ex.

La blanche pointée . . . . 𝅗𝅥.
qui vaut trois noires . . . . 𝅘𝅥 𝅘𝅥 𝅘𝅥
n'en vaut plus que deux en duolet . . . 𝅘𝅥 2 𝅘𝅥

Le duolet est donc la division binaire d'une valeur pointée. (1)

§ **2.** On indique le duolet par le chiffre *2* que l'on place au dessus ou au dessous du groupe de deux notes dont il est formé.

Ex. 𝅗𝅥 2 𝅗𝅥 𝅗𝅥 2 𝅗𝅥 𝅘𝅥 2 𝅘𝅥 𝅘𝅥𝅮 2 𝅘𝅥𝅮 𝅘𝅥 2 𝅘𝅥 𝅘𝅥𝅮 2 𝅘𝅥𝅮

Questionnaire.

1557. Qu'est-ce que le duolet? — *1558.* Comment indique-t-on le duolet? — *1559.* Combien la mesure à $\frac{9}{8}$ peut-elle contenir de croches

---

(1) Le duolet peut être considéré comme un temps de mesure simple intercalé dans une mesure composée.

en duolets? — *1560.* Combien la mesure à $\frac{3}{4}$ peut-elle contenir de croches en triolets? — *1561.* Quelles sont les qualifications de l'octave? — *1562.* Quelle est la quarte d'Ut? — *1563.* Quelle est la onzième d'Ut? — *1564.* Quelle est la dix-huitième d'Ut? — *1565.* Quelles sont les notes modales de Fa majeur? — *1566.* Quelles sont les notes modales de Fa mineur? — *1567.* Par quelle valeur peut-on représenter vingt-quatre doubles croches en triolets? — *1568.* Quel intervalle y a-t-il de la tonique à la sensible?

Exercices. (à solfier)

Dimin.
p
Poco rallent.
p
a Tempo.
p
p
1.
2.
Dolce e legato.
p
p
Smorz. e rallent.
pp
pp

LES ABEILLES.
Très modéré.
(1) A. REUCHSEL.
Avec grâce, doux et bien lié.
1re Partie.
2e Partie.
3e Partie.
p
Cresc.
1. Dès les premiers feux de l'au-ro-re Par les champs que le soleil do-re, Les a-beil-les s'en vont en tour-billons jo-yeux, Faisant dans les blés mûrs des contours graci-eux, des contours gra-ci-eux.
2. Sur les ca-li-ces des fleuret-tes Des blu-ets ou des pâque-ret-tes As-pi-rant à longs traits leur suc et leur o-deur, De tous cô-tés l'essaim bu-tine a-vec ar-deur Bu-tine a-vec ardeur.
3. Sans un instant de som-no-len-ce L'ac-tive a-beille avec vail-lan-ce Plus de cent fois re-vient au rus-ti-que ru-cher, Pour por-ter son tré-sor et vi-te le ca-cher, Pour le vi-te cacher.

(1) **Reuchsel** (Amédée) Professeur & Compositeur de musique, né à Lyon en 1875.

REFRAIN.
De l'aube au soir a - vec cou - ra - ge El - les pour - sui - vent
Div. ad lib.
De l'aube au soir a - vec cou - ra - ge El - les pour - sui - vent
De l'aube au soir a - vec cou - ra - ge El - les pour - sui - vent
leur ou - vra - ge; L'air vi - bre du tres - sail - lement De leur confus bourdonne -
leur ou - vra - ge; L'air vi - bre du tres - sail - lement De leur confus
leur ou - vra - ge; L'air vi - bre du tres - sail - lement De leur confus
(Imitez le bourdonnement.)
Fin.
- ment. Frou frou frou frou frou frou.
bourdon - ne - ment Frou frou frou frou frou frou.
bourdon - ne - ment Frou frou frou frou frou frou.
4. Peu à peu l'œu - vre se complè - te, Bien - tôt el - le se - ra par -
5. A - mis, i - mi - tons ces a - beil - les Dont les vertus sont sans pa -
4. Peu à peu l'œu - vre se complè - te, Bien - tôt el - le se - ra par -
5. A - mis, i - mi - tons ces a - beil - les Dont les vertus sont sans pa -
4. Peu à peu l'œu - vre se complè - te, Bien - tôt el - le se - ra par -
5. A - mis, i - mi - tons ces a - beil - les Dont les vertus sont sans pa -

-fai - te
-reil - les:
Dans les ra - yons vermeils le pol-len transfor - mé
Em-ployons bien le temps, travaillons vail-lam - ment
au Refrain.
Deviendra ci-re d'or Ou bien miel parfumé Ou bien miel par - fu-mé.
Pour remplir votre tâche i - ci bas dignement Tra-vaillons vail-lamment.

Devoir.

Copiez ce devoir en remplaçant les duolets par trois notes, et les groupes de trois notes par un duolet.

Dites en quel ton est ce devoir, et solfiez sans chanter.

SOIXANTE-CINQUIÈME LEÇON.

§1. Le **quartolet** est un groupe de quatre notes égales équivalant à six notes de même figure que celles dont il est composé. [a]

Ex.

La ronde pointée	o.
qui vaut six noires	♩♩♩♩♩♩
n'en vaut plus que quatre en quartolet . .	♩♩♩♩ (4)
La blanche pointée	𝅗𝅥.
qui vaut six croches	♫♫♫
n'en vaut plus que quatre en quartolet . .	♫♫ (4) [b]

§ 2. On indique le quartolet par le chiffre *4* que l'on place au dessus ou au dessous du groupe de quatre notes dont il est formé.

Ex. 𝅗𝅥 𝅗𝅥 ⁴ 𝅗𝅥 𝅗𝅥 ♩ ♩ ⁴ ♩ ♩ ♫♫ (4) [c]

Questionnaire.

1569. Qu'est-ce que le quartolet ? — *1570.* Combien la ronde pointée vaut-elle de noires en quartolet? — *1571.* Combien la blanche pointée vaut-elle de croches en quartolet? — *1572.* Combien la noire pointée vaut-elle de doubles croches? — *1573.* Comment indique-t-on le quartolet ? — *1574.* Quelle est la valeur qui formerait la moitié d'un temps dans la mesure à $\frac{4}{2}$? — *1575.* Quel intervalle y a-t-il de la médiante d'Ut mineur a la dominante de Ré majeur? — *1576.* Chiffrer cette mesure: ♫♩ ♬♬♫ ♪ 𝄽 𝄾 ? — *1577.* Par quelle valeur de note remplaceriez-vous six demi-soupirs? — *1578.* Quelle est la mesure pouvant contenir deux duolets de noires? — *1579.* Quelle est la mesure pouvant contenir deux sextolets de croches? — *1580.* Quelle est la sixte augmentée de La ?

(a) Le quartolet peut être considéré comme étant la division binaire d'un duolet.

Ex.

(b) Le quartolet, comme le duolet, peut être considéré comme un temps de mesure simple intercallé dans une mesure composée.

(c) Le duolet et le quartolet étant le produit de la division d'une valeur pointée ne peuvent être intercallés que dans une mesure composée.

Exercice à trois voix. (à solfier)

E. H. MEHUL.

p

LES ÉTOILES.

F. SILCHER.

Andantino.
1re Partie.
2e Partie.
3e Partie.
Vo - yez se le - ver sans bruit Au ciel les é - toi - les
Pe - tits as-tres fa - miliers, So-yez nos é - toi - les,
Dès que sur nos fronts la nuit A tis-sé sa toi - le.
Et de l'ombre par milliers E-car-tez les voi - les.
Cresc.
p
Qui, sur son mou - vant chemin Gui - de les yeux du marin?
Sur la route il a neigé: Qui va gui-der le berger?
Guide les yeux du marin?
Qui va gui-der le berger?

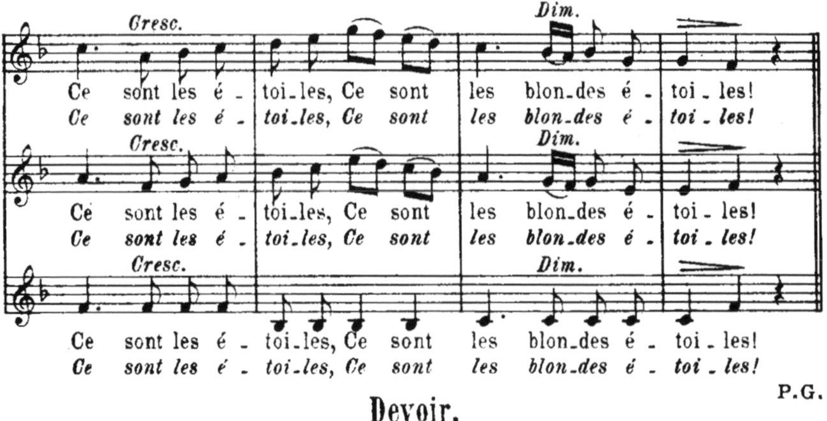
Cresc.
Dim.
Ce sont les é - toi-les, Ce sont les blon-des é - toi - les!
Ce sont les é - toi-les, Ce sont les blon-des é - toi - les!
Cresc.
Dim.
Ce sont les é - toi-les, Ce sont les blon-des é - toi - les!
Ce sont les é - toi-les, Ce sont les blon-des é - toi - les!
Cresc.
Dim.
Ce sont les é - toi-les, Ce sont les blon-des é - toi - les!
Ce sont les é - toi-les, Ce sont les blon-des é - toi - les!

P.G.

Devoir.

Copiez cet exercice en remplaçant les quartolets par six notes, et les groupes de six notes par un quartolet.

Lento.

Dites en quel ton est ce devoir, et solfiez sans chanter.

SOIXANTE-SIXIÈME LEÇON.

§1. Des groupes de 5, 7, 9, 11, 13, 14, 15, 20 notes etc. se nomment **groupes de valeurs irrégulières**. En effet, ces groupes ne peuvent **régulièrement** diviser **aucune unité**; et partant, n'appartiennent ni à la division binaire ni à la division ternaire, mais peuvent être employés aussi bien dans les mesures simples que dans les mesures composées.

Ex.

(a)

(a) On doit généralement écrire au dessus ou au dessous de ces groupes, le chiffre correspondant au nombre de notes dont ils se composent.

Ex.

§ **2.** Intercalés dans une division binaire: des groupes de 5 à 7 notes (inclus) équivalent a 4 notes ordinaires de même figure que celles dont ils sont composés. ([b])

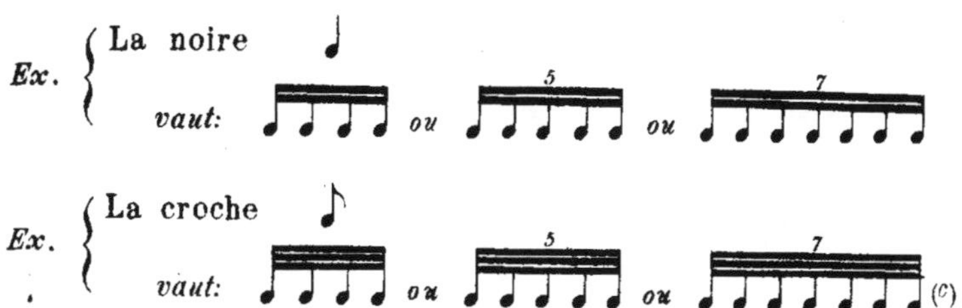
Ex.
La noire
vaut:
ou
5
ou
7
Ex.
La croche
vaut:
ou
5
ou
7
(c)

§ **3.** Intercalés dans une division binaire: des groupes de 9 à 15

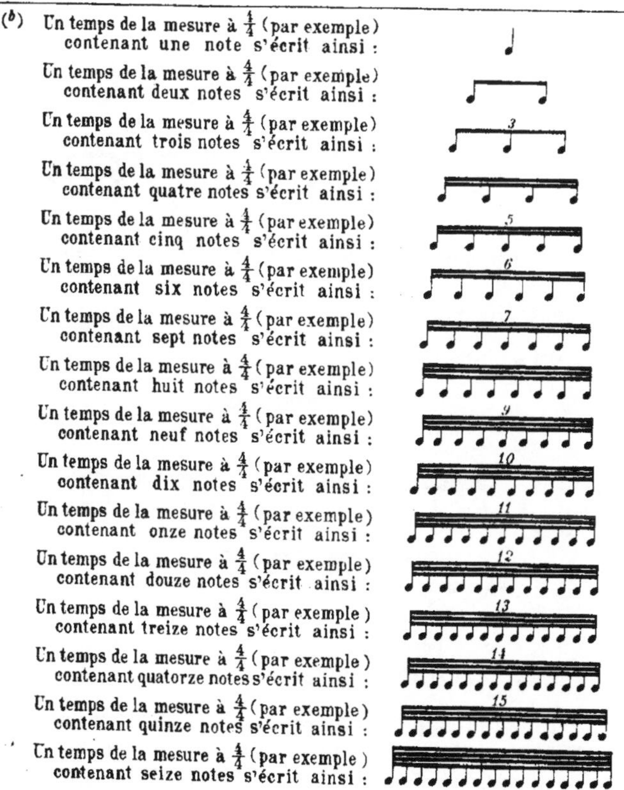
([b]) Un temps de la mesure à $\frac{4}{4}$ (par exemple) contenant une note s'écrit ainsi :

Un temps de la mesure à $\frac{4}{4}$ (par exemple) contenant deux notes s'écrit ainsi :

Un temps de la mesure à $\frac{4}{4}$ (par exemple) contenant trois notes s'écrit ainsi :

Un temps de la mesure à $\frac{4}{4}$ (par exemple) contenant quatre notes s'écrit ainsi :

Un temps de la mesure à $\frac{4}{4}$ (par exemple) contenant cinq notes s'écrit ainsi :

Un temps de la mesure à $\frac{4}{4}$ (par exemple) contenant six notes s'écrit ainsi :

Un temps de la mesure à $\frac{4}{4}$ (par exemple) contenant sept notes s'écrit ainsi :

Un temps de la mesure à $\frac{4}{4}$ (par exemple) contenant huit notes s'écrit ainsi :

Un temps de la mesure à $\frac{4}{4}$ (par exemple) contenant neuf notes s'écrit ainsi :

Un temps de la mesure à $\frac{4}{4}$ (par exemple) contenant dix notes s'écrit ainsi :

Un temps de la mesure à $\frac{4}{4}$ (par exemple) contenant onze notes s'écrit ainsi :

Un temps de la mesure à $\frac{4}{4}$ (par exemple) contenant douze notes s'écrit ainsi :

Un temps de la mesure à $\frac{4}{4}$ (par exemple) contenant treize notes s'écrit ainsi :

Un temps de la mesure à $\frac{4}{4}$ (par exemple) contenant quatorze notes s'écrit ainsi :

Un temps de la mesure à $\frac{4}{4}$ (par exemple) contenant quinze notes s'écrit ainsi :

Un temps de la mesure à $\frac{4}{4}$ (par exemple) contenant seize notes s'écrit ainsi :

3
5
6
7
9
10
11
12
13
14
15

([c]) Le **triolet**, le **sextolet**, le **double triolet**, le **duolet**, le **quartolet** et les **groupes de valeurs irrégulières** ne constituent pas toujours la division d'un temps entier, ils peuvent aussi bien s'appliquer à n'importe quelle subdivision de temps.

notes (inclus) équivalent à 8 notes ordinaires de même figure que celles dont ils sont composés.

§ **4**. **Intercalés dans une division ternaire: un groupe de 5 notes équivaut à 3 notes de même figure que celles dont il est composé.**

Ex. { La blanche pointée / *vaut:* ... *ou* ... 5

Ex. { La noire pointée / *vaut:* ... *ou* ... 5

§ **5**. **Intercalés dans une division ternaire: des groupes de 7 à 11 notes (inclus) équivalent à 6 notes ordinaires de même figure que celles dont ils sont composés.**

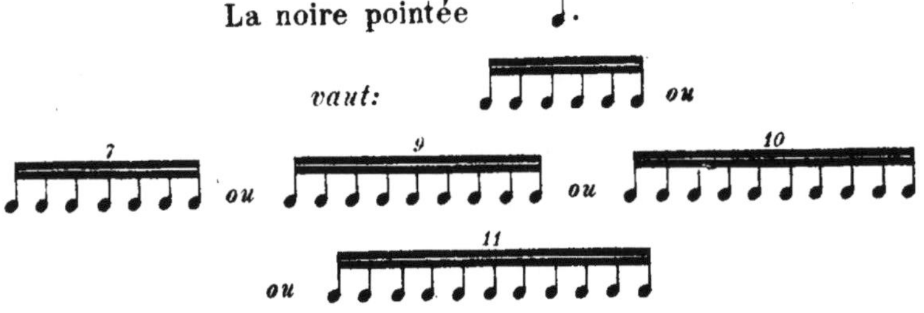

Questionnaire.

1581. A quelle division appartiennent les valeurs irrégulières? — *1582.* Nommez la figure de notes qui, à elle seule, correspond à 15 doubles croches en valeurs irrégulières? — *1583.* Nommez la figure de note qui, à elle seule, correspond à 7 noires en valeurs irrégulières? — *1584.* Quel est l'intervalle synonyme de la quarte diminuée?

—*1585.* Quel est l'intervalle synonyme de la quinte sur-augmentée? —*1586.* Quel est l'intervalle synonyme de la sixte augmentée? — *1587.* Quel est l'intervalle synonyme de la seconde majeure? — *1588.* Quel est le renversement de la seconde mineure? — *1589.* Quel est le renversement de la tierce mineure? — *1590.* Quel est l'intervalle simple de la dixième? — *1591.* Quel est l'intervalle simple de la dix-septième? — *1592.* Quel est le redoublement à l'octave de la septième?

Exercice à deux voix. (à solfier)

Dolcissimo.
mf
p
pp
LE REPOS.
Andante. 104 =
BEETHOVEN.
1re Partie.
2e Partie.
3e Partie.
p
1. Un re-pos sa-lu-tai-re A l'ombre des pê-
2. Heu-reu-se las-si-tu-de, Bien-fait d'un dur et
3. Mais des-sous les char-moi-es, Pour le pa-res-seux

-chers en fleurs, Est le jus-te sa-lai-re Des hardis tra-vail-leurs.
franc labeur! Plus le tra-vail fut ru-de, Plus l'ombre a de fraî-cheur.
sans vi-gueur Le re-pos est sans joi-e, Et l'ombre sans dou-ceur.
Cresc.
A-près le dur tra-vail du jour, Le pa-y-san las du la-bour, A-pai-se A son ai-se Ses membres las et lourds.
p
P.G.

Devoir.

Copiez cet exercice en remplaçant les groupes de trois notes par un duolet, et les groupes de six notes par un quartolet.

Copiez cet exercice en remplaçant les groupes de valeurs irrégulières par quatre notes.

SOIXANTE-SEPTIÈME LEÇON.

§ **1**. Le troisième genre, le moins employé de tous, est le **genre enharmonique** dans lequel il est fait emploi de transitions enharmoniques ou synonymes.

§ **2**. Le genre enharmonique est surtout employé pour moduler dans les tons éloignés.

§ **3**. Le genre diatonique est le seul des trois genres qu' on puisse employer isolément.

Le genre chromatique et le genre enharmonique ne peuvent exister que conjointement avec le genre diatonique qui leur sert de base.

Questionnaire.

1593. Quel est le troisième genre ? — *1594.* En quelle circonstance est-il fait emploi du genre enharmonique ? — *1595.* Quels sont les deux autres genres ? — *1596.* Nommez le seul des trois genres que l'on puisse employer isolément ? — *1597.* Quels sont les tons voisins d'Ut majeur? — *1598.* Quel est le tétracorde supérieur d'Ut dièse majeur ? —*1599.* Quel est le tétracorde inférieur de Fa dièse majeur ? — *1600.* Par le tempérament, combien la tierce mineure contient de commas? —*1601.* Chiffrez cette mesure : ♫ 𝄿 ♬♬ ♪ ? — *1602.* Quelles sont les notes placées dans les lignes en clef d'Ut 4e ? — *1603.* Quelle est la note sensible en Ré dièse mineur? — *1604.* Quelle distance y a-t-il entre la sus-dominante d'Ut majeur et d'Ut mineur.

Exercice à deux voix. (à solfier)

Cresc.
f
f
Dimin.
p
p
p
p
p
p
f
f
Dimin.
p

JEUNESSE.

Modto sostenuto.
MENDELSSOHN-BARTHOLDY.
1re Partie.
2e Partie.
3e Partie.
mf
p
Temps où la vie est toute en fleurs, Lors-qu'il fait so-leil dans les cœurs, Jeu-nes-se! Jeu-nes-se! Quand tous tes bruits se se-ront tûs, Est-il pos-sible un jour que tu Nous lais-se? Nous lais-se? Nous lais-se? Quel des-tin nous at-tend là-bas? Ne t'en va pas! Ne t'en va pas! Jeu-
Solo.
Chœur.

Solo. Chœur.

-nes - se! Jeu-nes - se! Tan-dis que l'hi-ver nous attend, Permets au moins que

-nes - se! Jeu-nes - se! Tan-dis que l'hiver nous attend, Permets au moins que

-nes - se! Jeu-nes - se! Tan-dis que l'hiver nous attend, Permets au moins que

Solo. Chœur.

ton printemps Re-nais - se, re-nais - se, re-nais - se! Sour-ce de vie, oh

ton printemps Re-nais - se, re-nais - se, re-nais - se! Sour-ce de vie, oh

ton printemps Re-nais - se, re-nais - se, re-nais - se! Sour-ce de vie, oh

pur trésor! Sour-ce de vie, oh pur trésor! Non ne nous re-prend pas encor L'é-

pur trésor! Sour-ce de vie, oh pur tré-sor! Non ne nous reprend pas encor L'é-

pur trésor! Sour-ce de vie, oh pur tré-sor! Non ne nous reprend pas encor L'é-

Solo. Chœur.

-clat heureux De ton front d'or, De ton front d'or, De ton front d'or, De ton front d'or!

-clat heureux De ton front d'or, De ton front d'or, De ton front d'or, De ton front d'or!

-clat heureux De ton front d'or, De ton front d'or, De ton front d'or, De ton front d'or!

P.G.

Devoir.

Copiez l'exercice ci-dessous, et à coté de chaque note écrivez en blanche une autre note ayant le même son, mais différemment altérée (sa note synonyme ou enharmonique).

SOIXANTE-HUITIÈME LEÇON.

§ **1. Pour former la gamme chromatique mineure**, il faut, d'abord, **rassembler toutes les notes** de la **gamme mineure ascendante et descendante de deux demi-tons.**

GAMME de **La mineur.**

Ex.

On remarque, par l'exemple ci-dessus, que le **second tétracorde** se trouve **entièrement chromatique**, et cela sans l'adjonction d'**aucune note étrangère** à cette gamme.

Il ne reste donc plus qu'à **combler les vides** indiqués par le **signe** ✱ ce que l'on fait en empruntant à plusieurs ~~des~~ **tons voisins** [a] les notes intermédiaires nécessaires à compléter le premier tétracorde.

GAMME chromatique de **La mineur.**

Ex.

Sous-domin. de Fa maj.(1♭) — Sensible de Ré min.(1♭) — Sensible de Mi min.(1♯)

§ **2.** La formation des autres gammes chromatiques mineures est identiquement semblable.

GAMME chromatique de **Mi mineur.**

Questionnaire.

1605. De quelle gamme se sert-on pour former la gamme chromatique mineure? Quand on rassemble toutes les notes de cette gamme, qu'advient-il? — *1606.* De quelle manière complète-t-on le premier tétracorde? — *1607.* Quelle est la première note intermédiaire de la gamme chromatique de La mineur? Dans cette même gamme quelle est la deuxième note intermédiaire? — *1608.* Dans la gamme chroma-

(a) On se rappelle que les tons voisins d'une gamme, sont ceux qui ne diffèrent de cette gamme que par une altération constitutive.

tique de Ré mineur, à quel ton est empruntée l'altération Mi bémol? — *1609.* Quel est le silence équivalent à deux sextolets de quadruples croches? — *1610.* Quel est le redoublement à une octave de la dixième? — *1611.* Combien la ronde pointée vaut-elle de croches pointées? — *1612.* De quoi se compose la dixième majeure? — *1613.* Quelles sont les mesures composées à deux temps? — *1614.* Quel est l'intervalle qui se compose de six tons et deux demi-tons diatoniques? — *1615.* Quelle est la quinte juste de Do double-dièse? — *1616.* Quel est l'intervalle qui se compose de vingt-deux commas?

Exercice à deux voix. (à solfier)

p
p
p
p
pp
Cresc.
f
ff

EN CHASSE.
All° giocoso.
A. REUCHSEL.
REFRAIN.
Joyeux, sonore.
1re Partie.
2e Partie.
3e Partie.
En chasse, amis, en chasse! Sur nos chevaux fendons l'es - pa - ce! Vo -
- yez le so - leil d'or En - ten - dez résonner le cor. la la la la la la la la la la
(en Echo)
la la la la la la la la la la la la la la la la la la la la la la la la la la.
Fin.
1. A travers le val et la plai - ne Cou - rons jusqu'à perdre l'ha -
2. Mais si le monstre nous é - chap - pe, Chan - geons le but de notre é -

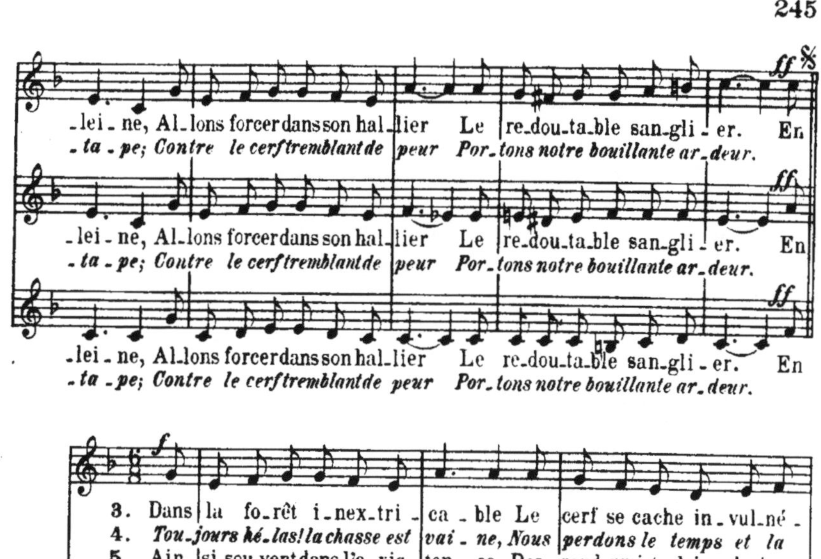
-lei - ne, Al-lons forcer dans son hal-lier Le re-dou-ta-ble san-gli - er. En
- ta - pe; Contre le cerf tremblant de peur Por- tons notre bouillante ar- deur.
-lei - ne, Al-lons forcer dans son hal-lier Le re-dou-ta-ble san-gli - er. En
- ta - pe; Contre le cerf tremblant de peur Por- tons notre bouillante ar- deur.
-lei - ne, Al-lons forcer dans son hal-lier Le re-dou-ta-ble san-gli - er. En
- ta - pe; Contre le cerf tremblant de peur Por- tons notre bouillante ar- deur.

3. Dans la fo-rêt i-nex-tri - ca - ble Le cerf se cache in-vul-né -
4. Tou-jours hé-las! la chasse est vai - ne, Nous perdons le temps et la
5. Ain - si sou-vent dans l'e-xis - ten - ce, Des grands projets pleins de jac -
3. Dans la fo-rêt i-nex-tri - ca - ble Le cerf se cache in-vul-né -
4. Tou-jours hé-las! la chasse est vai - ne, Nous perdons le temps et la
5. Ain - si sou-vent dans l'e-xis - ten - ce, Des grands projets pleins de jac -
3. Dans la fo-rêt i-nex-tri - ca - ble Le cerf se cache in-vul-né -
4. Tou-jours hé-las! la chasse est vai - ne, Nous perdons le temps et la
5. Ain - si sou-vent dans l'e-xis - ten - ce, Des grands projets pleins de jac -

-ra - ble, Al-lons! le lièvre et le la - pin Suf - fi-ront à notre fes - tin. En
pei - ne! Quel-que méchant pe-tit gi - bier Em - pli-ra seul notre car - nier.
-tan - ce Le temps détruit l'il-lu-si - on! Seu - le vient la dé-cepti - on.
-ra - ble, Al-lons! le lièvre et le la - pin Suf - fi-ront à notre fes - tin. En
pei - ne! Quel-que méchant pe-tit gi - bier Em - pli-ra seul notre car - nier.
-tan - ce Le temps détruit l'il-lu-si - on! Seu - le vient la dé-cepti - on.
-ra - ble, Al-lons! le lièvre et le la - pin Suf - fi-ront à notre fes - tin. En
pei - ne! Quel-que méchant pe-tit gi - bier Em - pli-ra seul notre car - nier.
-tan - ce Le temps détruit l'il-lu-si - on! Seu - le vient la dé-cepti - on.

Devoir.

Ecrivez en clef de **Fa 4e ligne** l'exercice suivant: mesure six-huit — 1ère mesure, La, Do, Do ♯, Ré, Ré ♯, Mi, **croches** | 2e mesure La, **noire, silences** | 3e mesure, La, Sol ♯, Sol ♮, Fa, Mi, Ré ♯, **croches** | 4e mesure, Mi, **noire pointée, silences** | 5e mesure, Mi, **noire**, Sol ♯, **croche**, Si, **noire pointée** | 6e mesure, Mi, **noire**, La, **croche**, Do, **noire, silence** | 7e mesure, **demi-soupir**, Mi, Fa, Fa ♯, Sol, Sol ♯, **croches** | 8e mesure, La, **croche, point d'orgue, silences.**

SOIXANTE-NEUVIÈME LEÇON.

§ **1.** Le tableau suivant donne, pour chaque espèce d'intervalle, sa qualification et sa composition. [a]

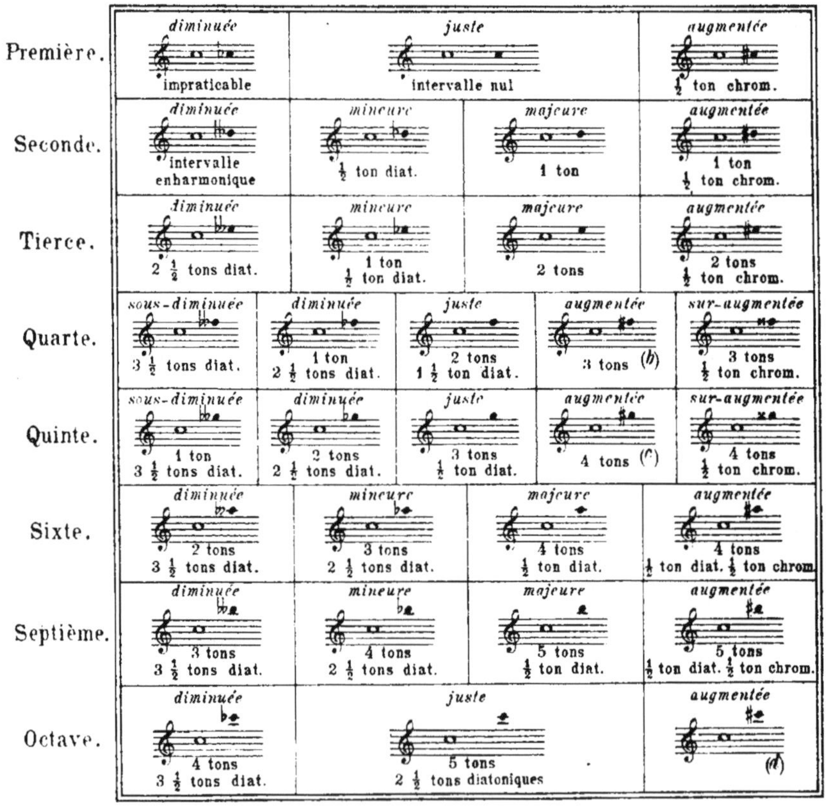

Première.	*diminuée* impraticable	*juste* intervalle nul	*augmentée* ½ ton chrom.		
Seconde.	*diminuée* intervalle enharmonique	*mineure* ½ ton diat.	*majeure* 1 ton	*augmentée* 1 ton ½ ton chrom.	
Tierce.	*diminuée* 2 ½ tons diat.	*mineure* 1 ton ½ ton diat.	*majeure* 2 tons	*augmentée* 2 tons ½ ton chrom.	
Quarte.	*sous-diminuée* 3 ½ tons diat.	*diminuée* 1 ton 2 ½ tons diat.	*juste* 2 tons 1 ½ ton diat.	*augmentée* 3 tons (b)	*sur-augmentée* 3 tons ½ ton chrom.
Quinte.	*sous-diminuée* 1 ton 3 ½ tons diat.	*diminuée* 2 tons 2 ½ tons diat.	*juste* 3 tons ½ ton diat.	*augmentée* 4 tons (c)	*sur-augmentée* 4 tons ½ ton chrom.
Sixte.	*diminuée* 2 tons 3 ½ tons diat.	*mineure* 3 tons 2 ½ tons diat.	*majeure* 4 tons ½ ton diat.	*augmentée* 4 tons ½ ton diat. ½ ton chrom.	
Septième.	*diminuée* 3 tons 3 ½ tons diat.	*mineure* 4 tons 2 ½ tons diat.	*majeure* 5 tons ½ ton diat.	*augmentée* 5 tons ½ ton diat. ½ ton chrom.	
Octave.	*diminuée* 4 tons 3 ½ tons diat.	*juste* 5 tons 2 ½ tons diatoniques	*augmentée* (d)		

(a) (b) (c) (d) Voir page 247.

Questionnaire.

1617. Quelle est la composition de la seconde majeure? — *1618.* Quelle est la composition de la tierce mineure? — *1619.* Quelle est la composition de la quinte diminuée? — *1620.* Quelle est la composition de la sixte majeure? — *1621.* Quelle est la composition de la quarte juste? — *1622.* Quelle est la composition de la tierce augmentée? — *1623.* Quelle est la composition de la quinte augmentée? — *1624.* Quelle est la composition de la septième majeure? — *1625.* Quelle est la composition de la quarte diminuée? — *1626.* Quelle est la composition de l'octave juste? — *1627.* Quels sont les tons voisins de Mi bémol majeur? — *1628.* Combien la ronde vaut-elle de seizièmes de soupirs?

Exercices à deux et trois voix. (à solfier)

(a) Ce tableau ne contient que les intervalles simples.

(b) Gamme mineure à 2 ½ tons.

Ou: 2 tons, un ½ ton diatonique et un ½ ton chromatique:

Gamme mineure à 3 ½ tons.

(c) Gamme mineure à 2 ½ tons. 1 ton 1 ton 1 ton 1 ton

Ou: 3 tons, un ½ ton diatonique et un ½ ton chromatique:

Gamme mineure à 3 ½ tons. 1 ton 1 ton ½ ton 1 ton ½

(d) Cet intervalle fait partie des intervalles composés dont il est le point de départ.

mf
p
p
mf
p
p
Cresc. f Dimin. e riten. p
3
Andante.
R. M.
1er Dessus.
2e Dessus.
3e Dessus.

LE TRAIN.

Moderato. Ch. M. de WEBER.

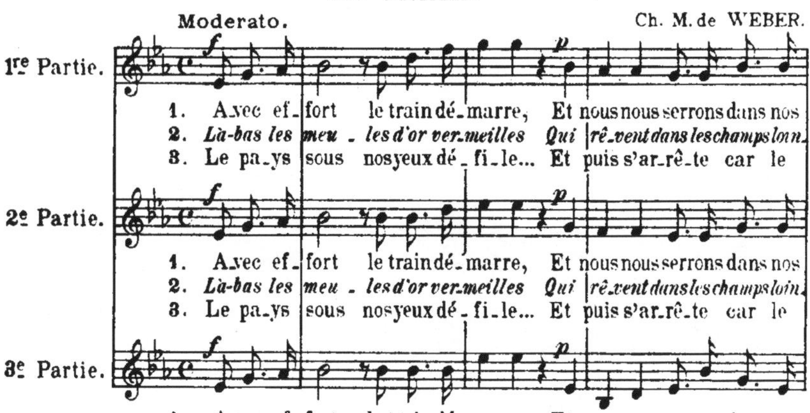
1re Partie.
1. A_vec ef_fort le train dé_marre, Et nous nous serrons dans nos
2. Là-bas les meu_les d'or ver_meilles Qui rê_vent dans les champs loin_
3. Le pa_ys sous nos yeux dé_fi_le... Et puis s'ar_rê_te car le
2e Partie.
1. A_vec ef_fort le train dé_marre, Et nous nous serrons dans nos
2. Là-bas les meu_les d'or ver_meilles Qui rê_vent dans les champs loin_
3. Le pa_ys sous nos yeux dé_fi_le... Et puis s'ar_rê_te car le
3e Partie.
1. A_vec ef_fort le train dé_marre, Et nous nous serrons dans nos
2. Là-bas les meu_les d'or ver_meilles Qui rê_vent dans les champs loin_
3. Le pa_ys sous nos yeux dé_fi_le... Et puis s'ar_rê_te car le

coins, Der_riè_re nous la blan_che ga_re A dis_pa_ru bien vite au
_tains Pa_rais_sent des ru_ches d'a_beil_les Par_mi le brouillard du ma_
train Entre en sifflant dans la grand'vil_le Dans un bruit de fer et d'ai_
coins, Der_riè_re nous la blan_che ga_re A dis_pa_ru bien vite au
_tains Pa_rais_sent des ru_ches d'a_beil_les Par_mi le brouillard du ma_
train Entre en sifflant dans la grand'vil_le Dans un bruit de fer et d'ai_
coins, Der_riè_re nous la blan_che ga_re A dis_pa_ru bien vite au
_tains Pa_rais_sent des ru_ches d'a_beil_les Par_mi le brouillard du ma_
train Entre en sifflant dans la grand'vil_le Dans un bruit de fer et d'ai_

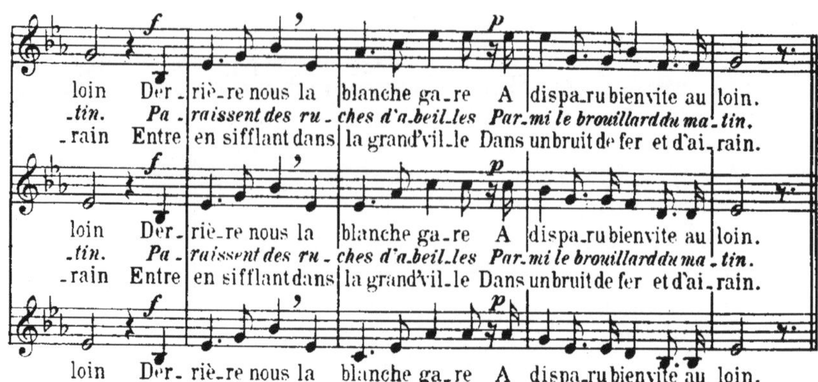
loin Der_ riè_re nous la blanche ga_re A dispa_ru bienvite au loin.
tin. Pa raissent des ru_ ches d'a_beil_les Par_mi le brouillard du ma_tin.
_rain Entre en sifflant dans la grand'vil_le Dans un bruit de fer et d'ai_rain.
loin Der_ riè_re nous la blanche ga_re A dispa_ru bienvite au loin.
tin. Pa raissent des ru_ ches d'a_beil_les Par_mi le brouillard du ma_tin.
_rain Entre en sifflant dans la grand'vil_le Dans un bruit de fer et d'ai_rain.
loin Der_ riè_re nous la blanche ga_re A dispa_ru bienvite au loin.
tin. Pa raissent des ru_ ches d'a_beil_les Par_mi le brouillard du ma_tin.
_rain Entre en sifflant dans la grand'vil_le Dans un bruit de fer et d'ai_rain.

P.G.

Devoir.

Copiez l'exercice ci-dessous en mettant les barres de mesure et les chiffres indicateurs. En tout huit mesures.

Lento.

Dites en quel ton est ce devoir, et solfiez sans chanter.

SOIXANTE-DIXIÈME LEÇON.

§ 1. Le renversement de la **seconde mineure** est la **septième majeure** (5 tons, 1 demi-ton diat.)

§ 2. La **seconde majeure** a pour renversement la **septième mineure** (4 tons, 2 demi-tons diat.)

§ 3. La **seconde augmentée** a pour renversement la **septième diminuée** (3 tons, 3 demi-tons diat.) [a]

---

[a] Théoriquement il existe une quatrième espèce de seconde : la **seconde diminuée**. Cet intervalle est impraticable.

L'intervalle ascendant : **do, ré** *Ex.* se compose d'un demi-ton diat. et un demi-ton chrom. ((4 + 5 = 9 commas)) Si on baisse le **ré** de deux demi-tons chromatiques ((5+5 = 10 commas)) **le son** obtenu qui est **ré** 𝄫, se trouvera lui-même **un comma au dessous de do.** Donc par la justesse absolue cet intervalle est impraticable.

Par la même raison, son renversement, la 7me augmentée qui serait plus grande que l'octave juste, n'existe que théoriquement.

Questionnaire.

1629. Quel est le renversement de la seconde mineure? — *1630.* Quel est le renversement de la seconde majeure? — *1631.* Quel est le renversement de la seconde augmentée? — *1632.* Quelle est la composition de la seconde mineure? — *1633.* Quelle est la composition de la seconde augmentée? — *1634.* Quel intervalle y a-t-il entre la note écrite sur la seconde ligne en clef de Sol 2e et la sus-tonique de Sol majeur? — *1635.* Quelle est la valeur de note correspondant à deux duolets de croches? — *1636.* Quel est le tétracorde supérieur en Fa majeur? — *1637.* Combien la croche pointée vaut-elle de quarts de soupirs? — *1638.* Quelle est l'armature du ton mineur qui a Sol comme sous-tonique? — *1639.* Quelles sont les notes modales de la gamme de Ré mineur descendante à deux demitons? — *1640.* Chiffrez cette mesure: 𝅗𝅥 𝅗𝅥 ♩ ♩ ♩ ♩ 𝅗𝅥 𝅗𝅥 (3) 𝅗𝅥 𝅝 ?

Exercice à deux voix. (à solfier)

sf
sf
p
p
Cresc.
f
sf
sf
p

Cresc.
LA VIOLETTE.
Andantino amabile.
A. REUCHSEL.
REFRAIN.
Doux, bien lié, avec expression.
1re Partie.
2e Partie.
3e Partie.
Pe - ti - te vi - o - let - te, Sœur de la pâ - que - ret - te, Dans
les recoins ombreux Des bois mystéri - eux Nous sa - vons ta ca - chet - te, Hum -
- ble et chaste fleu - ret - te, Quand ton parfum si doux S'ex - ha - le près de nous.
div. ad lib.

mf
1. Dans u_ne re_trai_te bé_ni - e Tu sais cacher ton humble
2. Tu n'as pas peur que la tem_pê - te Vienne un jour fondre sur ta
mf
1. Dans u_ne re_trai_te bé_ni - e Tu sais cacher ton humble
2. Tu n'as pas peur que la tem_pê - te Vienne un jour fondre sur ta
mf
1. Dans u_ne re_trai_te bé_ni - e Tu sais cacher ton humble
2. Tu n'as pas peur que la tem_pê - te Vienne un jour fondre sur ta
p
vi - e Et ra_vir aux yeux in_dis_crets De tes vertus les doux se_crets. Pe_
tê - te, Et dans ta frêle hu_mi_li - té Tu troures la fé_li_ci - té.
p
vi - e Et ra_vir aux yeux in_dis_crets De tes vertus les doux se_crets. Pe_
tê - te, Et dans ta frêle hu_mi_li - té Tu troures la fé_li_ci - té.
p
vi - e Et ra_vir aux yeux in_dis_crets De tes vertus les doux secrets. ah! Pe_
tê - te, Et dans ta frêle hu_mi_li - té Tu troures la fé_li_ci - té. ah!
mf
3. Lais_sant à la rose ar_ro_gan - te La gloire tou_jours de ce_
4. C'est u_ne le_çon fort u - ti - le Que nous donne la fleur fra_
mf
3. Lais_sant à la rose ar_ro_gan - te La gloire tou_jours de ce_
4. C'est u_ne le_çon fort u - ti - le Que nous donne la fleur fra_
mf
3. Lais_sant à la rose ar_ro_gan - te La gloire tou_jours de ce_
4. C'est u_ne le_çon fort u - ti - le Que nous donne la fleur fra_
p
_van_te, Tu ne connais pas la splendeur Mais tu goûtes le vrai bonheur. Pe_
_gi - le. Les intrigants, les orgueilleux I - ci-bas ne sont point heureux
p
_van_te, Tu ne connais pas la splendeur Mais tu goûtes le vrai bonheur. Pe_
_gi - le. Les intrigants, les orgueilleux I - ci-bas ne sont point heureux
p
_van_te, Tu ne connais pas la splendeur Mais tu goûtes le vrai bonheur. ah! Pe_
_gi - le. Les intrigants, les orgueilleux I - ci-bas ne sont point heureux ah!

Devoir.

Copiez cet exercice et indiquez les intervalles de **seconde mineure**, **seconde majeure** et de **seconde augmentée**.

SOIXANTE-ET-ONZIÈME LEÇON.

§1. Le renversement de la **tierce diminuée** est la **sixte augmentée** (4 tons, 1 demi-ton diat. 1 demi-ton chrom.)

§2. La **tierce mineure** a pour renversement la **sixte majeure** (4 tons, 1 demi-ton diat.)

§3. Le renversement de la **tierce majeure** est la **sixte mineure** (3 tons, 2 demi-tons diat.)

§4. La **tierce augmentée** a pour renversement la **sixte diminuée** (2 tons, 3 demi-tons diat.)

Questionnaire.

1641. Quel est le renversement de la tierce mineure? — *1642.* Quel est le renversement de la tierce augmentée? — *1643.* Quel est le renversement de la tierce majeure? — *1644.* Quel est le renversement de la tierce diminuée? — *1645.* Quelle est la composition de la sixte diminuée? — *1646.* Quelle est la composition de la tierce mineure? — *1647.* Quelle est la composition de la tierce diminuée? — *1648.* Quelle est la composition de la sixte mineure? — *1649.* Quel nom donne-t-on à la quarte augmentée? — *1650.* Combien la croche pointée vaut-elle de triples croches? — *1651.* Quelle est la note synonyme de La dièse? — *1652.* Quelle est la quinte diminuée de Fa bémol.

Exercice à trois voix. (à solfier)

BOLERO.

sf
sf
sf
sf
sf
sf
mf
p
p
p

Paroles de
Paul COLLIN.
LA CHANSON DES RABOTS.
H. MARÉCHAL.
Alltto con spirito.
(Imitant le bruit du rabot)
Avec entrain.
1re Partie.
2e Partie.
3e Partie.
Vrou! Vrou! Vrou! Vrou! Glis-sez glis-sez, glis-sez légers ra-bots, glis-sez glis-sez en ronflant sur la planche, glis-sez Que l'homme et l'ou-til soient dis-pos Méritons tous deux le re-pos
Que tous deux nous prendrons di-man-che!

Bravant vo_tre premier ef_fort, En vain la planche semble du_re;
Bravant vo_tre premier ef_fort, En vain la planche semble du_re;
Bravant vo_tre premier ef_fort, En vain la planche semble du_re;
glissez glis_sez le bois est fort, Mais il cède à vo_tre mor_su_re,
glissez glis_sez le bois est fort, Mais il cède à vo_tre mor_su_re,
glissez glis_sez le bois est fort, Mais il cède à vo_tre mor_su_re,
Léger.
Vrou! glissez, Vrou! rabots, Vrou! glissez Vrou! encor, Toujours
Léger.
Vrou! glissez, Vrou! rabots, Vrou! glissez Vrou! encor, Toujours
Soutenu chanté et en
Vrou! Vrou! Vrou! Vrou! Tou_jours creu_
creusant, toujours mordant, glis_sez, glis_sez Ne craignez
creusant, toujours mordant, glis_sez, glis_sez Ne craignez
dehors.
_sant tou_jours mor_dant glis_sez, glis_sez Ne craignez
pas la pei_ne Et vous verrez Et vous
pas la pei_ne Et vous verrez Et vous
pas la pei_ne Et vous ver_rez sous vo_tre

ff
verrez vous verrez s'ouvrir le cœur même du chê_ne: Vrou!
verrez vous verrez s'ouvrir le cœur même du chê_ne. Vrou!
dent vous verrez s'ouvrir le cœur même du chê_ne. Vrou!
Vrou! Vrou! Vrou! Glis_sez glis_sez, glis_sez lé_gers ra_
Vrou! Vrou! Vrou! Glis_sez glis_sez, glis_sez lé_gers ra_
Vrou! Vrou! Vrou! Glis_sez glis_sez, glis_sez lé_gers ra_
_bots, glis_sez, glis_sez en ronflant sur la planche,glis_sez Que
_bots, glis_sez, glis_sez en ronflant sur la planche,glis_sez Que
_bots, glis_sez, glis_sez en ronflant sur la planche,glis_sez Que
l'homme et l'ou_til soient dis_pos Mé_ri_tons tous deux le re_pos. Que
l'homme et l'ou_til soient dis_pos Mé_ri_tons tous deux le re_pos.
l'homme et l'ou_til soient dis_pos Mé_ri_tons tous deux le re_pos.
tous deux nous pren_drons di_man - - che!
Que tous deux nous prendrons di_man_che!
Que tous deux nous prendrons di_man_che!

Un peu moins vite.
Marcato.
Dimin.
Fai-tes des en-tail-les pro-fon-des. Don-nez don-nez
p Doux chanté et soutenu.
aux en-fants des ber-ceaux Pour a-bri-ter leurs tê-tes
blon-des, Aux ma-rins don-nez des vais-seaux Pour al-ler con-qué-
Poco ritenuto.
-rir des mon-des!
Tempo.
Tempo 1º
ff
Vrou! Vrou! Vrou! Vrou! Glis-
-sez, glis-sez glis-sez lé-gers ra-bots, glis-sez, glis-sez en

ronflant sur la plan-che, glis - sez Que l'homme et l'ou - til soient dis -
ronflant sur la plan-che, glis - sez Que l'homme et l'ou - til soient dis -
ronflant sur la plan-che, glis - sez Que l'homme et l'ou - til soient dis -

-pos Mé-ritons tous deux le re - pos Que tous deux nous pren-drons di -
-pos Mé-ritons tous deux le re - pos
-pos Mé-ritons tous deux le re - pos

Plus animé.

-man - - - che! Vrou! Vrou! glis -
Que tous deux nous prendrons di - man - che! Vrou! Vrou! glis -
Que tous deux nous prendrons di - man - che! Vrou! Vrou! glis -

Pressez encore.

-sez légers ra - bots! glis - sez ra - bots!
-sez légers ra - bots! glissez, glis - sez légers ra - bots glis - sez ra - bots!
-sez légers ra - bots! glissez, glis - sez légers ra - bots glis - sez ra - bots!

Devoir.

Copiez cet exercice et indiquez les intervalles de **tierce diminuée, tierce mineure, tierce majeure** et de **tierce augmentée**.

SOIXANTE-DOUZIÈME LEÇON.

§ 1. La **quarte sous-diminuée** a pour renversement la **quinte sur-augmentée** (4 tons, 1 demi-ton chromatique.) [a]

§ 2. Le renversement de la **quarte diminuée** est la **quinte augmentée** (4 tons.)

§ 3. Le renversement de la **quarte juste** est la **quinte juste** (3 tons, 1 demi-ton diat.)

§ 4. La **quarte augmentée** a pour renversement la **quinte diminuée** (2 tons, 2 demi-tons diat.)

§ 5. La **quarte sur-augmentée** a pour renversement la **quinte sous-diminuée** (1 ton, 3 demi-tons diat.)

Questionnaire.

1653. Quel est le renversement de la quarte sous-diminuée? — *1654.* Quel est le renversement de la quarte juste? — *1655.* Quel est le renversement de la quarte sur-augmentée? — *1656.* Quel est le renversement de la quarte augmentée? — *1657.* Quel est le renversement de la quarte diminuée? — *1658.* Quelle est la composition de la quinte sur-augmentée? — *1659.* Quelle est la composition de la quinte diminuée? — *1660.* Quelle est la composition de la quinte juste? — *1661.* Quelle est la composition de la quarte sur-augmentée? — *1662.* Que vaut le deuxième point placé après un demi-soupir? — *1663.* Quel est le tétracorde supérieur en Ré mineur? — *1664.* Quel est la sous-dominante du ton de Do bémol majeur?

Exercice à deux voix. (à solfier)

(a) On remarquera que tout intervalle additionné de son renversement produit toujours le chiffre 9.

Ex.

La tierce et son renversement la sixte. ((3 + 6 = 9))

La seconde et son renversement la septième. ((2 + 7 = 9))

Cresc.
f
p
p
p
p
Cresc.
f
p
f
f
f

CHIEN D'AVEUGLE.
A. REUCHSEL.
Andantino.
1re Partie.
2e Partie.
3e Partie.
p
1. A - lors qu'au temps de ma jeu - nes - se, J'a -
-vais mes yeux, mon al - lé - gresse Et quelque bien, Nombreux amis me faisaient
fê - te, Aujourd'hui qui m'aime, U - ne bê - te Toi seul, mon
chien! Mais voi - ci, je présu - me, Des gens venant à nous, Dan -
REFRAIN. Allegretto.
f

-sons sans a-mer-tu-me, Mon chien pour quelques sous, Au son de ta clochet-te, Dre-
-sons sans a-mer-tu-me, Mon chien pour quelques sous, Au son de ta clochet-te, Dre-
-sons sans a-mer-tu-me, Mon chien pour quelques sous, Au son de ta clochet-te, Dre-
Fin.
-lin drelin drelin, Et de ma cla-ri-net-te, ti-ti, tu-tu, tintin.
-lin drelin drelin, Et de ma cla-ri-net-te, ti-ti, tu-tu, tintin.
-lin drelin drelin, Et de ma cla-ri-net-te, ti-ti, tu-tu, tintin.
p
2. A-veugle er-rant à l'a-ven-tu-re, Qui
2. A-veugle er-rant à l'a-ven-tu-re, Qui
2. A-veugle er-rant à l'a-ven-tu-re, Qui
donc me guidant me ras-sure Et me soutient? Qui donc pour moi le jour im-
donc me guidant me ras-sure Et me soutient? Qui donc pour moi le jour im-
donc me guidant me ras-sure Et me soutient? Qui donc pour moi le jour im-
au Refrain.
f
-plo-re Et qui le soir me veille en-co-re? C'est toi mon chien! Mais voi-
-plo-re Et qui le soir me veille en-co-re? C'est toi mon chien! Mais voi-
-plo-re Et qui le soir me veille en-co-re? C'est toi mon chien! Mais voi-

3. Qui donc, tan - dis que bas je pleu - re,

3. Qui donc, tan - dis que bas je pleu - re,

3. Qui donc, tan - dis que bas je pleu - re,

Pi - eu-sement sitôt af-fleure Son front au mien? Qui me soulage en la souf-

Pi - eu-sement sitôt af-fleure Son front au mien? Qui me soulage en la souf-

Pi - eu-sement sitôt af-fleure Son front au mien? Qui me soulage en la souf-

au Refrain.

-fran - ce? Qui me rattache à l'e-xis-ten-ce? C'est toi mon chien! Mais voi-

-fran - ce? Qui me rattache à l'e-xis-ten-ce? C'est toi mon chien! Mais voi-

-fran - ce? Qui me rattache à l'e-xis-ten-ce? C'est toi mon chien! Mais voi-

Devoir.

Copiez l'exercice suivant et faites les intervalles demandés.

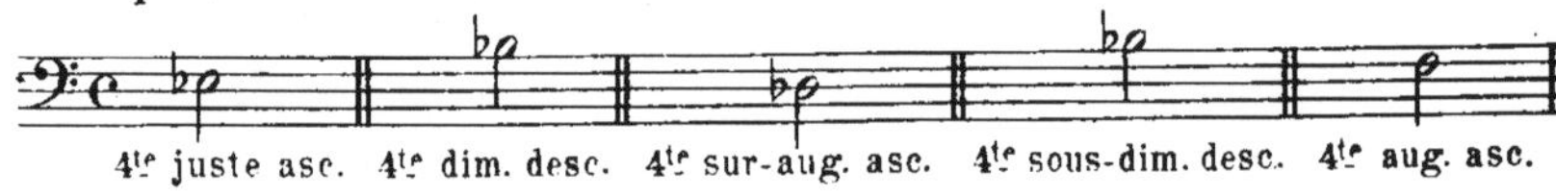

4te juste asc.
4te dim. desc.
4te sur-aug. asc.
4te sous-dim. desc.
4te aug. asc.

SOIXANTE-TREIZIÈME LEÇON.

§1. Le renversement de la **quinte sous-diminuée** est la **quarte sur-augmentée** (3 tons, 1 demi-ton chrom.)

§2. La **quinte diminuée** a pour renversement la **quarte augmentée** (3 tons ou triton.)

§3. La **quinte juste** a pour renversement la **quarte juste** (2 tons, 1 demi-ton diat.)

§4. La **quinte augmentée** [music] a pour renversement la **quarte diminuée** [music] (1 ton, 2 demi-tons diat.)

§5. La **quinte sur-augmentée** [music] a pour renversement la **quarte sous-diminuée** [music] (3 demi-tons diat.)

Questionnaire.

1665. Quel est le renversement de la quinte diminuée? — *1666.* Quel est le renversement de la quinte sur-augmentée? — *1667.* Quel est le renversement de la quinte sous-diminuée? — *1668.* Quel est le renversement de la quinte juste? — *1669.* Quel est le renversement de la quinte augmentée? — *1670.* Quelle est la composition de la quarte sur-augmentée? — *1671.* Quelle est la composition de la quinte sous-diminuée? — *1672.* Quelle est la composition de la quinte juste? — *1673.* Quelle est la composition de la quarte diminuée? — *1674.* Quelle est la composition de la quinte diminuée? — *1675.* Combien la mesure à $\frac{4}{8}$ peut elle contenir de sextolets de triples croches? — *1676.* Quels sont les tons voisins de Mi majeur?

Exercices à deux et trois voix. (à solfier)

f
mf
mf
f
p
p
più f
Cre - scen - do.
f
f
f

Larghetto. R. M.

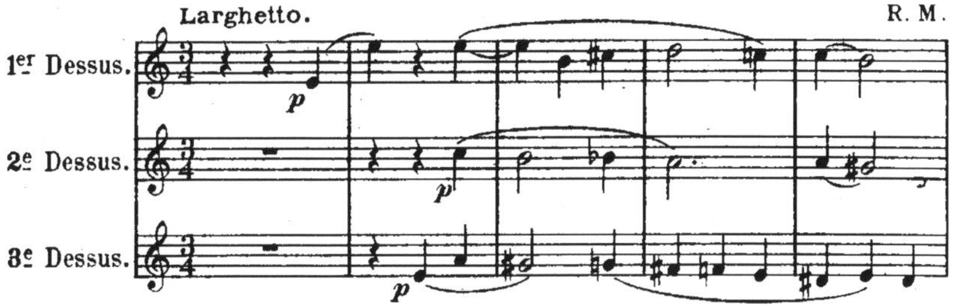

1er Dessus. *p*

2e Dessus. *p*

3e Dessus. *p*

LA MORT DE L'AUTOMNE.

F. BAZIN.

Andante. *pp dolce.* *pp dolce.*

1re Partie. Fai_bles, fai _ bles ra_yons, ra_yons,

Dolce. *pp dolce.*

2e Partie. Fai_bles, fai _ bles, fai _ bles ra_yons, rayons, ra_yons,

pp dolce. *pp*

3e Partie. Fai_bles, fai _ bles ra_yons, ra_yons,

mou_rants, E_clairez nos fronts gla_cés d'un jour si_déral. Faibles
mou_rants, E_clairez nos fronts gla_cés d'un jour si_déral. Faibles
mou_rants, E_clairez nos fronts gla_cés d'un jour si_déral. Faibles
ra_yons, pa_lissez au fond du ciel au_tom_nal. L'autom_
ra_yons, pa_lissez au fond du ciel au_tom_nal.
ra_yons, pa_lissez au fond du ciel au_tom_nal. L'automne est mort L'autom_
_ne est mort dans les derniers par_fums, Par_
mort dans les derniers par_fums, mort dans les derniers par_
_ne est mort dans les derniers par_fums, l'automne est mort, est mort dans les derniers par_
_fums défunts Des jardins dé_so_lés, des bois dé_
_fums mort dans les derniers parfums parfums dé_funts des bois dé_
_fums des jar_dins dé_so_lés, et des bois dé_
_serts, L'automne est mort et voi_ci l'hi_ver! Ah! pleu_rez ah!
_serts et voi_ci voi_ci l'hi_ver voi_ci l'hiver et voi_ci l'hi_
_serts L'automne est mort et voi_ci l'hiver, l'hi_ver! Ah! pleu_rez ah!
pp
ff
f
p
pp dolce.
Dolce.

20

Var. *pp dolce.*

pleu_rez a_vec nous. Beaux jar_dins a_ban_donnés! Fai_bles fai_bles

_ver, l'hi_ver! Pleu_rez avec nous pleu_rez avec nous beaux jar_dins

pp dolce.

pleu_rez a_vec nous Beaux jar_dins a_ban_don_nés! Fai_bles fai_bles

pp dolce. *pp*

ra_yons, ra_yons mou_rants é_clairez nos fronts pâ_les

pp dolce. *pp*

a_ban_donnés ra_yons mou_rants é_clairez nos fronts pâ_les

pp dolce. *pp*

ra_yons, ra_yons mou_rants é_clairez nos fronts pâ_les

pp

d'un jour si_déral Faibles ra_yons rayons mourants, der_niers et froids

pp

d'un jour si_déral Faibles ra_yons rayons mourants, der_niers et froids

pp

d'un jour si_déral Faibles ra_yons rayons mourants, der_niers et froids

p

ra_yons, pa_lissez au fond du ciel au_tom_nal au fond du ciel

ra_yons, pa_lissez au fond du ciel au_tom_nal

Var.

ra_yons, pa_lissez au fond du ciel au_tom_nal

pp *p* *pp*

au_tom_nal des_cen_dez tris_te_ment sur nos fronts.

pp *p* *pp*

autom_nal tristement des_cen_dez sur nos tris_tes fronts.

pp *pp*

autom_nal des_cen_dez tris_te_ment sur nos tris_tes fronts.

P.G.

Devoir.

Copiez l'exercice ci-dessous et faites les intervalles demandés.

5te juste asc.
5te dim. desc.
5te sur-aug. asc.
5te sur-aug. desc.
5te sous-dim. desc.

SOIXANTE-QUATORZIÈME LEÇON.

§**1.** Le renversement de la **sixte diminuée** est la **tierce augmentée** (2 tons, 1 demi-ton chrom.)

§**2.** Le renversement de la **sixte mineure** est la **tierce majeure** (2 tons.)

§**3.** La **sixte majeure** a pour renversement la **tierce mineure** (1 ton, 1 demi-ton diat.)

§**4.** Le renversement de la **sixte augmentée** est la **tierce diminuée** (2 demi-tons diat.) [a]

Questionnaire.

1677. Quel est le renversement de la sixte diminuée? — *1678.* Quel est le renversement de la tierce majeure? — *1679.* Quel est le renversement de la sixte majeure? — *1680.* Quel est le renversement de la tierce diminuée? — *1681.* Quelle est la composition de la sixte diminuée? — *1682.* Quelle est la composition de la sixte majeure? — *1683.* Quelle est la composition de la septième mineure? — *1684.* Combien la croche pointée vaut-elle de quadruples croches? — *1685.* Combien la noire pointée vaut-elle de quadruples croches? — *1686.* Quelles sont les notes modales en Mi majeur? — *1687.* Quelles sont les notes tonales en Fa mineur? — *1688.* Quel est le tétracorde inférieur d'une gamme mineure qui a Do dièse comme sous-tonique?

---

[a] La somme de tons et demi-tons compris dans un intervalle et son renversement, est nécessairement égale à : 5 tons et deux demi-tons (Octave juste.)

Ex.

1º La 3ce mineure (1 ton, 1 demi-ton diat.) et son renversement la 6te majeure (4 tons, 1 demi-ton diat.) (($1\frac{1}{2} + 4\frac{1}{2} = 5$ tons et $2\frac{1}{2}$ tons.))

2º La 4te augmentée (3 tons) et son renversement la 5te diminuée (2 tons et $2\frac{1}{2}$ tons diat.) (($3 + 2 + 2\frac{1}{2}$ tons $= 5$ tons et $2\frac{1}{2}$ tons.))

Exercices à deux et trois voix. (à solfier)

p
Moderato.
A. H. CHELARD.
1er Dessus.
2e Dessus.
3e Dessus.
p
sfz
pp
sfz

sfz
p
pp
f
mf
Cresc.
ppp

LA VIGNE.

W. A. MOZART

Andante.

1re Partie. — *p* — *Cresc.*

1. La vi-gne d'or et d'éme-raude, A le long des co-teaux, Cou-
2. O *vigne riche aux grappes fières, Or-gueil du sol fé-cond, Qui*

2e Partie. — *p* — *Cresc.*

1. La vi-gne d'or et d'éme-raude, A le long des co-teaux, Cou-
2. O *vigne riche aux grappes fières, Or-gueil du sol fé-cond, Qui*

3e Partie. — *p* — *Cresc.*

1. La vi-gne d'or et d'éme-raude, A le long des co-teaux, Cou-
2. O *vigne riche aux grappes fières, Or-gueil du sol fé-cond, Qui*

f — *p*

-vert la terre humide et chaude De so-leil clair et d'eau. O vigne, ô fruit doré d'au-
por-te le sang de la terre Dans tes grains chauds et blonds, Vois, les blés ont donné leurs

-vert la terre humide et chaude De so-leil clair et d'eau. O vigne, ô fruit doré d'au-
por-te le sang de la terre Dans tes grains chauds et blonds, Vois, les blés ont donné leurs

-vert la terre humide et chaude De so-leil clair et d'eau. O vigne, ô fruit doré d'au-
por-te le sang de la terre Dans tes grains chauds et blonds, Vois, les blés ont donné leurs

Dolce. — *Cresc.*

-tom-ne, Dont le jus rem-pli-ra les ton-nes, Quand sous les rayons du so-
ger-bes; Toi donne-nous tes grains su-per-bes, Quand sous les rayons du so-

Dolce. — *Cresc.*

-tom-ne, Dont le jus rem-pli-ra les ton-nes, Quand sous les rayons du so-
ger-bes; Toi donne-nous tes grains su-per-bes, Quand sous les rayons du so-

Dolce. — *Cresc.*

-tom-ne, Dont le jus rem-pli-ra les ton-nes, Quand sous les rayons du so-
ger-bes; Toi donne-nous tes grains su-per-bes, Quand sous les rayons du so-

mf
Cresc.
sf
f
-leil Au-ra mûri ton grain ver-meil, Au-ra mûri ton grain ver-meil.
-leil Au-ra mûri ton fruit ver-meil, Au-ra mûri ton fruit ver-meil.
-leil Au-ra mûri ton grain ver-meil, Au-ra mûri ton grain ver-meil.
-leil Au-ra mûri ton fruit ver-meil, Au-ra mûri ton fruit ver-meil.
-leil Au-ra mûri ton grain ver-meil, Au-ra mûri ton grain ver-meil.
-leil Au-ra mûri ton fruit ver-meil, Au-ra mûri ton fruit ver-meil.
P.G.

Devoir.

Ecrivez sur plusieurs portées l'exercice suivant: **clef de Fa 4e ligne, mesure C** avec quatre noires par mesure; pour la dernière mesure: une ronde.

Trouvez les notes qui forment les intervalles demandés en prenant chaque fois pour première note de l'intervalle la dernière de l'intervalle précédent.

Point de départ: 3ce mineure, sup., 4te juste, sup., 3ce dim., inf. | 2de min., sup., 3ce inf., 3ce min., 4te juste, inf. | 2de min. sup., 2de aug. sup., 5te dim. sup., 3ce min. inf. | 2de min. sup., 6te min. inf., 2de min. sup., 6te aug. sup. | 2de min. sup., 2de maj. inf., 6te dim. inf., 2de min. sup., | 2de min. sup. |

Dire en quel ton est cet exercice.

SOIXANTE-QUINZIÈME LEÇON.

§ 1. La **septième diminuée** a pour renversement la **seconde augmentée** (1 ton, 1 demi-ton chrom.)

§ 2. La **septième mineure** a pour renversement la **seconde majeure** (1 ton.)

§ 3. La **septième majeure** a pour renversement la **seconde mineure** (1 demi-ton diat.)

§ 4. Le renversement de la **septième augmentée** est la **seconde diminuée** (intervalle **enharmonique ou nul.**) [a]

---

[a] On se rappelle que ces deux intervalles n'existent que théoriquement (voir 70e leçon.)

Questionnaire.

1689. Quelle est la composition de la seconde majeure? — *1690.* Quelle est la composition de la quarte augmentée? — *1691.* Quelle est la composition de la septième diminuée? — *1692.* Quel est le renversement de la quinte diminuée? — *1693.* Quel est le renversement de la septième majeure? — *1694.* Quel est le renversement de la seconde majeure? — *1695.* Chiffrez cette mesure: 𝅗𝅥. ♫♩𝅗𝅥 ♩♩♩♩ ♬♬ 𝄽 ♩ 𝅗𝅥 𝅗𝅥 𝅗𝅥 ? — *1696.* Combien la mesure à $\frac{4}{1}$ peut-elle contenir de sextolets de triples croches? — *1697.* Quels sont les tons voisins de Ré mineur? — *1698.* Quel est l'intervalle simple de la seizième? — *1699.* Quelles sont les notes extrêmes du tétracorde supérieur de la gamme majeure qui a Sol dièse comme sus-dominante? — *1700.* Quelle est la note synonyme de La bémol?

Exercice à trois voix. (à solfier)

Tutti.
p
Tutti.
pp
Tutti.
pp
Cresc.
Cresc.
Cresc.
f
sfz
f
sfz
f
sfz
Paroles de J. RUELLE.
LA SEINE.
Andte sostenuto. 66 =
F. BAZIN.
1re Partie.
O fleu_ve calme et pur, dans ton cours magni_fi_que
2e Partie.
O fleu_ve calme et pur, dans ton cours magni_fi_que
3e Partie.
O fleu_ve calme et pur, dans ton cours magni_fi_que

Tu ré_jou_is nos yeux; Car sur ta grève bril_le en un miroir ma_
Tu ré_jou_is nos yeux; Car sur ta grève bril_le en un miroir ma_
Tu ré_jou_is nos yeux; Car sur ta grève bri_le en un miroir ma_
_gi_que Le passé glo_ri_eux. Tes on_des qui, ja_dis jusqu'aux murs de Lu_
_gi_que Le passé glo_ri_eux. Tes on_des qui, ja_dis jusqu'aux murs de Lu_
_gi_que Le passé glo_ri_eux. Tes on_des qui, ja_dis jusqu'aux murs de Lu_
_tè_ce A_menaient les Normands, Ont englouti leur flot_te Aux longs cris d'allé_
_tè_ce A_menaient les Normands, Ont englouti leur flot_te Aux longs cris d'allé_
_tè_ce A_menaient les Normands, Ont englouti leur flot_te Aux longs cris d'allé_
Andantino. 80 = ♩
_gres_se Des Gaulois tri_om_phants.
Dolce.
_gres_se Des Gaulois tri_om_phants. Du fer l'âge est passé, tes
_gres_se Des Gaulois tri_om_phants. Du fer l'âge est pas_
ri_ves sont fé_con_des, tes ri_ves sont fé_con_des,
_sé tes ri_ves sont plus fé_con_des,

Dolce.
Sans cesse on voit voguer. ô fleuve sur tes
Heu_reux sont les troupeaux.
Dolce.
Heu_reux sont les troupeaux. Et sans ces - se l'on voit
on - des, Mil_le jo yeux ba_teaux Mil le joyeux ba_teaux.
vo_guer, ô fleuve sur tes on_des, Mille ba_teaux.
p
Sei_ne, fleuve a_do_ré va le long des prai_ri - es
p
Sei_ne, fleuve a_do_ré va le long des prai_ri - es
p
Sei_ne, fleuve a_do_ré, va le long des prai_
Cresc.
Portant les doux bienfaits Portant les doux bienfaits, les doux bien_
Cresc.
Portant les doux bienfaits Por_tant tou_jours les doux bien_
Cresc.
_ri - - es Por_tant tou_jours les doux bien_
f
_faits; Que ton cours donne en_core à nos plaines fleu_ri_es Le bon_heur, le bon_
f
_faits; Que ton cours donne en_core à nos plaines fleu_ri_es Le bon_heur, le bon_
f
_faits; Que ton cours donne en_core à nos plaines fleu_ri_es Le bon_heur, le bon_

Allº maestoso. 112 = ♩
-heur et la paix! Porte vers l'o-cé-an; ô beau fleuve de France, Le travail,
-heur et la paix! Porte vers l'o-cé-an; ô beau fleuve de France, Le travail,
-heur et la paix! Porte vers l'o-cé-an; ô beau fleuve de France, Le travail,
ten.
la gaî-té, la gaî - té. Et qu'au delà des mers, notre chant d'espé-
la gaî-té, la gaî - té. Et qu'au delà des mers, notre chant d'espé-
la gaî-té, la gaî - té. Et qu'au delà des mers, notre chant d'espé-
Animez.
-ran-ce Soit partout ré-pé-té, par-tout ré-pé-té. Vers le vaste o-cé-
-ran-ce Soit partout ré-pé-té, par-tout ré-pé-té. Vers le vaste o-cé-
-ran-ce Soit partout ré-pé-té, par-tout ré-pé-té. Vers le vaste o-cé-
-an, va, beau fleu-ve de France, Et par toi ré-pé-té, Sur les mers pas-se-
-an, va, beau fleu-ve de France, Et par toi ré-pé-té, Sur les mers pas-se-
-an, va, beau fleu-ve de France, Et par toi ré-pé-té, Sur les mers pas-se-
-ra notre cri d'es-pé-rance: Paix, tra-vail, li-ber-té! Au loin tu por-te-
-ra notre cri d'es-pé-rance: Paix, tra-vail, li-ber-té! Au loin tu por-te-
-ra notre cri d'es-pé-rance: Paix, tra-vail, li-ber-té! Au loin tu por-te-

Devoir.

Copiez cet exercice et indiquez les intervalles de **7e diminuée**, **7e mineure**, **7e majeure** et **7e augmentée**.

Dites en quel ton est cet exercice.

SOIXANTE-SEIZIÈME LEÇON.

§1. Le renversement de **l'octave diminuée** est la **première augmentée** [a] (1 demi-ton chromatique.)

§2. **L'octave juste** a pour renversement la **première juste** ou **unisson** (intervalle nul.) [b]

Questionnaire.

1701. Quel est la composition de l'octave juste? — *1702.* Quel est l'intervalle qui se compose de trois tons et un demi-ton diatonique? — *1703.* Quel est le renversement de la sixte mineure? — *1704.* Quels sont les intervalles justes? — *1705.* Quels sont les intervalles mineurs? — *1706.* Combien la mesure à $\frac{12}{4}$ peut-elle contenir de mesures à $\frac{3}{4}$? — *1707.* Combien la noire vaut-elle de triples croches en sextolets? — *1708.* Quelle est la mesure simple correspondante de la mesure à $\frac{9}{2}$? — *1709.* Quelle est la mesure composée correspondante

---

(a) Intervalle chromatique.

(b) Le renversement de l'octave juste qui est l'unisson ne peut contenir aucun intervalle, puisque lui même contient 5 tons et 2 demi-tons. (voir la note de la 74e leçon.)

de la mesure à $\frac{4}{2}$? — *1710.* Quelle est la mesure dont le tiers serait formé par trois doubles croches? — *1711.* Quelles sont les mesures qui peuvent contenir soixante-quatre quadruples croches? — *1712.* Quelles sont les mesures qui peuvent avoir une double croche comme tiers de temps?

CAPRICIO.

A. H. CHELARD.

LA PAIX.

Paroles de J. RUELLE. F. BAZIN.

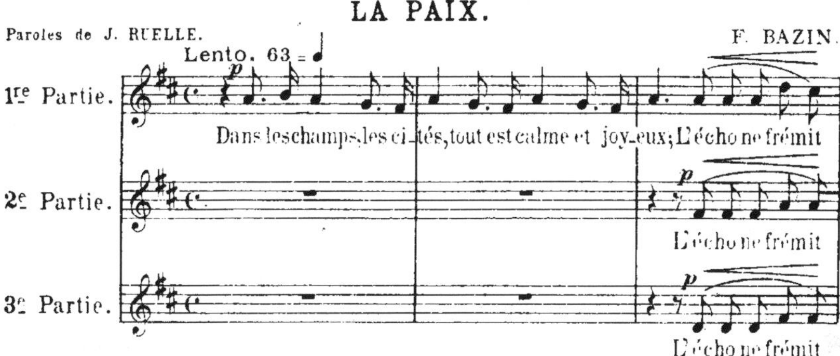
Lento. 63 = ♩
1re Partie.
2e Partie.
3e Partie.
p
Dans les champs, les ci_tés, tout est calme et joy_eux; L'écho ne frémit
L'écho ne frémit
L'écho ne frémit

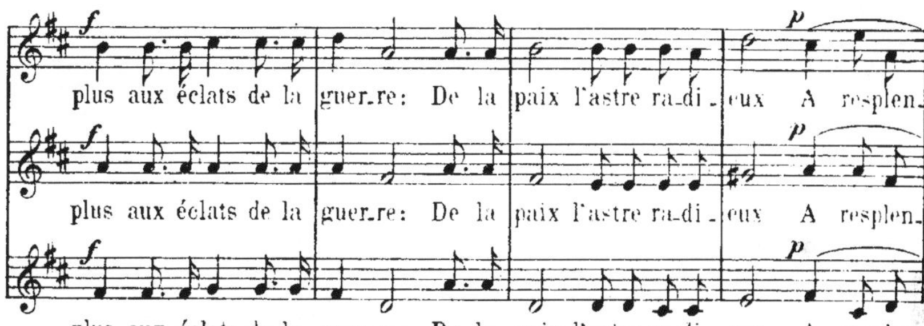
f
p
plus aux éclats de la guer_re: De la paix l'astre ra_di_eux A resplen_
plus aux éclats de la guer_re: De la paix l'astre ra_di_eux A resplen_
plus aux éclats de la guer_re: De la paix l'astre ra_di_eux A resplen_

Andante. 69 = ♩
Dolce.
_di sur notre ter _ re. O douce paix!

_di sur notre ter _ _ re. O douce paix! dou_ce
Dolce.
_di sur notre ter _ re. O douce

Allº moderato. 120=♩
ten.
douce paix! Par toi naît l'es_pé_ran_ce, Tu bannis la souf_fran_ce Par
paix! Par toi naît l'es_pé_ran_ce, Tu bannis la souf_fran_ce Par
paix! Par toi naît l'es_pé_ran_ce, Tu bannis la souf_fran_ce Par
Cresc.
toi naît l'espé_ran_ce, Tu calmes la souf_fran_ce. Heu_reux, nos cœurs, heu_
toi naît l'espé_ran_ce, Tu calmes la souf_fran_ce. Heu_reux, nos cœurs, heu_
toi naît l'espé_ran_ce, Tu calmes la souf_fran_ce. Heu_reux, nos cœurs, heu_
Andante.
Dolce.
_reux, nos cœurs cé_lè_brent tes bien_faits. O douce paix! Douce paix!
_reux, nos cœurs cé_lè_brent tes bien_faits. O douce paix! Douce paix!
_reux, nos cœurs cé_lè_brent tes bien_faits. O douce paix!
Tu nous rends ton sou_ri_re Et le monde res_pi_re Cal_mé par ton sou_
Tu nous rends ton sou_ri_re Et le monde res_pi_re Cal_mé par ton sou_
Tu nous rends ton sou_ri_re Et le monde res_pi_re Cal_mé par ton sou_
_ri_re, Le monde entier res_pi_re O dou_ce paix, nos cœurs célèbrent tes bien_
_ri_re, Le monde entier res_pi_re O dou_ce paix, nos cœurs célèbrent tes bien_
_ri_re, Le monde entier res_pi_re O dou_ce paix, nos cœurs célèbrent tes bien_

20

-faits. Quand grondaient les ba-tail-les
Que de pleurs!
-faits. Quand grondaient les ba-tail-les
Que de deuils, que de pleurs!
-faits. Quand grondaient les ba-tail-les
Que de pleurs! Que de deuils, que de
que de pleurs! Que de sombres dou-leurs Et de pleurs! Aux jours des funé-
Que de deuils, que de pleurs! Que de sombres dou-leurs! Aux jours des funé-
pleurs! que de pleurs! Que de sombres dou-leurs! Aux jours des funé-
-rail - les! La guerre a coû-té bien des pleurs! Et pour-
-rail - les! La guer-re a couté bien des pleurs! Et pour-
-rail - les! La guer-re a couté bien des pleurs! Et pour-
-tant si de la pa-tri - e La voix vous ap-pe-lait, Vos fil-les, o sol-
-tant si de la pa-tri - e La voix vous ap-pe-lait, Vos fil-les, o sol-
-tant si de la pa-tri - e La voix vous ap-pe-lait, Vos fil-les, o sol-
-dats, Ne songe-raient qu'à la France, à la Fran-ce ché-ri-e!.. Mais le travail suc-
-dats, Ne songe-raient qu'à la France, à la Fran-ce ché-ri-e!.. Mais le travail suc-
-dats, Ne songe-raient qu'à la France, à la Fran-ce ché-ri-e!.. Mais le travail suc-

ff Rall. molto.
-cède aux fu-reurs des combats, La paix nous rend en-fin le repos, l'espé-ran- -
-cède aux fu-reurs des combats, La paix nous rend en-fin le repos, l'espé-ran- -
-cède aux fu-reurs des combats, Pour nous luit l'es-pé - ran- -
Andante. Dolce. ten. All? moderato.
-ce O douce paix! douce paix! Tu ban-nis la souf-fran-ce
-ce O douce paix! dou-ce paix! Tu ban-nis la souf-fran-ce
-ce O douce paix! Tu ban-nis la souf-fran-ce
Cresc.
Tu nous rends l'es-pé-ran-ce Cal-mé par ton sou-ri-re Le monde en-fin res-
Tu nous rends l'es-pé-ran-ce Cal-mé par ton sou-ri-re Le monde en-fin res-
Tu nous rends l'es-pé-ran-ce Cal-mé par ton sou-ri-re Le monde en-fin res-
Andante. Dolce.
-pi-re Nos cœurs joyeux, nos cœurs célèbrent tes bien-faits Douce
-pi-re Nos cœurs joyeux, nos cœurs célèbrent tes bien-faits O douce paix! Douce
-pi-re Nos cœurs joyeux, nos cœurs célèbrent tes bien-faits Douce
Dolce. Rall.
paix! Dou-ce paix! Salut, sa-lut ô bienfai-san-te paix!
paix! O douce paix! Dou-ce paix! Salut, sa-lut ô bienfai-san-te paix!
paix! Dou-ce paix! Salut, sa-lut ô bienfai-san-te paix!

Devoir.

Copiez cet exercice et indiquez les intervalles d'**octaves diminuées, justes** et **augmentées**.

Dites en quel ton est cet exercice.

SOIXANTE-DIX-SEPTIÈME LEÇON.

§1. Dans leur ordre naturel, c'est-à-dire de la clef de Fa 4e ligne à la clef de Sol 2e, les clefs sont placées à une tierce l'une de l'autre.

Ex.

§2. On remarquera dans l'exemple ci-dessous que, prises dans leur ordre naturel, il y a: **une tierce**, d'une clef à sa voisine; **une quinte**, en passant une clef; **une septième**, en passant deux clefs; etc...

Ex.

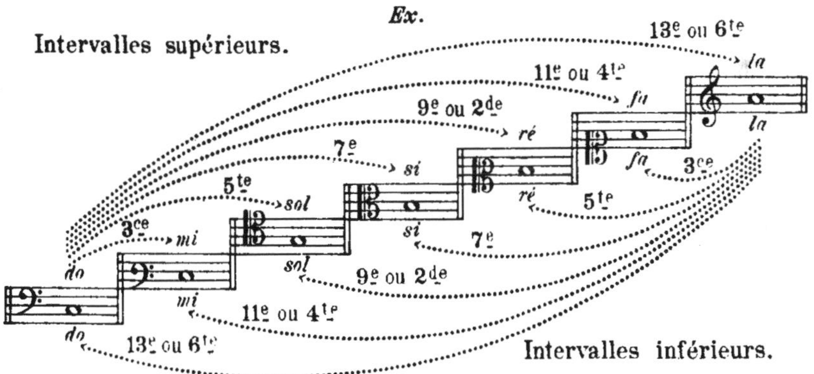

§3. On verra dans les trois leçons suivantes que, pour transposer à la tierce il suffit de substituer, à la clef écrite, celle qui la suit ou celle qui la précède dans l'ordre indiqué ci-dessus, soit que la transposition est supérieure ou inférieure.

Questionnaire.

1713. Prises dans leur ordre naturel, quelle distance y a-t-il d'une clef à sa voisine? — *1714.* Un morceau est écrit en clef d'Ut 1ère ligne, quelle clef faudrait-il employer pour transposer à la tierce supérieure? A la tierce inférieure? — *1715.* Un morceau est écrit en clef d'Ut 3e ligne, quelle clef faudrait-il employer pour transposer à la quinte supérieure? A la quinte inférieure? — *1716.* Quelle est la tierce majeure de Ré dièse? — *1717.* Quelle est la quinte juste de Fa double dièse? — *1718.* Quelle est la douzième juste de Fa double dièse? — *1719.* Quelle est la septième augmentée d'Ut? — *1720.* Quelle est la septième diminuée d'Ut? — *1721.* Quel est l'intervalle qui contient quatre commas? — *1722.* Quelle est la mesure pouvant contenir trois triolets de noires? — *1723.* Quel est le seul intervalle diminué que l'on rencontre dans la gamme majeure qui a cinq bémols à l'armature? — *1724.* Quelles sont les mesures ayant la blanche pointée comme unité de temps?

CAPRICCIO.

A. H. CHELARD.

(a) Donc, pour transposer à la 5te, ou à la 7me, ou à la 9me, etc..., on devra passer une, ou deux, ou trois clefs, etc...

Ex.

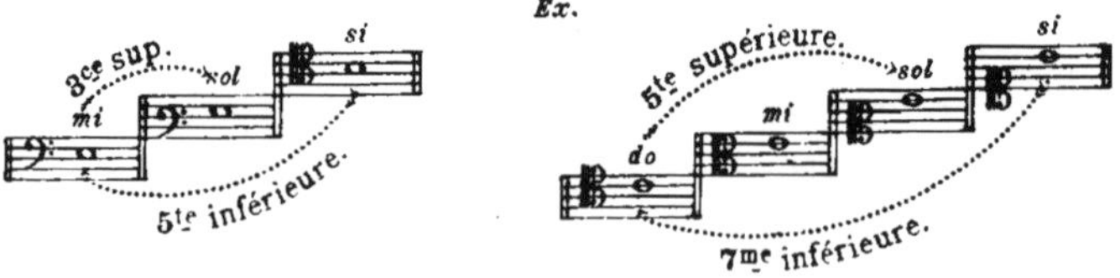

Cresc.
f
Cresc.
f
Legg.
Cresc.
f
pp
pp
pp
Cresc.
f
Cresc.
f
Cresc.
f
pp
p
pp
p
pp
p
Cresc.
Cresc.
Cresc.

f
p
pp
Poco rit.
a Tempo.

LE VOYAGEUR.

Un peu animé.
MENDELSSOHN-BARTHOLDY.
1re Partie.
2e Partie.
3e Partie.
1. Heu-reux ce-lui qui pas-se Au hasard des che-mins, Qui
2. D'un pas ferme et ra-pi-de Il va, sans sa-voir où Son
3. Il poursuit son vo-ya-ge Si le pa-ys est laid, Et
ja-mais ne se las-se Et marche-ra de-main. A l'ombre des ra-
seul plaisir le gui-de Vers les cieux les plus doux. Où la bri-se le
s'ar-rête au vil-la-ge Dont le clocher lui plaît. Il suit sa fan-tai-
-mu-res, Il va, plus loin, là-bas, Sans but, à l'a-ven-tu-re, Où
pous-se Il va, comme un oi-seau... Où l'ombre est la plus dou-ce Vers
-si-e Sans crainte de re-tard, Et sa route est choi-si-e Tou-

mf
ʼp
Rit.
le portent ses pas, Sans but, à l'a-ven- tu - re, Où le portent ses pas.
les lieux les plus beaux, Où l'ombre est la plus dou-ce Vers les lieux les plus beaux.
-jours par le ha-sard, Et sa route est choi - si - e Tou-jours par le ha - sard.
mf
ʼp
Rit.
le portent ses pas, Sans but, à l'a-ven- tu - re, Où le portent ses pas.
les lieux les plus beaux, Où l'ombre est la plus dou-ce Vers les lieux les plus beaux.
-jours par le ha-sard, Et sa route est choi - si - e Tou-jours par le ha - sard.
mf
ʼp
Rit.
le portent ses pas, Sans but, à l'a-ven - tu - re, Où le portent ses pas.
les lieux les plus beaux, Où l'ombre est la plus dou-ce Vers les lieux les plus beaux.
-jours par le ha-sard, Et sa route est choi - si - e Tou-jours par le ha - sard.

P.G.

Devoir.

Copiez cet exercice; mettez les barres de mesure, les chiffres indicateurs; indiquez les intervalles diminués et augmentés ainsi que leur composition. En tout six mesures.

SOIXANTE-DIX-HUITIÈME LEÇON.

§1. La transposition consiste à mettre dans un ton ce qui est écrit dans un autre; c'est élever ou abaisser à un intervalle déterminé toutes les notes d'un morceau de musique.

Le but ordinaire de la transposition est de mettre dans une tonalité plus favorable à une voix ou à un instrument, un morceau qui serait écrit trop haut ou trop bas pour la dite voix ou le dit instrument.

Ex.

Un morceau a été écrit pour voix de soprano dans l'étendue de , on veut le faire chanter par un contralto dont l'étendue est ; il faudra donc le transposer une quinte au-dessous: s'il était en **Ut** il deviendrait en **Fa**.

Ut m.
Fa m.

§ **2**. La transposition peut-être effectuée de deux manières: soit en écrivant, soit en lisant.

La transposition par l'écriture consiste à transcrire à un intervalle déterminé, chacune des notes d'un morceau donné. Ce n' est qu'une question de patience.

La transposition à la lecture, opération plus difficile, consiste à lire à un intervalle demandé, toutes les notes d'un morceau quelconque sans changer leur position sur la portée.

§ **3**. Pour transcrire un morceau dans un autre ton que celui où il est écrit, il suffit, après avoir modifié l'armature, de transposer à l'intervalle voulu toutes les notes du modèle. [a]

Modèle de mélodie à transcrire une **seconde majeure descendante**.

Résultat obtenu par l'écriture.

Questionnaire.

1725. Qu'est-ce que la transposition? — *1726.* En combien de manières la transposition peut-elle être effectuée? — *1727.* En quoi consiste la transposition par l'écriture? — *1728.* Un morceau est en Fa majeur; on veut le transcrire à une tierce majeure ascendante, quelle sera l'armature du nouveau ton? — *1729.* A quel intervalle transpose-t-on quand on supprime deux bémols à l'armature d'un ton majeur qui en a déjà cinq? — *1730.* Quelle est la quarte juste d'Ut dièse? — *1731.* Quelle est la quinte diminuée de Si dièse? — *1732.* Quelle est la sixte mineure d'Ut? — *1733.* Quelle est l'armature d'un ton majeur ayant Mi bémol comme médiante? — *1734.* Quel est l'intervalle synonyme de la dixième mineure? — *1735.* Un morceau est en Mi majeur; on veut le transcrire à une quinte juste ascendante, quelle sera l'armature du ton nouveau? — *1736.* Chiffrez cette mesure: ?

[a] L'armature doit comprendre les altérations nécessaires au nouveau ton.

TARENTELLE.

A. H. CHELARD.

p
p
p
Sempre cresc.
Sempre cresc.
Sempre cresc.
f
f
f

L'ALOUETTE.
Poésie de A. THEURIET.
Andante. 66 = ♩
J. MOUQUET. (1)
1re Partie.
2e Partie.
3e Partie.
Le jour commence à peine à blan_chir les col_li_nes, La
Le jour commence à peine à blan_chir les col_li_nes, La
Le jour commence à peine à blan_chir les col_li_nes, La
plaine est grise en_cor; Au long des prés bor_dés de su_reaux et d'é_pi_nes, Le so_
plaine est grise en_cor; Au long des prés bor_dés de su_reaux et d'é_pi_nes, Le so_
plaine est grise en_cor; Au long des prés bor_dés de su_reaux et d'é_pi_nes, Le so_
_leil aux traits d'or N'a pas encor changé la brume en perles fi_nes; Et dé_
_leil aux traits d'or N'a pas encor changé la brume en perles fi_nes; Et dé_
_leil aux traits d'or N'a pas encor changé la brume en perles fi_nes; Et dé_
_jà, secouant dans les sillons de blé Tes ai_les engour_di_es, Alou_et_te, tu
_jà, secouant dans les sillons de blé Tes ai_les engour_di_es, Alou_et_te, tu
_jà, secouant dans les sillons de blé Tes ai_les engour_di_es, Alou_et_te, tu

(1) **Mouquet** (Jules-Ernest-Georges) né à Paris le 10 Juillet 1867.

pars, le go_sier tout gon_flé De jeu_nes mélo_di_es, Et tu vas sa_lu_
pars, le go_sier tout gon_flé De jeu_nes mélo_di_es, Et tu vas sa_lu_
pars, le go_sier tout gon_flé De jeu_nes mélo_di_es, Et tu vas sa_lu_
_er le jour _renouve_lé. Sur tes ai_les tu prends les larmes de la
_er le jour renouve_lé. Sur tes ai_les tu prends les larmes de la
_er le jour renouve_lé. Sur tes ai_les tu prends les larmes de la
ter_re A chaque au_be du jour, Et des hauteurs du ciel, par
ter_re A chaque au_be du jour, Et des hauteurs du ciel, par
ter_re A chaque au_be du jour, Et des hauteurs du
un joyeux mys_tè_re Tu nous rends en retour Des perles de gaî_té pleu_
un joyeux mys_tè_re Tu nous rends en retour Des perles de gaî_té pleu_
ciel, par un joyeux mys_tè_re Tu rends Des perles de gaî_té pleu_
_rant dans la lu_miè_re. Tout s'é_veille à ta voix: le ru_de labou_reur Qui
_rant dans la lu_miè_re. Tout s'é_veille à ta voix: le
_rant dans la lu_miè_re Tout s'é_veille à ta voix:

pousse sa char_ ru _ e, Le vieux berger cour_bé qui tra _ver_ se rê _ veur La
ru_de la_bou_reur. Le vieux berger cour_bé qui tra_ver_ se rê_ veur La
Les vieux bergers cour_bés qui tra _ver_sent rê_ veur La
più f
grande friche nu _ e, Se sen_tent rajeu_nis et re_trou_vent du cœur.
più f
grande friche nu _ e, Se sen_tent rajeu_nis et re_trou_vent du cœur.
più f
grande friche nu _ e, Se sen_tent rajeu_nis et re_trou_vent du cœur.

Devoir.

Sans changer de clef, transcrivez cette mélodie: *1º* à une seconde majeure inférieure, *2º* à une quarte juste supérieure.

SOIXANTE-DIX-NEUVIÈME LEÇON.

§ **1.** Pour transposer un morceau par la lecture il faut: *1º* changer la clef, *2º* changer l'armature [a], *3º* modifier certains signes d'altération accidentels quand ils se présenteront dans le courant du morceau.

Modèle de mélodie à transposer à la lecture.

Sol mineur.

Pour transposer ce modèle de mélodie à une **seconde majeure inférieure**, la tonique **Sol** devenant **Fa**, il faudra lire comme si,

---

([a]) L'armature doit comprendre les altérations exigées par le ton nouveau; il suffit de les substituer, par la pensée, à celles du ton écrit. L'ancienne armature doit donc disparaître.

au lieu de la **clef de Sol,** on avait la **clef d'Ut 4e ligne.**
L'armature sera supposée armée de **quatre bémols**

Résultat obtenu à la lecture.

Même mélodie transcrite en **clef de Sol.**

§ **2.** Pour transposer cette même mélodie à une **quinte juste en dessous,** la tonique **Sol** devenant **Ut,** il faudra donc substituer, à la clef de Sol, la **clef d'Ut 2e ligne.** (d)
L'armature sera supposée armée de **trois bémols.**

Même mélodie transcrite en **clef de Sol.**

§ **3.** Donc, quel que soit l'intervalle auquel on transpose, il y aura toujours une clef qui remplira le but exigé. (e)

Questionnaire.

1737. Quelles sont les opérations nécessaires pour transposer un morceau par la lecture? — *1738.* Un morceau est écrit en La mineur sur la clef de Sol 2e ligne. On veut le transposer à une quarte juste supérieure. Quelle clef devra servir à cette transposition et quel sera le nouveau ton? — *1739.* Un morceau est écrit en clef d'Ut 4e ligne; si on lit en clef de Sol 2e, a quel intervalle transpose-t-on? — *1740.* Quand on

(b) (b) Voir à la 80e Leçon (modification des altérations accidentelles.)

(c) Nous ferons remarquer que les différentes clefs auquel on a recours, donneront bien le nom de la note, mais pas toujours son vrai diapason.
Dans cet exemple, il faudra, tout en substituant par la pensée la clef **d'Ut 4e ligne,** à la clef de **Sol,** lire la première un octave plus haut que son diapason réel.

(d) On voit ici l'utilité pour transposer couramment de la pratique familière de toutes les clefs. Les élèves qui désireront acquérir cette habileté devront donc s'exercer dans des recueils de leçons de solfège écrites dans toutes les clefs.

(e) On a vu à la 2e leçon, qu'une note occupant une position quelconque sur la portée, peut recevoir, au moyen des clefs, chacun des sept noms.

substitue la clef d'Ut 2e ligne à la clef de Fa 4e, à quel intervalle transpose-t-on? — *1741.* Un morceau est écrit en clef de Fa 4e ligne. Quelle clef faudra-t-il employer pour transposer à la quinte ascendante? — *1742.* Quand on substitue la clef de Fa 3e ligne à la clef d'Ut 4e, à quel intervalle transpose-t-on? — *1743.* Quelle est la sus-dominante du ton synonyme de Ré bémol majeur? — *1744.* Sol, Do, Ré sont les notes tonales d'une gamme mineure. Quelles seront les notes modales du relatif majeur de cette gamme? — *1745.* Un morceau d'alto est écrit en clef d'Ut 3e ligne dans le ton de Fa majeur. On veut le transposer à la quinte juste ascendante. Quelle clef faudra-t-il employer, et quelle sera la tonalité nouvelle? — *1746.* Quel est le second tétracorde d'une gamme mineure ayant Si bémol comme sous-tonique? — *1747.* La bémol est la seconde note modale d'une gamme mineure quelle est la troisième note tonale de cette gamme? — *1748.* Un morceau est écrit en clef d'Ut 1re ligne. Quelles clefs faudra-t-il employer pour transposer: *1°* à la seconde ascendante? *2°* à la seconde descendante? *3°* à la quarte supérieure? *4°* à la sixte inférieure?

f
sfz
pp
Cresc.
sfz
Dimin.
p
pp sostenuto.
pp staccato.
p

Cresc.
Cresc.
pp staccato.
Dimin.
pp legato.
Dimin.
pp staccato.
p
p
p
Cresc.
Cresc.
Cresc.
pp
pp
pp
pp
pp
pp

L'OCÉAN.
Paroles de ARENAUD.
C. BROUTIN. (1)
Allº moderato.
1re Partie.
2e Partie.
3e Partie.
p
Cresc.
sf
pp
Rou - le, O - cé - an, la cî - me de tes on - des; De leurs sil - lons étends l'immensi -
Roule, O - cé - an, la cî - me de tes on - des; De leurs sil - lons étends l'immensi -
Rou - le, O - cé - an, la cî - me de tes on - des; De leurs sil - lons étends l'immensi -

(1) **Broutin** (Clément-Jules) né à Orchies (Nord) le 4 Mai 1851, mort à Roubaix le 27 Mai 1889.

sf p f
-té.__ Donne à l'é-lan de tes mas-ses pro-fon - des Les
sf p f
-té.__ Donne à l'é-lan de tes mas-ses profon - -
sf p f
-té.__ Donne à l'é - lan de tes mas-ses pro-
cieux ______ et leur clar - té,__ Les cieux et leur clar - té.__
-des Les cieux et leur clar - té,__ Les cieux et leur clar - té.__
-fon-des Les cieux et leur clar - té,__ Les cieux et leur clar - té.__
mf p
Reflè - te l'é-ther a - zuré, Ca-res - se le ra - yon doré;
mf p
Reflè - te l'é-ther a - zuré, Ca-res - se le ra - yon doré;
mf p
Reflè - te l'é-ther a - zuré, Ca-res - se le ra - yon doré;
mf p
Re-tiens les ro-ses de l'au - ro - re__ Pour que la vague se co -
mf p
Re-tiens les ro-ses de l'au - ro - re__ Pour que la vague se co -
mf p
Re-tiens les ro-ses de l'au - ro - re__ Pour que la vague se co -
f
-lo - re.__ Rou - le, O-cé - an la cîme de tes
f
-lo - re.__ Roule, O-cé - an la cîme de tes
f
-lo - re. Rou - le, O-cé - an,______ la cîme de tes

on - des, De leurs sil - lons é-tends l'immensi -
on - des, De leurs sil - lons é-tends l'immensi -
on - des, De leurs sil - lons é-tends l'immensi -
-té. Donne à l'é - lan de tes mas - ses pro - fondes Les
-té. Donne à l'é - lan de tes mas - ses pro -
-té. Donne à l'é - lan de tes mas - ses pro - fon -
cieux et leur clar - té.
Même mouvt
- fondes Les cieux et leur clar - té.
- des Les cieux et leur clar - té.
pp
Quand la nuit tend ses
pp
Quand la nuit tend ses voi - les, Réflé - chis, flot chan -
Cresc.
Quand la nuit tend ses voi - les, Réflé - chis, flot chan -
voi - les, Quand la nuit tend ses voi - les, Réflé - chis, flot chan -
mf
- geant, Les bril - lants des é - toi - les Et le dis - que d'ar -
Dim.
- geant, Les bril - lants des é - toi - les Et le dis - que d'ar -
- geant, Les bril - lants des é - toi - les Et le dis - que d'ar -

p
-gent.
Aux ar-deurs de la ter-re Ta
p
-gent.
Aux ar deurs de la ter - re Ta
p
-gent. Aux ar-deurs de la ter - - - - re Ta
f
brise et sa fraî-cheur, Aux é-chos le ton-ner-re De ton flot voya-
f
brise et sa fraî-cheur, Aux é-chos le ton-ner-re De ton flot voya-
f
brise et sa fraî-cheur, Aux é-chos le ton-ner-re De ton flot voya-
p
-geur. Sau-ve la nef er-ran - te Des lar - mes
p
-geur. Sau-ve la nef er-ran - te Des lar - mes
p
-geur. Sau-ve la nef er-ran-te Des
et du deuil, Cal - - me, dans
et du deuil, Calme, dans la tour-men - - te,
larmes et du deuil, Calme, dans la tour-men - - te, dans
Dimi - nuen - do.
la tour-men - te, Lim-pi-de, sur l'é-cueil.
Dimi - nuen - do.
Lim - pi - - pi-de, sur l'é-cueil.
Dimi - nuen - do.
la tour-men - te. Lim-pi-de. sur l'é-cueil.

Même mouvt
Rou - le, O-cé - an, la ci-me de tes on - des
Roule, O-cé - an, la ci-me de tes on - des
Rou - le, O-cé - an, la ci-me de tes on - des
De leurs sil - lons étends l'immensi - té.
De leurs sil - lons étends l'immensi - té.
De leurs sil - lons étends l'immensi - té. Donne à l'é -
Donne à l'é - lan de tes masses pro-fondes Les cieux et leur clar -
Donne à l'é - lan de tes mas - ses pro - fondes Les cieux et leur clar -
- lan de tes mas - ses pro - fon - des Les cieux et leur clar -
- té. Rou - le, O - cé - an, la ci - me de tes on -
- té. Rou - le, O - cé - an, la ci - me de tes on -
- té. Rou - le, O - cé - an, la ci - me de tes on -
Cre - scen - do. ff Allargando.
- des, De tes sil - lons é - tends l'im-men - si - té!
Cre - scen - do. ff
- des, De tes sil - lons é - tends l'im-men - si - té!
Cre - scen - do. ff
- des, De tes sil - lons é - tends l'im-men - si - té!

Devoir.

Au moyen des clefs (sans changer la position des notes sur la portée), transposez la mélodie suivante: *1º* à une **3ce majeure ascendante**, *2º* à une **5te juste descendante**, *3º* à une **2de majeure descendante**.

Solfiez ensuite mais sans chanter.

QUATRE-VINGTIÈME LEÇON.

§1. Le changement d'armature nécessite la modification des signes d'altération accidentels qui, à l'égard de la note transposée, ne rempliraient pas la même fonction que dans le ton primitif:

Ex.

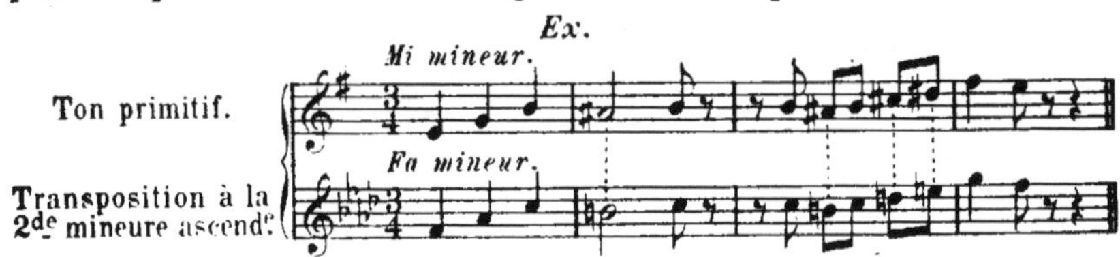

§2. Autant l'armature nouvelle contient: de **dièses** en **plus**, de **bémols** en **moins**; **autant** on rencontre de **notes prises dans l'ordre des dièses**, devants lesquels **les altérations** doivent être **traduites un demi-ton chromatique plus haut** (le 𝄫 devient ♭, le ♭ devient ♮, le ♮ devient ♯, le ♯ devient ×):

Ex.

On est en **Si bémol majeur** (2 ♭); on veut transposer à une **tierce mineure descendante** c'est-à-dire en **Sol majeur** (1 ♯); comme **l'armature nouvelle** (sol majeur) **contient: un dièse** de **plus** et **deux bémols** de **moins** que l'armature du ton de Si bémol majeur ((1×2=3)), **les altérations accidentelles** seront modifiées devant les notes **fa,do,sol** qui seront **haussées d'un demi-ton chromatique.**

§3. Autant l'armature nouvelle contient: de **bémols** en **plus**, de **dièses** en **moins**; **autant** on rencontre de **notes prises dans l'ordre des bémols**, devant lesquelles **les altérations** doivent être **traduites un demi-ton chromatique plus bas** (le × devient ♯, le ♯ devient ♮, le ♮ devient ♭, le ♭ devient 𝄫):

Ex.

On est en **Sol majeur** (1 ♯); on veut transposer à une **tierce mi-**

neure ascendante c'est-à-dire en **Si bémol majeur** (2♭); comme **l'armature nouvelle** (si bémol majeur) **contient: deux bémols de plus** et **un dièse** en **moins** que l'armature du ton de Sol majeur ((2×1=3)), **les altérations accidentelles** seront modifiées devant les notes **si, mi, la** qui seront **abaissées d'un demi-ton chromatique.** [a]

§4. Tout accident affectant d'autres notes que celles indiquées par ces deux §, conserve sa signification habituelle.

§5. Pour bien faire comprendre le mécanisme de la transposition, nous donnons ici l'exemple d'un petit motif mélodique transposé successivement dans tous les tons; en indiquant dans chaque ton par le signe ↗ les altérations qui doivent être élevées; par le signe ↘ celles qui doivent être abaissées; et enfin par un zéro (0) celles qui n'ont pas à subir de modifications.

(a) Ces deux règles peuvent trouver leur synthèse dans la formule suivante, assez facile à retenir par cœur:

Autant l'armature nouvelle contient { *de dièses en plus — de bémols en moins* / *de bémols en plus — de dièses en moins* }, *autant on rencontre de notes* { *prises dans l'ordre des dièses* / *prises dans l'ordre des bémols* } *devant lesquelles les altérations devront être traduites un ½ ton chromatique* { *plus haut* / *plus bas* }.

(b) Cette altération sert à ramener la note à son état naturel.

C'est par la lecture attentive de cet exemple que l'élève arrivera mieux à se rendre compte des procédés à employer dans la transposition.(c)

Questionnaire.

1749. Un morceau est en La majeur. On veut le transposer dans le ton de Fa majeur; comment seront modifiées les altérations accidentelles? — *1750.* Un morceau est en Si bémol majeur. On veut le transposer à la tierce majeure supérieure. Quel sera le nouveau ton? — *1751.* Un morceau est en Ré mineur sur la clef de Fa 4e ligne. On veut le transposer dans un ton prenant quatre dièses. Quelle clef devra servir à cette transposition? — *1752.* Une mélodie pour Basse est écrite en clef de Fa 4e ligne dans le ton de Mi bémol majeur. On veut la faire chanter par un Ténor dans le ton de Si bémol majeur. Quelle sera la clef nouvelle, et comment seront modifiées les altérations accidentelles? — *1753.* A quel intervalle transposerait-on en ajoutant deux bémols à l'armature d'un ton majeur qui en a déjà trois? — *1754.* Quels sont les tons synonymes: *1º* d'Ut dièse majeur? *2º* de Sol bémol majeur? *3º* de Sol dièse mineur? *4º* de Ré dièse mineur? — *1755.* A quel intervalle transposerait-on en ajoutant un dièse à l'armature d'un ton mineur qui en a déjà trois? — *1756.* Un morceau de musique est en La majeur. En quel ton module-t-on si on rencontre un Mi dièse dans le courant du morceau? — *1757.* Un morceau est en Si majeur. On veut le mettre en Ré majeur. Comment seront modifiées les altérations accidentelles? — *1758.* Donner un exemple de chaque intervalle diminué en prenant Do dièse comme note inférieure? — *1859.* Donner un exemple de chaque intervalle augmenté en prenant Ré bémol comme note inférieure? — *1760.* Un morceau est en Sol majeur dans la clef d'Ut 1ère ligne. On veut le transposer à la tierce mineure supérieure. Quels seront: *1º* la clef nouvelle, *2º* le ton nouveau, *3º* comment seront modifiées les altérations accidentelles.

MARCHE HONGROISE.

A. H. CHELARD.

Tempo di marcia. Con moto.
1er Dessus.
2e Dessus.
3e Dessus.
f
f
f

(c) La transposition dont on s'exagère la difficulté, devient au contraire très facile dès qu'une première fois on en a saisi le mécanisme.

p
Cresc.
p
Cresc.
p
Cresc.
p deciso e staccato.
p deciso e staccato.
p deciso e staccato.
p
Cresc.
f
p
Cresc.
f
p
Cresc.
f
sf
sf

ff
ff
ff
p
Cresc.
Cresc.
Dolce.
Dolce.
Dolce.
Cresc.
f
p
Cresc.
f
p
Cresc.
f
p
Cresc.
f
p
Cresc.
f
p
Cresc.
f
p
Cresc.
Cresc.
f
p
Cresc.
f
p
Cresc.
f
p
Cresc.
f
p
Cresc.

ff
ff
ff
Cresc.
Cresc.
Cresc.

ff
ff
ff
p
Cresc.
Cresc.
Dolce.
Dolce.
Dolce.
Cresc.
f
p
Cresc.
f
p
Cresc.
f
p

Cresc.
f 3
p
pp
ff staccato.
ff sostenuto.
ff

LA VIE.
Allegro.
R. SCHUMANN.
1re Partie.
2e Partie.
3e Partie.
f Chœur.
Con_qué_rants de la vi_e, Mon_tons, montons gaîment! De
chauds soleils nous ri_ent, En mar_che bra_ve_ment!
mf Solo.
p
1. A tout effort re_bel_le, La vie aux in_qui_ets Est u_ne ci_ta_del_le Qu'ils ne prendront ja_mais.
2. La vie est u_ne mè_re Qui choi_sit ses en_fants, Douce à qui la vé_nè_re, Mais dure à qui lui ment.
ff Chœur.
Con_quérants de la vi_e, Mon_tons, montons gaîment! De

chauds soleils nous ri_ent. En marche bra_ve_ment! En mar_che brave_ment!
chauds soleils nous ri_ent. En marche bra_ve_ment! En mar_che brave_ment!
chauds soleils nous ri_ent, En marche bra_ve_ment! En mar_che brave_ment!

P. G.

HYMNE AU SOLEIL.

(*) PANSERON. (1)

Adagio non troppo. 84 = ♩
1re Partie.
2e Partie.
3e Partie.
4e Partie.
Roi somptu_eux, toi qui fais naî_tre Les boutons

d'or dans les prés verts, Toi qui fais ri_re les fe_nê_tres, Luis au

(1) **Panseron** (Auguste-Mathieu) célèbre professeur de chant né à Paris le 26 Avril 1795, mort dans la même ville le 29 Juillet 1859.

(*) Publié avec l'autorisation de la famille Panseron (1906).

fond du ciel grand ou_vert! Roi somptu_eux, toi qui fais naî_tre Les boutons
fond du ciel grand ou_vert! Roi somptu_eux, toi qui fais naî_tre Les boutons
fond du ciel grand ou_vert! Roi somptu_eux, toi qui fais naî_tre Les boutons
fond du ciel grand ou_vert! Roi somptu_eux, toi qui fais naî_tre Les boutons
d'or dans les prés verts, Toi qui fais ri_re les fe_nê_tres, Luis au
d'or dans les prés verts, Toi qui fais ri_re les fe_nê_tres, Luis au
d'or dans les prés verts, Toi qui fais ri_re les fe_nê_tres, Luis au
d'or dans les prés verts, Toi qui fais ri_re les fe_nê_tres, Luis au
fond du ciel grand ou_vert, Luis au fond du ciel grand ou_vert, Luis au
fond du ciel grand ou_vert, du ciel grand ou_vert, Luis au
fond du ciel grand ou_vert, Luis au fond du ciel grand ou_vert, Luis au fond
fond du ciel grand ou_vert, du ciel grand ou_vert,

p Solo.
fond du ciel grand ou_vert! Fais sur nos maisons i_né_
p Solo.
fond du ciel grand ou_vert! Fais sur nos maisons i_né_
(Bouches fermées.)
du ciel grand ou_vert!
(Bouches fermées.)
du ciel grand ou_vert!
_ga_les Luire un mê_me ra_yon d'é_mail, Jo_yeux pro_tecteur des ci_
_ga_les Luire un mê_me ra_yon d'é_mail, Jo_yeux pro_tecteur des ci_
_ga_les, Roi de la terre et du tra_vail! O Roi de la
_ga_les, Roi de la terre et du tra_vail! O Roi de la
Solo.
Roi fécond, ô Roi du tra_
Solo.
Roi fécond, ô Roi du tra_

ter_re! O Roi du tra_vail!
ter_re! O Roi du tra_vail!
_vail! Roi fécond, Roi fé_cond, o Roi du tra_vail!
_vail! Roi fécond, Roi fé_cond, o Roi du tra_vail!
pp Tutti.
A nous les hommes, tu nous don_nes No_tre pain quo_ti_dien So_
pp Tutti.
A nous les hommes, tu nous don_nes No_tre pain quo_ti_dien So_
pp Tutti.
A nous les hommes, tu nous don_nes No_tre pain quo_ti_dien So_
pp Tutti.
A nous les hommes, tu nous don_nes No_tre pain quo_ti_dien So_
_leil! Presse les grains au fond des ton_nes, Fais mûrir tous les fruits ver_
_leil! Presse les grains au fond des ton_nes, Fais mûrir tous les fruits ver_
_leil! Presse les grains au fond des ton_nes, Fais mûrir tous les fruits ver_
_leil! Presse les grains au fond des ton_nes, Fais mûrir tous les fruits ver_

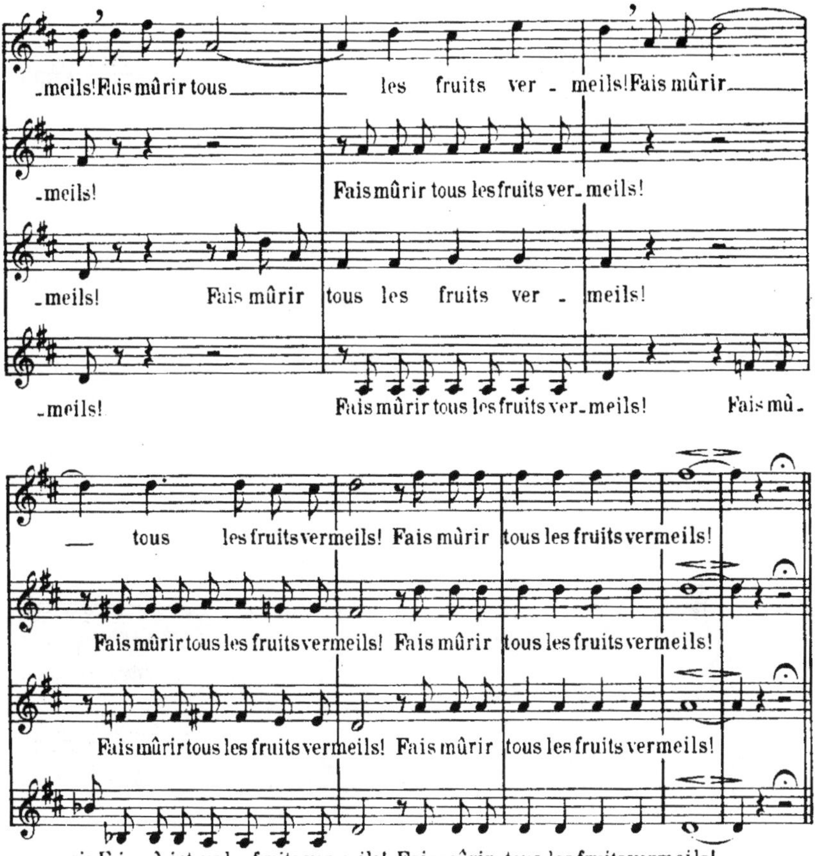

-meils! Fais mûrir tous les fruits ver - meils! Fais mûrir
-meils! Fais mûrir tous les fruits ver - meils!
-meils! Fais mûrir tous les fruits ver - meils!
-meils! Fais mûrir tous les fruits ver - meils! Fais mû -
tous les fruits vermeils! Fais mûrir tous les fruits vermeils!
Fais mûrir tous les fruits vermeils! Fais mûrir tous les fruits vermeils!
Fais mûrir tous les fruits vermeils! Fais mûrir tous les fruits vermeils!
-rir, Fais mûrir tous les fruits vermeils! Fais mûrir tous les fruits vermeils!

P.G.

Devoir.

A l'aide des différentes clefs, transposez successivement dans tous les tons le motif mélodique suivant; en indiquant dans chaque ton par le signe ↗ les altérations qui doivent être élevées; par le signe ↘ les altérations qui doivent être abaissées; et par un zéro (0) celles qui n'ont pas à subir de modifications.

Motif mélodique à transposer.

Ut majeur.

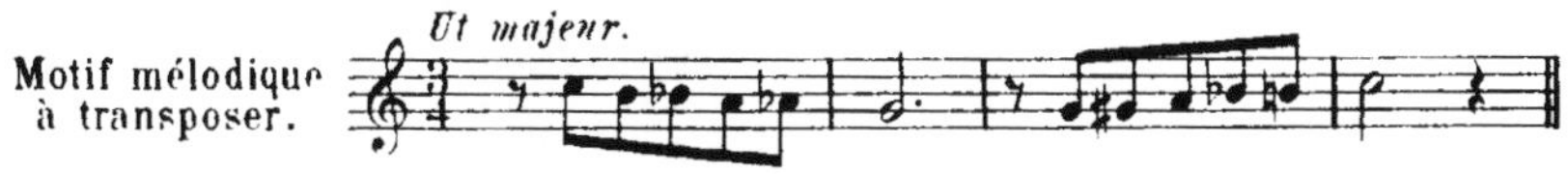

FIN.

Paris, Imp. Chaimbaud & Cie.

DEUXIÈME ANNÉE

Table des Chœurs et Chants avec paroles

Table des Matières du Second Volume.

FIN.

DELORISSE, GRAV.